노키즈존 걱정 없는

예스 키즈존
전국 여행지
300

노키즈존 걱정 없는

예스 키즈존
전국 여행지
300

PROLOGUE

아이들이
환영받으며 여행하기를!

아이를 동반한 보호자의 출입을 금지한다는 뜻의 '노 키즈존(No Kids Zone)', 처음 이 단어를 접했을 때 불쾌함은 이루 말할 수 없었어요. 글씨를 모르는 아이를 위해 친절하게도(!) 아이 그림에 X표를 쳐놓은 곳에서는 할 말을 잃었어요. 별도로 노 키즈존이라고 표시하지는 않았지만, 은근히 아이를 꺼리는 곳도 있었어요. 아이를 데리고 입장할 때부터 석연찮은 표정을 짓거나 "아이가 떠들지 않게 해주세요." "뛰어다니지 않게 해주세요."라고 미리 주의를 주는 경우도 있었죠. 우리 아이가 얼마나 폐를 끼쳤기에 이럴까? 우리 아이가 어째서 이런 홀대를 받아야 할까?

노 키즈존 업소를 운영하는 업주들을 무작정 비난할 생각은 없습니다. 2019년 흥행 영화 〈극한직업〉의 명대사 중 하나죠. "우리 같은 소상공인들, 다 목숨 걸고 일합니다!" 맞아요. 압니다. 아이가 업소 고유의 콘셉트나 분위기를 해칠 수 있다는 것, 혹은 안전사고가 일어나 업주에게 손해를 끼칠 수도 있다는 것, 부모들도 잘 알고 있습니다. 그래서 더욱 조심하고 주의를 기울이죠. 아이가 쉽게 컨트롤되지 않을 때 부모들은 순식간에 살얼음판을 걷는 심정이 되고 맙니다.

막연히 찬성도, 반대도 할 수 없는 이런 상황에서 꾸준히 노 키즈존과 관련된 소식이 들려왔어요. "노 키즈존은 차별 행위"라는 국가인권위원회

의 판단이 있었죠. 한 레스토랑에 "노 키즈존은 합리적 이유가 없는 차별 행위"라며 "13세 이하 아동을 이용 대상에서 배제하지 말 것"을 권고했어요. 또한 노 키즈존의 반대 개념인 '예스 키즈존(Yes Kids Zone)' 마케팅이 유아·아동 관련 업계에 활용되기도 했어요. 이곳에서만큼은 맘껏 뛰어놀라고 멍석 깔아주는 곳들이 속속 생겨났습니다. 저는 이게 바로 노 키즈존에 대한 가장 현실적 대안이 아닌가 생각했어요. 모든 노 키즈존을 지금 당장 설득할 순 없으니, 예스 키즈존을 찾아서 체험하고 알려주자! 아이를 키우는 여행작가로서의 사명감 같은 것이기도 했어요.

어쩌면 노 키즈존보다 생소할 수도 있는 단어죠. 예스 키즈존! 그래서 기준을 세웠어요. 첫째, 아이를 위한 공간일 것! 둘째, 아이가 놀기 안전할 것! 셋째, 아이에게 유익하고 흥미로울 것! 넷째, 아이가 뛰어도 눈치 보이지 않을 것! 그리고 두 아이와 함께 부지런히 찾아다녔습니다. 이 기준 중에 최소한 두세 가지 이상 만족하는 곳들을 여행했어요. 아이를 위한 박물관, 아이를 위한 펜션, 아이를 위한 공원, 아이를 위한 체험장을 쏙쏙 골라 다녔어요. 어쩌면 이렇게 아이 마음을 잘 알까? 어쩌면 이렇게 부모 심정을 잘 헤아렸을까? 감탄하게 하는 곳들이 많았습니다. 무엇보다 마음 편히 쉬고 놀았어요. 이게 정말 여행이구나 싶었습니다.

이렇게 아이들과 직접 여행하면서 고른 '전국 예스 키즈존 300곳'을 이 책에 담았습니다. 첫 책이었던 〈아이가 잘 노는 여행지 200〉은 아이가 좋아하는 곳, 잘 노는 곳을 위주로 선별했는데요. 이번 책에서는 고려할 요소가 많아지면서 더욱 까다롭게 가려냈어요. 제목에 '전국'을 붙이기 위해 더욱 구석구석 열렬히 여행했고, 직접 체험해 얻은 정보를 꼼꼼하게 정리했어요. 더불어 꼭 해보고 싶었던 지도 작업을 함께 했어요. 노 키즈존에 뿔난 엄마들이 해당 업소를 표기한 '노 키즈존 지도'를 만들어 배포하고 조직적인 불매 운동을 벌였죠. 저는 '예스 키즈존 지도'를 만들었습니다. 본문에 담은 예스 키즈존 300곳 중에서도 가장 만족도가 높았던 100곳을 추려 예쁜 일러스트 지도를 완성했어요. 아이랑 여행할 때 이 지도가 이정표가 되어줄 거라 확신합니다!

아이랑 여행한 게 벌써 10년이 되었네요. 생후 6개월 때부터 여행하기 시작한 첫째 아이가 벌써 열 살이 되었어요. 여섯 살이 된 둘째 아이도 이제는 여행을 제법 즐길 줄 압니다. 무려 10년간 아이랑 여행한 노하우가 이 책에 집약돼 있습니다. 아이들이 좀 더 마음 놓고 여행했으면 좋겠어요. 나아가 아이들이 환영받을 수 있는 여행지가 더 넓어지기를 바라봅니다.

저자 이진희(돼지고냥이)

Thanks to.

책 쓰는 동안 우리 두 딸들 자주 돌봐준 미선언니 고마워요. 엄마 혼자서 데리고 다니기 어려운 여행지 함께해준 이지, 민정이, 은주, 선주, 정림언니 고마워요. 책 쓰는 내내 응원해준 가족들, 사랑하는 엄마, 동생 내외 그리고 외숙모, 외삼촌, 현숙이모, 이모부, 미정이모, 외할머니까지 도와주지 않으면 포기했을지도 몰라요. 아이 아빠 없는 빈자리를 대신해주는 예쁜 사촌동생 정우와 상현아, 누나가 많이 사랑한다. 싱글맘이라고 배려해주는 LG전자 직원들께 이 기회에 감사 인사드려요. 언제나 저를 응원해주는 10년지기 블로그 이웃들 항상 고마워요. 두 번째 책도 함께해준 최혜진 편집자와 RHK 가족들, 까다로운 작가 맞춰가며 훌륭하게 작업해줘서 고마워요. 다시 책을 내게 된다면 또 당신들과 함께하리다!

그리고 무엇보다 사랑하는 두 딸들, 여행하면서 불편한 일이 생겨도 항상 긍정적이고 밝고, 소소한 것에 웃고 기뻐해줘서 너무 기특하고 고마워. 엄마가 너무 사랑해. 우리 더 행복하게 살자. 내 사랑들….

★ 본문 보는 법 ★

여행지별 추천 연령을 표기했어요. 아이 발달이나 성향에 따라 기준이 다를 수 있으니 추천하는 차원에서 받아들여 주세요.

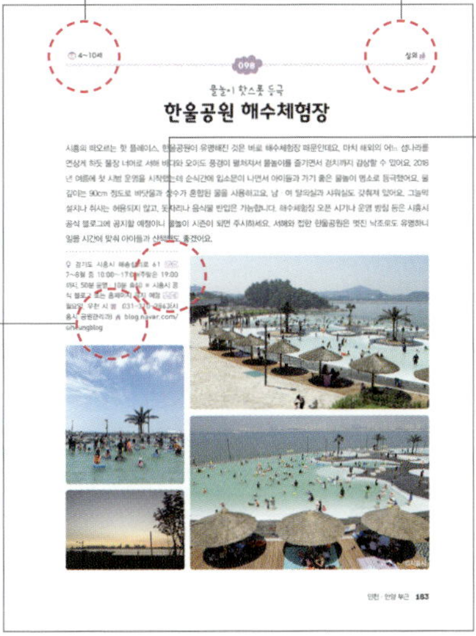

해당 여행지가 실내 시설인지, 실외 시설인지 구분해서 알려줘요. 날씨, 계절, 상황에 따라 참고하기 좋답니다.

워터파크 등 시즌에 따라 변동 운영하는 여행지는 시즌별로 오픈 시간과 요금이 다를 수 있어요.

아이랑 떠나기 전에 꼭 전화 문의 후에 방문하세요. 업체 사정에 따라 운영 시간이나 휴무일이 바뀔 수 있어요.

정기 휴무일이 공휴일인 경우, 보통 익일 휴무하는 곳들이 많아요. 즉, 정기 휴무일인 월요일이 공휴일이라면, 월요일에 운영하고 화요일에 쉽니다.

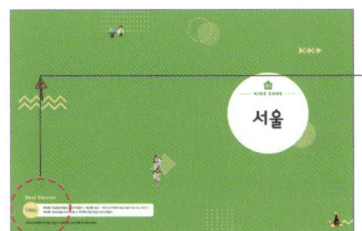

각 파트별 도비라에 그 지역을 여행하는 베스트 코스가 소개되어 있어요. 여러 선택지를 보여드리는 차원에서 매우 빡빡한 스케줄을 제안했으니, 아이 체력과 상황에 따라 꼭 솎아낸 후에 여행하세요.

이 책의 모든 정보는 2019년 4월을 기준으로 작성됐어요. 바뀐 정보가 있다면 작가 메일 znee1004@naver.com이나 블로그 blog.naver.com/znee1004를 통해 알려주세요. 제보해주신 소중한 정보는 중쇄 또는 개정판에 반영하겠습니다.

CONTENTS

프롤로그 · 4
본문 보는 법 · 7

챙겨 가면 유용한 야외 놀잇감 · 24
숙소에서 아이랑 하면 좋은 놀이 · 26
아이랑 여행, 가뿐하게 짐 싸기 · 28
여행 가서 아이가 아플 땐 이렇게! · 31
아이랑 놀기 좋은 휴게소 · 32
약국이 있는 휴게소 · 33
반려견과 가면 좋은 휴게소 · 33

YES KIDS ZONE BEST
★ 예스 키즈존 베스트 ★

- ★ 맘껏 독서하는 책 테마 공간 · 34
- ★ 압도적 스케일의 초대형 실내 놀이터 · 36
- ★ 감각을 키우는 아기자기 미술놀이 · 38
- ★ 꿈을 키우는 직업 체험 테마파크 · 40
- ★ 요리 쿡 재미 쿡 쿠킹 체험 · 42
- ★ 열매를 따는 기쁨, 수확 체험 · 44
- ★ 중생대로 타임슬립, 공룡 테마파크 · 46
- ★ 볼 것, 놀 것 풍성한 국립 전시관 · 48
- ★ 다양하게 노는 일석삼조 멀티 키즈존 · 50
- ★ 기다릴 필요 없는 미니 놀이공원 · 52
- ★ 먹이 주고 교감하는 동물 체험장 · 54

- ★ 실컷 뛰노는 대형 놀이터가 있는 공원 · 56
- ★ 물속 생물을 만나는 신비, 아쿠아리움 · 58
- ★ 공기 좋은 자연에서 힐링, 휴양림 · 60
- ★ 부대시설 빵빵한 키즈존 호텔 · 62
- ★ 워터파크 · 수영장이 있는 숙소 · 64
- ★ 고즈넉한 한옥에서 하룻밤 · 66
- ★ 특화된 체험을 할 수 있는 펜션 · 68
- ★ 놀이시설 끝내주는 키즈펜션 · 70
- ★ 아이가 놀기 좋은 캠핑장 · 72
- ★ 객실에서도 노는 키즈룸 숙소 · 74

01 KIDS ZONE 서울

- 001 서울 도봉 **둘리뮤지엄** · 78
- 002 서울 영등포 **캐리키즈카페(여의도IFC몰점)** · 79
- 003 서울 강북 **북서울꿈의숲** · 80
- 004 서울 광진 **서울상상나라** · 81
- 005 서울 성동 **서울하수도과학관** · 82
- 006 서울 노원 **서울시립과학관** · 83
- 007 서울 영등포 **과자박물관 스위트팩토리** · 84
- 008 서울 영등포 **씨랄라 워터파크** · 85
- 009 서울 영등포 **키즈앤키즈** · 86
- 010 서울 영등포 **팡팡크루즈** · 87
- 011 서울 서대문 **청정원 요리공방** · 88
- 012 서울 용산 **국립중앙박물관 어린이박물관** · 89
- 013 서울 용산 **전쟁기념관 어린이박물관** · 90
- 014 서울 용산 **크라운해태 키즈뮤지엄** · 91
- 015 서울 강남 **코엑스아쿠아리움** · 92
- 016 서울 강남 **고마워토토** · 93
- 017 서울 강동 **브이센터** · 94
- 018 서울 송파 **키자니아 서울** · 95
- 019 서울 송파 **송파파크하비오 워터킹덤** · 96
- 020 서울 종로 **뮤지엄김치간** · 97

02 KIDS ZONE 가평·포천 부근

- 021 경기 가평 **강씨봉자연휴양림** · 100
- 022 경기 가평 **쁘띠프랑스** · 101
- 023 경기 가평 **아침고요수목원** · 102
- 024 경기 가평 **어린왕자의나무별펜션** · 103
- 025 경기 가평 **인터렉티브아트뮤지엄** · 104
- 026 경기 가평 **켄싱턴리조트 청평** · 105
- 027 경기 가평 **꿈의동산놀이공원** · 106
- 028 경기 양평 **양평오토캠핑장** · 107
- 029 경기 남양주 **아띠딸기농장** · 108
- 030 경기 남양주 **남양주어린이비전센터 · 라바파크** · 109
- 031 경기 남양주 **미호박물관** · 110
- 032 경기 남양주 **별내블루베리농장** · 111
- 033 경기 남양주 **남양주임실치즈체험장** · 112
- 034 경기 남양주 **카페도자기마을** · 113
- 035 경기 구리 **구리타워 · 곤충생태관 · 신재생에너지홍보관** · 114
- 036 경기 포천 **사과깡패** · 115
- 037 경기 포천 **신북리조트 스프링폴** · 116
- 038 경기 포천 **어메이징파크** · 117
- 039 경기 포천 **허브아일랜드** · 118
- 040 경기 포천 **호수창이예쁜가펜션** · 119

03 KIDS ZONE 고양·파주 부근

- 041 경기 고양 **배다골테마파크** · 122
- 042 경기 고양 **성연딸기체험농장** · 123
- 043 경기 고양 **고양어린이박물관** · 124
- 044 경기 고양 **고양낙농치즈테마체험장** · 125
- 045 경기 고양 **아쿠아플라넷 일산** · 126
- 046 경기 고양 **현대모터스튜디오 고양** · 127
- 047 경기 고양 **토이킹덤플레이** · 128
- 048 경기 고양 **잭슨나인스** · 129
- 049 경기 고양 **챔피언1250** · 130
- 050 경기 고양 **디데이하우스** · 131
- 051 경기 고양 **콩순이키즈카페(일산장항점)** · 132
- 052 경기 파주 **가을노을펜션** · 133
- 053 경기 파주 **뚜비아트아띠** · 134
- 054 경기 파주 **모산목장** · 135
- 055 경기 파주 **수우원농장** · 136
- 056 경기 파주 **퍼스트가든** · 137
- 057 경기 파주 **평화랜드·평화누리공원** · 138
- 058 경기 파주 **피노지움** · 139
- 059 경기 파주 **하니랜드** · 140
- 060 경기 파주 **한국근현대사박물관** · 141
- 061 경기 파주 **한립토이뮤지엄** · 142
- 062 경기 연천 **에브라임캠핑장** · 143
- 063 경기 연천 **전곡선사박물관** · 144
- 064 경기 연천 **허브빌리지** · 145
- 065 경기 동두천 **경기북부어린이박물관** · 146
- 066 경기 동두천 **에코유캠핑장** · 147
- 067 경기 양주 **장흥아트파크** · 148
- 068 경기 양주 **조명박물관** · 149

04 KIDS ZONE 김포·강화

- 069 경기 김포 **김포아트빌리지** · 152
- 070 경기 김포 **김포에코센터** · 153
- 071 경기 김포 **태산패밀리파크** · 154
- 072 경기 김포 **피싱파크 진산각** · 155
- 073 경기 김포 **호텔마리나베이서울** · 156
- 074 인천 강화 **아셀펜션** · 157
- 075 인천 강화 **함허동천웰빙펜션** · 158
- 076 인천 강화 **남취당의 한옥이야기** · 159
- 077 인천 강화 **강화자연사박물관** · 160
- 078 인천 강화 **강화역사박물관** · 161
- 079 인천 강화 **노을자리펜션** · 162
- 080 인천 강화 **무화과족욕체험장 도담** · 163
- 081 인천 강화 **시리미자연놀이체험장** · 164
- 082 인천 강화 **옥토끼우주센터** · 165

05 KIDS ZONE 인천·안양 부근

- 083 인천 서구 **국립생물자원관** · 168
- 084 인천 남동 **늘솔길공원** · 169
- 085 인천 남동 **소래습지생태공원** · 170
- 086 인천 계양 **아라마루 전망대** · 171
- 087 인천 중구 **월미테마파크** · 172
- 088 인천 계양 **인천어린이과학관** · 173
- 089 인천 중구 **파라다이스시티호텔** · 174
- 090 인천 남동 **인천대공원 목재문화체험장** · 175
- 091 경기 부천 **부천자연생태공원** · 176
- 092 경기 부천 **아인스월드** · 177
- 093 경기 광명 **광명스피돔** · 178
- 094 경기 안양 **금수강산(수영장식당)** · 179
- 095 경기 안양 **안양예술공원 안양박물관** · 180
- 096 경기 군포 **초막골생태공원** · 181
- 097 경기 의왕 **의왕레일파크** · 182
- 098 경기 시흥 **한울공원 해수체험장** · 183

06 KIDS ZONE 용인·화성 부근

- 099 경기 성남 **한국잡월드** · 186
- 100 경기 성남 **아이키친(판교점)** · 187
- 101 경기 성남 **현대어린이책미술관** · 188
- 102 경기 용인 **경기도어린이박물관** · 189
- 103 경기 용인 **다이노스타** · 190
- 104 경기 용인 **벗이미술관** · 191
- 105 경기 용인 **별아래 캠핑장** · 192
- 106 경기 용인 **청계목장** · 193
- 107 경기 용인 **용인농촌테마파크** · 194
- 108 경기 용인 **캐리비안캠프** · 195
- 109 경기 용인 **카라반베이** · 196
- 110 경기 용인 **한국민속촌** · 197
- 111 경기 용인 **한터조랑말농장** · 198
- 112 경기 용인 **한화리조트 용인베잔송 뽀로로룸** · 199
- 113 경기 평택 **별농장** · 200
- 114 경기 평택 **소풍정원 편백체험장** · 201
- 115 경기 평택 **웃다리문화촌** · 202
- 116 경기 화성 **롤링힐스호텔** · 203
- 117 경기 화성 **하내테마파크** · 204
- 118 경기 안산 **대부도 365 캠핑시티** · 205

07 KIDS ZONE 이천·여주

- 119 경기 이천 플레이즈파크 · 208
- 120 경기 이천 동키동산 · 209
- 121 경기 이천 덕평공룡수목원 · 210
- 122 경기 이천 호텔미란다이천 스파플러스 · 211
- 123 경기 여주 예크생물원 · 212
- 124 경기 여주 주주팜 · 213
- 125 경기 여주 썬밸리호텔 워터파크 · 214
- 126 경기 여주 여주곤충박물관 · 215

08 KIDS ZONE 원주·평창 부근

- 127 강원 원주 뮤지엄 산 · 218
- 128 강원 원주 오크밸리 두다다쿵룸 · 219
- 129 강원 원주 기후변화홍보관 · 220
- 130 강원 원주 원주곤충마을 · 221
- 131 강원 원주 돼지문화원 · 222
- 132 강원 횡성 국립횡성숲체원 · 223
- 133 강원 횡성 청태산자연휴양림 · 224
- 134 강원 홍천 토탈쌤체험박물관 · 225
- 135 강원 홍천 곰펜션 · 226
- 136 강원 홍천 비발디파크 더파크호텔 · 227
- 137 강원 홍천 프린세스 키즈펜션 · 228
- 138 강원 춘천 터틀랜드 · 229
- 139 강원 평창 평창무이예술관 · 230
- 140 강원 평창 허브나라농원 · 231
- 141 강원 평창 의야지바람마을 · 232
- 142 강원 평창 키즈캐빈 · 233

09 KIDS ZONE 강릉·삼척 부근

- 143 강원 강릉 대관령아기동물농장 · 236
- 144 강원 강릉 범브로하우스 · 237
- 145 강원 강릉 바다열차 · 238
- 146 강원 삼척 삼척해양레일바이크 · 239
- 147 강원 삼척 쏠비치호텔&리조트 삼척 · 240
- 148 강원 양양 쏠비치호텔&리조트 양양 · 241
- 149 강원 속초 테라크랩팜 · 242
- 150 강원 고성 델피노골프&리조트 키즈파크 · 243

10 KIDS ZONE 천안 · 대전 부근

- 151 충남 천안 **독립기념관** · 246
- 152 충남 천안 **충청남도안전체험관** · 247
- 153 충남 천안 **대명리조트 천안 오션파크** · 248
- 154 충남 천안 **천안상록리조트** · 249
- 155 충남 천안 **천안홍대용과학관** · 250
- 156 충남 아산 **파라다이스스파 도고** · 251
- 157 충남 아산 **아산환경과학공원 생태곤충원** · 252
- 158 충남 아산 **아산스파비스** · 253
- 159 충남 세종 **베어트리파크** · 254
- 160 대전 유성 **티놀자애니멀파크** · 255
- 161 대전 유성 **국립중앙과학관** · 256
- 162 대전 유성 **대전솔로몬로파크** · 257
- 163 대전 유성 **대전어린이회관** · 258
- 164 충남 공주 **로보카폴리 안전체험공원** (공주시 안전체험공원) · 259
- 165 충남 공주 **석장리박물관** · 260
- 166 충남 금산 **금산지구별그림책마을** · 261

11 KIDS ZONE 태안 · 서산 부근

- 167 충남 태안 **바람아래펜션** · 264
- 168 충남 태안 **별궁** · 265
- 169 충남 태안 **안면도쥬라기박물관** · 266
- 170 충남 당진 **당진전력문화홍보관** · 267
- 171 충남 보령 **개화예술공원** · 268
- 172 충남 당진 **삽교호놀이동산** · 269
- 173 충남 서산 **서산버드랜드** · 270
- 174 충남 서산 **클래식티피글램핑** · 271
- 175 충남 서천 **국립생태원** · 272
- 176 충남 서천 **장항스카이워크** · 273

12 KIDS ZONE 제천 · 단양

- 177 충북 제천 **한방생명과학관** · 276
- 178 충북 제천 **의림지파크랜드** · 277
- 179 충북 단양 **단양다누리아쿠아리움** · 278
- 180 충북 단양 **단촌서원고택** · 279
- 181 충북 단양 **만천하스카이워크** · 280
- 182 충북 단양 **수양개 빛터널** · 281

13 KIDS ZONE 문경·안동 부근

- 183 경북 문경 **가은아자개장터** · 284
- 184 경북 문경 **문경에코랄라** · 285
- 185 충북 괴산 **괴산농업역사박물관** · 286
- 186 충북 괴산 **괴산군소금랜드** · 287
- 187 충북 괴산 **중원대학교박물관** · 288
- 188 충북 괴산 **한지체험박물관** · 289
- 189 경북 안동 **안동문화관광단지 유교랜드** · 290
- 190 경북 안동 **전통리조트 구름에** · 291
- 191 경북 안동 **안동전통문화콘텐츠박물관** · 292
- 192 경북 안동 **안동병산서원** · 293
- 193 경북 안동 **안동하회마을** · 294
- 194 경북 안동 **목화당** · 295

14 KIDS ZONE 대구·경주 부근

- 195 대구 달성 **네이처파크** · 298
- 196 대구 달성 **스파밸리** · 299
- 197 대구 달성 **호텔드포레** · 300
- 198 대구 달성 **동제미술관** · 301
- 199 대구 달성 **라온아토** · 302
- 200 대구 달성 **국립대구과학관** · 303
- 201 대구 달성 **에코테마파크 대구숲** · 304
- 202 대구 수성 **아르떼수성랜드패딩주** · 305
- 203 대구 수성 **대구어린이교통랜드** · 306
- 204 대구 수성 **대구어린이회관** · 307
- 205 경북 성주 **별앤별펜션** · 308
- 206 경북 성주 **씨스타펜션** · 309
- 207 경북 성주 **더스타펜션** · 310
- 208 경북 경주 **소소가** · 311
- 209 경북 경주 **신라부티크호텔** · 312
- 210 경북 경주 **히어로플레이파크** · 313
- 211 경북 경주 **한화리조트 경주 뽀로로아쿠아빌리지** · 314
- 212 경북 경주 **경주세계자동차박물관** · 315
- 213 경북 경주 **국립경주박물관 어린이박물관** · 316
- 214 경북 경주 **경주동궁원 버드파크** · 317
- 215 경북 경주 **잼잼키즈펜션** · 318
- 216 경북 경주 **아이놀자 풀빌라** · 319

15 KIDS ZONE 부산·거제 부근

217 부산 북구 **구포국수체험관** · 322
218 부산 기장 **국립부산과학관 새싹누리관** · 323
219 부산 해운대 **호텔더마크 해운대** · 324
220 부산 수영 **에이치에비뉴호텔 광안리점** · 325
221 부산 강서 **렛츠런파크 부산경남** · 326
222 부산 기장 **국립수산과학원 수산과학관** · 327
223 부산 북구 **부산솔로몬로파크** · 328

224 부산 서구 **송도해상케이블카** · 329
225 부산 해운대 **지스타더놀자** · 330
226 부산 해운대 **씨라이프 부산아쿠아리움** · 331
227 부산 영도 **국립해양박물관** · 332
228 경남 거제 **거제조선해양문화관** · 333
229 경남 통영 **나폴리농원** · 334
230 경남 통영 **스카이라인루지 통영** · 335

16 KIDS ZONE 남해·산청 부근

231 경남 남해 **상상양떼목장 편백숲** · 338
232 경남 남해 **피그말리온펜션** · 339
233 경남 남해 **코나하우스** · 340
234 경남 남해 **앵강다숲마을** · 341
235 경남 사천 **사천첨단항공우주과학관** · 342
236 경남 사천 **항공우주박물관** · 343

237 경남 사천 **남일대해수욕장 에코라인** · 344
238 경남 사천 **마리나힐링펜션** · 345
239 경남 산청 **남사예담촌** · 346
240 경남 산청 **동의보감촌** · 347
241 경남 산청 **지리산애펜션** · 348
242 경남 산청 **지리산 수선사** · 349

17 KIDS ZONE 전주·임실 부근

243 전북 익산 **익산보석박물관** · 352
244 전북 전주 **완판본문화관** · 353
245 전북 전주 **전주초코파이체험장** · 354
246 전북 전주 **전주자연생태박물관** · 355
247 전북 전주 **농촌진흥청 농업과학관** · 356
248 전북 전주 **전주동물원 드림랜드** · 357

249 전북 전주 **랑랑랑** · 358
250 전북 전주 **오감로니** · 359
251 전북 전주 **전주한지박물관** · 360
252 전북 정읍 **칠보물테마유원지** · 361
253 전북 임실 **임실치즈테마파크** · 362
254 전북 무주 **무주산책펜션** · 363

18 KIDS ZONE 담양·함평 부근

255 전남 담양 **판다스토리** · 366
256 전남 담양 **메타프로방스** · 367
257 전남 담양 **씨엘펜션** · 368
258 전남 담양 **담양관방제림** · 369
259 전남 담양 **죽녹원 한옥숙박** · 370
260 전남 담양 **오떼떼키즈풀빌라펜션** · 371

261 전남 담양 **대숲사이펜션** · 372
262 광주 동구 **국립아시아문화전당 어린이체험관** · 373
263 전남 목포 **목포어린이바다과학관** · 374
264 전남 신안 **엘도라도리조트** · 375
265 전남 함평 **함평엑스포공원** · 376
266 전남 함평 **함평자연생태공원** · 377

19 KIDS ZONE 순천·여수

267 전남 순천 **순천시립그림책도서관** · 380
268 전남 순천 **순천만국가정원** · 381
269 전남 순천 **순천만습지** · 382
270 전남 여수 **여수해양레일바이크 · 해상케이블카** · 383

271 전남 여수 **오동도** · 384
272 전남 여수 **히든베이호텔** · 385
273 전남 여수 **아쿠아플라넷 여수** · 386
274 전남 여수 **전라남도해양수산과학관** · 387

 ## 제주도

- 275 제주 서귀포 헬로키티아일랜드 · 390
- 276 제주 서귀포 제주마린파크 · 391
- 277 제주 서귀포 아쿠아플라넷 제주 · 392
- 278 제주 서귀포 세계자동차제주박물관 · 393
- 279 제주 서귀포 목장카페 드르쿰다 · 394
- 280 제주 서귀포 제주아올 · 395
- 281 제주 서귀포 채움키즈풀빌라 · 396
- 282 제주 서귀포 휴애리 · 397
- 283 제주 제주시 제주곰하우스 · 398
- 284 제주 제주시 제주공룡랜드 · 399
- 285 제주 제주시 노루생태관찰원 · 400
- 286 제주 제주시 절물자연휴양림 · 401
- 287 제주 제주시 풀스토리풀빌라 · 402
- 288 제주 제주시 동굴의다원 다희연 · 403
- 289 제주 제주시 데이앤 · 404
- 290 제주 제주시 두린아이 키즈펜션 · 405
- 291 제주 제주시 렛츠런파크 제주 · 406
- 292 제주 제주시 로그밸리펜션 · 407
- 293 제주 제주시 로봇스퀘어 · 408
- 294 제주 제주시 아이랑 · 409
- 295 제주 제주시 아침미소목장 · 410
- 296 제주 제주시 에코랜드 테마파크 · 411
- 297 제주 제주시 엘리펀시아 · 412
- 298 제주 제주시 자넷앤캐시 · 413
- 299 제주 제주시 조밤나무집 · 414
- 300 제주 제주시 제주레일바이크 · 415

+ CONTENTS

미세먼지 있는 날
가기 좋은 실내 여행지

서울 도봉	둘리뮤지엄 · 78		경기 고양	현대모터스튜디오 고양 · 127
서울 영등포	캐리키즈카페(여의도IFC몰점) · 79		경기 고양	토이킹덤플레이 · 128
서울 광진	서울상상나라 · 81		경기 고양	잭슨나인스 · 129
서울 성동	서울하수도과학관 · 82		경기 고양	챔피언1250 · 130
서울 노원	서울시립과학관 · 83		경기 고양	디데이하우스 · 131
서울 영등포	과자박물관 스위트팩토리 · 84		경기 고양	콩순이키즈카페(일산장항점) · 132
서울 영등포	씨랄라 워터파크 · 85		경기 파주	뚜비아트아띠 · 134
서울 영등포	키즈앤키즈 · 86		경기 파주	피노지움 · 139
서울 서대문	청정원 요리공방 · 88		경기 파주	한국근현대사박물관 · 141
서울 용산	국립중앙박물관 어린이박물관 · 89		경기 파주	한립토이뮤지엄 · 142
서울 용산	크라운해태 키즈뮤지엄 · 91		경기 연천	전곡선사박물관 · 144
서울 강남	코엑스아쿠아리움 · 92		경기 양주	조명박물관 · 149
서울 강남	고마워토토 · 93		경기 김포	호텔마리나베이서울 · 156
서울 송파	키자니아 서울 · 95		인천 강화	강화자연사박물관 · 160
서울 송파	송파파크하비오 워터킹덤 · 96		인천 강화	무화과족욕체험장 도담 · 163
서울 종로	뮤지엄김치간 · 97		인천 서구	국립생물자원관 · 168
경기 가평	인터렉티브아트뮤지엄 · 104		인천 계양	인천어린이과학관 · 173
경기 남양주	아띠딸기농장 · 108		인천 중구	파라다이스시티호텔 · 174
경기 남양주	남양주임실치즈체험장 · 112		인천 남동	인천대공원 목재문화체험장 · 175
경기 남양주	카페도자기마을 · 113		경기 안양	안양예술공원 안양박물관 · 180
경기 구리	구리타워 · 곤충생태관 · 신재생에너지홍보관 · 114		경기 성남	한국잡월드 · 186
경기 고양	성연딸기체험농장 · 123		경기 성남	아이키친 (판교점) · 187
경기 고양	고양어린이박물관 · 124		경기 성남	현대어린이책미술관 · 188
경기 고양	아쿠아플라넷 일산 · 126		경기 용인	경기도어린이박물관 · 189
			경기 용인	한화리조트 용인베잔송 뽀로로룸 · 199

경기 평택	소풍정원 편백체험장 · 201	부산 해운대	호텔더마크 해운대 · 324
경기 평택	웃다리문화촌 · 202	부산 수영	에이치에비뉴호텔 광안리점 · 325
경기 이천	플레이즈파크 · 208	부산 기장	국립수산과학원 수산과학관 · 327
경기 여주	여주곤충박물관 · 215	부산 북구	부산솔로몬로파크 · 328
강원 홍천	토탈쌤체험박물관 · 225	부산 해운대	지스타더놀자 · 330
강원 춘천	터틀랜드 · 229	부산 해운대	씨라이프 부산아쿠아리움 · 331
강원 강릉	바다열차 · 238	부산 영도	국립해양박물관 · 332
강원 속초	테라크랩팜 · 242	경남 거제	거제조선해양문화관 · 333
충남 천안	충청남도안전체험관 · 247	경남 남해	코나하우스 · 340
충남 천안	천안홍대용과학관 · 250	경남 사천	사천첨단항공우주과학관 · 342
충남 아산	아산환경과학공원 생태곤충원 · 252	전북 익산	익산보석박물관 · 352
대전 유성	티놀자애니멀파크 · 255	전북 전주	완판본문화관 · 353
대전 유성	국립중앙과학관 · 256	전북 전주	전주초코파이체험장 · 354
대전 유성	대전솔로몬로파크 · 257	전북 전주	전주자연생태박물관 · 355
충남 당진	당진전력문화홍보관 · 267	전북 전주	농촌진흥청 농업과학관 · 356
충북 제천	한방생명과학관 · 276	전북 전주	랑랑랑 · 358
충북 단양	단양다누리아쿠아리움 · 278	전북 전주	오감로니 · 359
충북 단양	단촌서원고택 · 279	전북 전주	전주한지박물관 · 360
충북 괴산	중원대학교박물관 · 288	전남 담양	판다스토리 · 366
충북 괴산	한지체험박물관 · 289	광주 동구	국립아시아문화전당 어린이체험관 · 373
경북 안동	안동문화관광단지 유교랜드 · 290	전남 목포	목포어린이바다과학관 · 374
경북 안동	안동전통문화콘텐츠박물관 · 292	전남 순천	순천시립그림책도서관 · 380
경북 안동	목화당 · 295	전남 여수	히든베이호텔 · 385
대구 수성	대구어린이교통랜드 · 306	전남 여수	아쿠아플라넷 여수 · 386
대구 수성	대구어린이회관 · 307	전남 여수	전라남도해양수산과학관 · 387
경북 경주	신라부티크호텔 · 312	제주 서귀포	헬로키티아일랜드 · 390
경북 경주	히어로플레이파크 · 313	제주 서귀포	제주마린파크 · 391
경북 경주	경주세계자동차박물관 · 315	제주 서귀포	아쿠아플라넷 제주 · 392
경북 경주	국립경주박물관 어린이박물관 · 316	제주 제주시	데이앤 · 404
경북 경주	경주동궁원 버드파크 · 317	제주 제주시	로봇스퀘어 · 408
부산 북구	구포국수체험관 · 322	제주 제주시	엘리펀시아 · 412
부산 기장	국립부산과학관 새싹누리관 · 323		

CONTENTS

화창한 날 나들이 가기 좋은 실외 여행지

서울 강북	북서울꿈의숲 · 80	경기 시흥	한울공원 해수체험장 · 183
경기 가평	강씨봉자연휴양림 · 100	경기 용인	별아래 캠핑장 · 192
경기 가평	아침고요수목원 · 102	경기 용인	청계목장 · 193
경기 가평	꿈의동산놀이공원 · 106	경기 용인	용인농촌테마파크 · 194
경기 포천	사과깡패 · 115	경기 용인	한국민속촌 · 197
경기 포천	허브아일랜드 · 118	경기 용인	한터조랑말농장 · 198
경기 파주	모산목장 · 135	경기 평택	별농장 · 200
경기 파주	수우원농장 · 136	경기 이천	동키동산 · 209
경기 파주	평화랜드 · 평화누리공원 · 138	경기 이천	덕평공룡수목원 · 210
경기 파주	하니랜드 · 140	경기 여주	예크생물원 · 212
경기 연천	에브라임캠핑장 · 143	경기 여주	주주팜 · 213
경기 연천	허브빌리지 · 145	강원 횡성	국립횡성숲체원 · 223
경기 동두천	에코유캠핑장 · 147	강원 횡성	청태산자연휴양림 · 224
경기 김포	김포아트빌리지 · 152	강원 삼척	삼척해양레일바이크 · 239
경기 김포	태산패밀리파크 · 154	강원 고성	델피노골프&리조트 키즈파크 · 243
경기 김포	피싱파크 진산각 · 155	충남 세종	베어트리파크 · 254
인천 강화	시리미자연놀이체험장 · 164	충남 당진	삽교호놀이동산 · 269
인천 남동	늘솔길공원 · 169	충남 서천	장항스카이워크 · 273
인천 남동	소래습지생태공원 · 170	충북 제천	의림지파크랜드 · 277
인천 계양	아라마루 전망대 · 171	충북 단양	만천하스카이워크 · 280
인천 중구	월미테마파크 · 172	경북 문경	가은아자개장터 · 284
경기 부천	아인스월드 · 177	경북 안동	안동병산서원 · 293
경기 안양	금수강산(수영장식당) · 179	경북 안동	안동하회마을 · 294
경기 군포	초막골생태공원 · 181	부산 강서	렛츠런파크 부산경남 · 326
경기 의왕	의왕레일파크 · 182	부산 서구	송도해상케이블카 · 329

경남 통영	나폴리농원 · 334	전남 순천	순천만국가정원 · 381
경남 통영	스카이라인루지 통영 · 335	전남 순천	순천만습지 · 382
경남 남해	상상양떼목장 편백숲 · 338	전남 여수	여수해양레일바이크 · 해상케이블카 · 383
경남 남해	앵강다숲마을 · 341	전남 여수	오동도 · 384
경남 사천	남일대해수욕장 에코라인 · 344	제주 서귀포	휴애리 · 397
경남 산청	지리산 수선사 · 349	제주 제주시	제주공룡랜드 · 399
전북 전주	전주동물원 드림랜드 · 357	제주 제주시	노루생태관찰원 · 400
전북 정읍	칠보물테마유원지 · 361	제주 제주시	절물자연휴양림 · 401
전남 담양	메타프로방스 · 367	제주 제주시	렛츠런파크 제주 · 406
전남 담양	담양관방제림 · 369	제주 제주시	아침미소목장 · 410
전남 함평	함평엑스포공원 · 376	제주 제주시	에코랜드 테마파크 · 411
전남 함평	함평자연생태공원 · 377	제주 제주시	제주레일바이크 · 415

+ CONTENTS

날씨·계절 영향 덜 받는
실내 + 실외 여행지

서울 영등포	팡팡크루즈 · 87
서울 용산	전쟁기념관 어린이박물관 · 90
서울 강동	브이센터 · 94
경기 가평	쁘띠프랑스 · 101
경기 가평	어린왕자의나무별펜션 · 103
경기 가평	켄싱턴리조트 청평 · 105
경기 양평	양평오토캠핑장 · 107
경기 남양주	남양주어린이비전센터 · 라바파크 · 109
경기 남양주	미호박물관 · 110
경기 남양주	별내블루베리농장 · 111
경기 포천	신북리조트 스프링폴 · 116
경기 포천	어메이징파크 · 117
경기 포천	호수창이예쁜가펜션 · 119
경기 고양	배다골테마파크 · 122
경기 고양	고양낙농치즈테마체험장 · 125
경기 파주	가을노을펜션 · 133
경기 파주	퍼스트가든 · 137
경기 동두천	경기북부어린이박물관 · 146
경기 양주	장흥아트파크 · 148
경기 김포	김포에코센터 · 153
인천 강화	아셀펜션 · 157
인천 강화	함허동천웰빙펜션 · 158
인천 강화	남취당의 한옥이야기 · 159
인천 강화	강화역사박물관 · 161
인천 강화	노을자리펜션 · 162

인천 강화	옥토끼우주센터 · 165
경기 부천	부천자연생태공원 · 176
경기 광명	광명스피돔 · 178
경기 용인	다이노스타 · 190
경기 용인	벗이미술관 · 191
경기 용인	캐리비안캠프 · 195
경기 용인	카라반베이 · 196
경기 화성	롤링힐스호텔 · 203
경기 화성	하내테마파크 · 204
경기 안산	대부도 365 캠핑시티 · 205
경기 이천	호텔미란다이천 스파플러스 · 211
경기 여주	썬밸리호텔 워터파크 · 214
강원 원주	뮤지엄 산 · 218
강원 원주	오크밸리 두다다쿵룸 · 219
강원 원주	기후변화홍보관 · 220
강원 원주	원주곤충마을 · 221
강원 원주	돼지문화원 · 222
강원 홍천	곰펜션 · 226
강원 홍천	비발디파크 더파크호텔 · 227
강원 홍천	프린세스 키즈펜션 · 228
강원 평창	평창무이예술관 · 230
강원 평창	허브나라농원 · 231
강원 평창	의야지바람마을 · 232
강원 평창	키즈캐빈 · 233
강원 강릉	대관령아기동물농장 · 236

지역	장소 · 페이지	지역	장소 · 페이지
강원 강릉	범브로하우스 · 237	경북 성주	별앤별펜션 · 308
강원 삼척	쏠비치호텔&리조트 삼척 · 240	경북 성주	씨스타펜션 · 309
강원 양양	쏠비치호텔&리조트 양양 · 241	경북 성주	더스타펜션 · 310
충남 천안	독립기념관 · 246	경북 경주	소소가 · 311
충남 천안	대명리조트 천안 오션파크 · 248	경북 경주	한화리조트 경주 뽀로로아쿠아빌리지 · 314
충남 천안	천안상록리조트 · 249	경북 경주	잼잼키즈펜션 · 318
충남 아산	파라다이스스파 도고 · 251	경북 경주	아이놀자 풀빌라 · 319
충남 아산	아산스파비스 · 253	경남 남해	피그말리온펜션 · 339
대전 유성	대전어린이회관 · 258	경남 사천	항공우주박물관 · 343
충남 공주	로보카폴리 안전체험공원 · 259	경남 사천	마리나힐링펜션 · 345
충남 공주	석장리박물관 · 260	경남 산청	남사예담촌 · 346
충남 금산	금산지구별그림책마을 · 261	경남 산청	동의보감촌 · 347
충남 태안	바람아래펜션 · 264	경남 산청	지리산애펜션 · 348
충남 태안	별궁 · 265	전북 임실	임실치즈테마파크 · 362
충남 태안	안면도쥬라기박물관 · 266	전북 무주	무주산책펜션 · 363
충남 보령	개화예술공원 · 268	전남 담양	씨엘펜션 · 368
충남 서산	서산버드랜드 · 270	전남 담양	죽녹원 한옥숙박 · 370
충남 서산	클래식티피글램핑 · 271	전남 담양	오떼떼키즈풀빌라펜션 · 371
충남 서천	국립생태원 · 272	전남 담양	대숲사이펜션 · 372
충북 단양	수양개 빛터널 · 281	전남 신안	엘도라도리조트 · 375
경북 문경	문경에코랄라 · 285	제주 서귀포	세계자동차제주박물관 · 393
충북 괴산	괴산농업역사박물관 · 286	제주 서귀포	목장카페 드르쿰다 · 394
충북 괴산	괴산군소금랜드 · 287	제주 서귀포	제주아올 · 395
경북 안동	전통리조트 구름에 · 291	제주 서귀포	채움키즈풀빌라 · 396
대구 달성	네이처파크 · 298	제주 제주시	제주곰하우스 · 398
대구 달성	스파밸리 · 299	제주 제주시	풀스토리풀빌라 · 402
대구 달성	호텔드포레 · 300	제주 제주시	동굴의다원 다희연 · 403
대구 달성	동제미술관 · 301	제주 제주시	두린아이 키즈펜션 · 405
대구 달성	라온아토 · 302	제주 제주시	로그밸리펜션 · 407
대구 달성	국립대구과학관 · 303	제주 제주시	아이랑 · 409
대구 달성	에코테마파크 대구숲 · 304	제주 제주시	자넷앤캐시 · 413
대구 수성	아르떼수성랜드패딩주 · 305	제주 제주시	조밤나무집 · 414

챙겨 가면 유용한 야외 놀잇감

아이들이 놀 만한 야외 공간이 있다면, 야외 놀잇감을 준비해가는 게 좋아요.
아이가 잘 가지고 놀았던 베스트 아이템을 소개해요.

1 소형 풀장

무더운 여름날에 유용한 아이템이에요. 캠핑장 혹은 펜션 앞마당에 펼쳐놓고 물을 조금만 받아두면 아이들이 신나게 잘 놀아요. 사방으로 쿠션감이 있어서 안전하게 놀 수 있으니 어린아이도 OK! 계곡이나 수영장에 띄워놓으면 배처럼 올라타서 놀 수도 있답니다.

2 모래 놀잇감

모래놀이터가 있다면 모래놀이 도구 세트만 챙기면 되겠지만, 여건이 되지 않는다면 '뽀송이 모래'를 챙겨 가는 것도 좋아요. 야외에서 돗자리만 깔아놓고 아이들 놀게 하면 조물조물 성도 만들고, 두꺼비집도 만들면서 잘 놀거든요. 중장비 자동차 놀잇감이 있다면 함께 챙겨 가도 좋겠죠?

3 무선 조종 장난감

넓은 공간이 확보된 곳이라면 무선 조종 장난감을 가지고 가보세요. 데크나 잔디밭에서 자동차 장난감을 조종하거나 소형 드론 장난감을 날려보기도 좋은 기회예요. 물론 안전을 위해 항상 부모가 함께 해야겠죠?

4 물총

여름이라면 물총은 필수! 과녁 준비해서 맞추게 하면 집중해서 잘 놀아요. 숙소 주변에 있는 나무들에게 물 주자고 해도 열심히 할 거예요. 1인용 보트나 소형 풀장에 물을 받아놓고 아이 스스로 물을 채우게 해도 좋답니다.

5 비눗방울

비눗방울은 언제 해도 즐거운 놀이죠. 비눗물을 묻혀 '후~' 불어보는 기본적인 놀잇감이나 방울방울 발사되는 비눗방울 총도 있지만, 만져도 터지지 않는 버블, 엄청나게 큰 대형 버블도 있답니다.

6 비치볼

일반적인 공을 가지고 다니는 것도 좋지만, 부피가 커서 부담이라면 비치볼이 제격입니다. 물놀이할 때나 혹은 잔디밭에서든 잘 갖고 놀아요. 맞아도 아프지 않아서 안전하기도 해요.

7 소꿉 놀잇감

아이와 함께 풀 뜯어다가 돌로 빻아서 물 넣어 요리해보세요. 소꿉 놀잇감 십분 활용해서 잘 놀 거예요.

8 잠자리채

여름에는 뜰채로 사용해 물고기를 잡고, 가을에는 잠자리 잡으면서 놀 수 있어요. 안테나처럼 길이 조절할 수 있는 제품도 있으니 부피 덜 차지하게 챙길 수 있어요.

9 프로펠러

뱅글뱅글 프로펠러 날려주면 아이가 이거 잡으려고 신나게 뛰겠죠? 가격이 저렴한 대신 내구성은 떨어지는 제품도 많지만, 잠시라도 재미있게 놀면 되는 거죠.

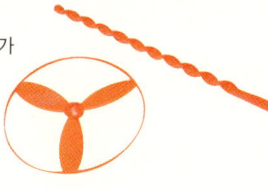

10 캐치볼

공 잡으려고 여기저기 손을 뻗다 보면 엄청 운동됩니다. 아이도 재밌지만, 부모들이 더 좋아하는 놀잇감인 듯해요.

11 해먹

매달 수 있는 기둥이나 나무만 있다면, 아이들이 더없이 좋아하는 아이템이에요. 그네처럼 타기도 하고 누워서 책을 보며 쉴 수도 있어서 항상 챙겨 간답니다. 초경량 해먹으로 준비하면 부피가 크지 않아서 짐 부담도 덜해요. 혹시 모를 사고에 대비해 해먹 아래에 두툼한 돗자리를 깔아두면 마음 편합니다.

숙소에서 아이랑 하면 좋은 놀이

역시 어딜 가도 아이랑 놀아줄 일은 걱정입니다.
아이가 좋아하는 놀이를 준비해 가면 숙소에 머무는 시간도 즐거워져요.

1 거품놀이
숙소 욕조에 거품 입욕제를 풀어주면 엄청 잘 놀아요. '캐리팝' 제품처럼 약간 하드한 재질의 거품은 모양을 만들며 놀 수 있어 아이가 더 좋아한답니다. 알록달록 거품 물감으로 미술놀이를 해보는 것도 좋아요.

2 만들기놀이
만들기책 한 권과 풀, 가위, 스카치테이프만 있으면 각종 만들기, 문제없어요. 초집중 모드로 가면 도 만들고, 왕관도 만들다 보면 시간이 후딱 지나갑니다. 다 만든 후에 사방이 종잇조각인 게 함정!

3 미술놀이
'눈높이 아티맘' 미술놀이 패키지를 이용해봤는데요. 바닥에 깔 수 있는 비닐부터 붓, 물감과 물감 짜는 팔레트까지 모두 패키지 안에 들어 있어 편리했어요. 여러 작품을 만들 수 있는 재료들이라 친구들과 함께해볼 수 있는 것도 장점이랍니다.

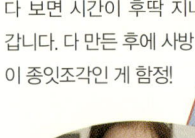

4 점토놀이
여러 색깔의 점토와 찍기 도구를 챙겨 가면 한참 잘 가지고 논답니다. 좀 큰 아이들은 '미니어처 만들기'를 준비하면 더 집중할 거예요. 일부 미니어처 제품은 색상을 물감으로 내야 하는 경우도 있으니 미리 확인하세요.

5 스티커북
스티커북은 이동하는 차량, 혹은 비행기나 식당에서도 간편하게 꺼내서 해볼 수 있어 항상 가방에 넣어둔답니다. 한글놀이, 공룡스티커, 옷 입히기 등 연령이나 취향에 맞게 준비하면 됩니다. 특히 스티커 모자이크북은 좀 큰 아이들이 정말 좋아하니 준비해보세요.

식사가 즐거워지는 요리놀이

가벼운 준비물만 챙겨 가서 아이 스스로 요리하고, 즐겁게 놀면서 식사까지 해결할 수 있는 아이템을 소개해요.

❶ **셀프 꼬마김밥 만들기** 마트에 가면 꼬마김밥 패키지를 판매하는데요. 아이가 직접 만들게 하면 모양은 엉성하지만 맛은 최고! 훨씬 잘 먹는답니다.

❷ **얼초 만들기** 쉽게 말해 초코송이를 직접 만들 수 있는 재료인데요. 다양한 색깔의 초콜릿을 틀에 짜 넣고, 과자를 꽂아 냉동실에 얼리면 됩니다.

❹ **가루쿡 만들기** 가루랑 물만으로 조물조물 모양을 빚어 먹는 간식입니다. 간혹 전자레인지를 쓰는 패키지도 있으니 숙소에 구비되어 있는지 체크하고 구매하세요.

❸ **주스 얼리기** 귀여운 모양의 얼음틀만 챙겨 가면 OK! 흔히 마시는 과일 주스를 틀에 붓고 냉동실에 얼려주세요. 아이가 과일을 썰어 넣게 해주면 더 좋아한답니다.

❺ **과일 꼬치 만들기** 방울토마토, 포도 같은 과일을 준비해 꼬치에 끼워 먹게 해주세요. 과일을 모두 끼운 후에는 꼬치가 뾰족하지 않게 끝을 잘라주세요.

❻ **짜서 먹는 젤리 만들기** 젤리 위에 액체 젤리를 짜서 나름 데코레이션해서 먹는 거예요. '별거 아니네' 할 수 있는데 아이들이 엄청 좋아하더라고요.

아이랑 여행, 가뿐하게 짐 싸기

아이 짐은 빠뜨렸다가는 크게 당황할 수 있는 것들이 많아서 리스트를 숙지해두는 게 좋아요.
조금이라도 편하게 여행을 시작할 수 있도록 가뿐하게 짐 싸는 노하우를 모아봤어요.

가방 용도별 따로 짐 싸기

하나의 가방에 모든 짐을 넣어두지 말고 차에서 쓸 물건과 휴대할 물건, 1박 이상 여행 시 숙소에서 쓸 물건 등을 용도별로 나눠서 따로 짐을 싸는 게 좋아요. 빨랫감을 담을 가방도 함께 싸면 편해요.

기저귀 · 물티슈 여름엔 방수용 기저귀도

기저귀와 물티슈는 아이와 여행할 때 없으면 난감한 '필수템'이에요. 기저귀 2~3개와 휴대용 물티슈는 휴대할 가방에 넣고, 나머지 기저귀들과 대용량 물티슈는 차에 둘 큰 가방에 넣어두면 좋아요. 여름엔 아이가 언제 물놀이할 기회가 생길지 모르니 방수용 기저귀를 챙겨두면 유용해요.

분유 액상이나 일회용으로

아이가 분유를 먹는 시기라면 액상 분유나 일회용 분유가 편해요. 아무래도 가루 분유 따로, 물 따로 챙겨가서 섞어 먹이는 게 불편한 상황일 수 있거든요. 액상 분유는 기존에 사용하던 젖병이나 일회용 젖병에 따라서 먹이면 되고, 일회용 분유는 상품에 포함된 젖꼭지를 끼우면 바로 먹일 수 있어요. 단, 아이가 바뀐 분유에 민감할 수 있으니 사전에 한 번 먹여보는 게 좋아요.

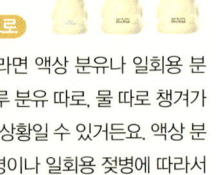

우유 멸균우유가 편해요

아이가 분유를 끊을 즈음 팩에 든 생우유를 먹기 시작했다면 멸균우유로 준비하는 게 편해요. 유통기한도 덜 신경 쓰이고, 빨대를 꽂아서 바로 먹일 수 있거든요.

간식, 음료 스스로 먹기 편한 것으로

아이 혼자 먹을 수 있는 종류로 준비하는 게 좋아요. 부스러기가 많이 생기지 않는 과자나 젤리, 건과일류, 캐릭터 유아 보리차 등은 흘리지 않고 스스로 잘 먹을 수 있어요.

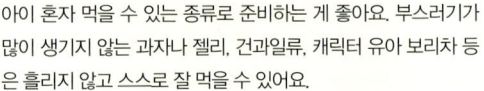

담요, 속싸개 `차에 여러 장 준비해두기`

아이는 어른보다 체온 조절 능력이 떨어져서 금방 감기에 걸리기 쉽죠. 여름에 물놀이 후 몸이 젖었을 때 감싸주기 좋고, 겨울에 준비한 옷보다 추울 때 따뜻하게 여러 겹 덮어주세요.

일회용 비닐 `멀미나 기저귀 처리할 때`

아이가 갑작스럽게 멀미하거나 사용한 기저귀를 처리할 때 필요해요.

옷 `부피 적고 밝은색, 잘 마르는 소재로`

최대한 부피를 덜 차지하는 옷으로 준비하고, 여름에는 땀이나 물이 잘 마르는 소재가 좋아요. 또 밝은색 옷은 사진도 예쁘게 나오지만 멀리서도 아이를 쉽게 찾을 수 있어요. 여행지 날씨가 어떨지 모르니 편하게 걸칠 수 있는 상의를 챙기는 건 필수예요. 속옷과 양말은 여유 있게 가져가고, 턱받이는 방수되는 것으로 챙겨서 여러 번 헹궈서 사용하는 게 편해요. 여자아이의 경우 머리끈, 핀, 빗 등도 챙겨주세요.

신발 `물기 잘 마르는 소재`

바닥이 딱딱한 구두보다 운동화가 편하고 특히 물놀이하는 여름엔 '크록스'처럼 금방 물기가 마르는 신발이 좋아요.

선글라스, 모자 `햇볕 뜨거울 때 필수`

유아용 선글라스와 모자를 챙기면 따가운 햇볕에 아이 피부를 보호할 수 있어요.

의약품 `파우치에 넣어 통째로`

해열제, 모기 퇴치 패치, 벌레 물릴 때 바르는 약, 상처 났을 때 바르는 연고, 일회용 밴드 등의 의약품은 챙겨서 파우치에 넣어두고 여행갈 때마다 통째로 들고 다니면 편해요. 멀미하는 아이들은 약국에서 어린이용 멀미약을 구매해서 출발 전에 먹이면 도움이 돼요. 참, 체온계도 필수이니 잊지 마세요.

샴푸, 로션, 자외선 차단제 `샘플 사이즈로 챙기기`

대부분의 숙소에 샴푸나 로션 등이 구비돼 있지만 유아용은 없는 경우가 있으니 휴대하기 좋은 샘플 사이즈로 챙겨주세요. 자외선 차단제도 야외 활동에 필수이고, 발진 크림도 가져가면 유용해요. 칫솔은 보관 케이스에 넣고, 유아용 치약도 가져가야 해요. 젖병을 사용하는 시기엔 젖병 세정제와 세척솔도 잊지 마세요.

휴대용 아기 의자 `부스터나 범보의자`
부스터나 범보의자를 챙겨 가면 아이 스스로 먹기 좋아서 어른들도 편안하게 밥 먹을 수 있어요.

건강보험증 `무료·할인 입장에 유용`
'24개월 이하 무료', '36개월 이하 무료' 등의 규정이 있는 여행지에서 입장권을 끊을 때 증빙서류를 요구하는 경우가 있어요. 건강보험증이나 주민등록등본을 챙겨 가면 좋고, 미리 사진을 찍어 두면 깜빡했을 때 유용해요.

놀잇감 `스티커북과 카시트 트레이`
부피가 크지 않은 스티커북, 색칠공부, 퍼즐 같은 것들이 좋아요. 차 안에서는 카시트 트레이를 이용하면, 집에서 하는 다양한 놀이를 할 수 있어서 이동 시간이 길어도 보채지 않아요. 아이가 어리다면 유모차 모빌을 차에 옮겨 달아주는 것도 유용해요.

미아 방지 용품 `목걸이·팔찌로 간편하게`
관광객이 많은 곳에 간다면 미아 방지 목걸이나 팔찌를 채워주세요. 4~5세 이상의 아이라면 평소 엄마·아빠를 잃어버렸을 때 어떻게 행동해야 하는지 알려주고, 전화번호를 외우게 하는 등 미리 교육하는 게 필요해요.

아이 가방 `아이가 좋아해요!`
엄마·아빠 짐 쌀 때 아이도 함께 짐 싸서 가방에 담아가는 걸 굉장히 좋아하더라고요. 아이가 소중히 여기는 짐을 작은 여행 가방에 담아가게 해주세요. 별것 아닌 것 같지만 여행 내내 소중하게 생각하고 꼭 챙긴답니다.

휴대용 유모차 `차에 싣고 다니기`
충분히 걸을 수 있는 아이라도 여행지에서 많이 걷다 보면 안아달라고 할 때가 많아요. 휴대용 유모차는 항상 차에 싣고 다니세요. 우리 아이는 7세까지도 유모차에 탔답니다.

여행 가서 아이가 아플 땐 이렇게!

초보 엄마들은 여행 가서 아이가 아플까 봐 미리 걱정하는 경우가 많아요.
미리 겁낼 건 아니지만 대처법은 알아둘 필요가 있어요. 간단한 상비약을 챙겨가는 것은 필수예요!

1 아이가 아플 때 유용한 사이트·앱

야간, 휴일에 아이가 갑자기 아프다면 근처에 있는 응급실, 병·의원, 약국 등을 찾을 수 있고, 응급 처치 요령도 볼 수 있는 사이트와 앱이에요. 당황하지 않고 대처할 수 있도록 안내해줘요.

- **사이트** 응급의료포털 E-gen : www.e-gen.or.kr
- **앱** 응급의료정보제공 : 1339
- **전화** 응급의료 : 119

2 미리 챙겨야 할 필수 상비약

장거리 여행 전에는 다니던 소아과에서 상비약을 처방받으세요. 보통 기침약, 콧물약, 지사제, 해열제 등을 처방해줘요. 상처에 바르는 연고와 밴드, 멀미약, 벌레 물린 데 바르는 약 등도 유용해요. 여름엔 아이들이 햇볕에 그을렸을 때 바를 수딩젤이나 알로에젤도 챙기는 게 좋아요. 요즘은 편의점에서도 간단한 약을 판매하니 근처에 약국이 없다면 이용하세요.

PLUS 낱개 포장으로 편리한 일회용 상비약

- 어린이용 소화제 **꼬마활명수**
- 상처에 바르는 연고 **일회용 후시딘**
- 어린이용 멀미약 **어린이 멀미약**
- 해열제(아세트아미노펜 계열) **챔프**
- 해열제(이부프로펜 계열) **키즈앤펜시럽**

아이랑 놀기 좋은 휴게소

차를 타느라 지루했던 아이들이 이런 휴게소를 만나면, 에너지 쏟아가며 놀겠지요?
가족 여행자의 다양한 니즈에 맞춰 휴게소도 진화 중입니다.

고속도로	휴게소	특징
경부고속도로	평사휴게소(부산 방향)	놀이터
	경주휴게소(부산 방향)	경주유물 전시
	언양휴게소(서울 방향)	선사시대 전시
서해안고속도로	홍성휴게소(목포 방향)	실내 놀이터
	서산휴게소(목포 방향)	놀이터, 토끼농장
	화성휴게소(목포 방향)	화성행궁 테마의 화장실
	매송휴게소(목포 방향)	대형 놀이터
	함평천지휴게소(서울 방향)	피터팬과 후크선장 테마의 화장실
중부내륙고속도로	문경휴게소(마산 방향)	대형 범블비·옵티머스프라임 모형, 키즈랜드 놀이터
	현풍휴게소(대구 방향)	도깨비 테마 공원
중부고속도로	이천휴게소(통영 방향)	1970년대 추억의 거리
영동고속도로	덕평휴게소(양방향)	야외 정원, 쇼핑몰, 별빛정원
	문막휴게소(강릉 방향)	어린왕자 테마의 화장실
천안논산고속도로	정안알밤휴게소(천안 방향)	놀이터
서천공주고속도로	부여백제휴게소(공주 방향)	놀이터
동해고속도로	동해휴게소(동해 방향)	바다 전망대
	옥계휴게소(속초 방향)	바다 전망대, 일출 명소
상주영천고속도로	삼국유사군위휴게소(상주 방향)	옛날 테마의 상점

약국이 있는 휴게소

차 안에서 갑자기 아플 수 있는 아이를 위해 알아두세요.

고속도로	휴게소	고속도로	휴게소
경부고속도로	망향휴게소(부산 방향)	서해안고속도로	행담도휴게소
	천안휴게소(서울 방향)	영동고속도로	덕평휴게소
	청주휴게소(서울 방향)		여주휴게소(강릉 방향)
	기흥휴게소(부산 방향)		문막휴게소(강릉 방향)
	안성휴게소(서울 방향) ※병원도 있어요	중부고속도로	마장휴게소

반려견과 가면 좋은 휴게소

반려견 놀이터가 있는 휴게소에 방문해보세요.

고속도로	휴게소	고속도로	휴게소
경부고속도로	죽암휴게소(서울 방향)	중부내륙고속도로	충주휴게소(양평 방향)
영동고속도로	덕평휴게소	순천완주고속도로	오수휴게소(전주 방향)
서해안고속도로	서산휴게소(목포 방향)	남해고속도로	진주휴게소(부산 방향)

YES KIDS ZONE BEST

맘껏 독서하는 책 테마 공간

온종일 편한 의자에 앉아 그림책을 실컷 보는 여행!
아이가 유독 책을 좋아해서 이렇게 책이 그득그득한 공간을 찾아다녔어요.

1 현대어린이책미술관 p188
책과 미술을 아이 시각에서 이해할 수 있는 책 미술관.

성남

2 **금산지구별그림책마을** p261
그림책과 함께 하룻밤 지내는 북스테이 여행.

3 **순천시립그림책도서관** p380
그림책을 읽고 구연동화, 인형극도 즐기는 도서관.

YES KIDS ZONE BEST

압도적 스케일의 초대형 실내 놀이터

스케일 커서 좋고, 날씨 상관없는 실내라 더 좋은 초대형 놀이터.
동네 키즈카페에서 금방 싫증 냈던 아이라면 여기서는 뛰고, 오르고, 구르면서 원 없이 놀 거예요.

1. 플레이즈파크 p208
여러 건물에 걸쳐 초대형 트램펄린, 에어바운스 미끄럼틀 등이 나뉘어 있는 압도적 스케일의 놀이터.

2 히어로플레이파크 p313

챌린지 코스에 도전하고 카트레이싱, 미니바이킹 등 놀이기구를 타보는 신라부티크호텔 내 시설.

3 챔피언1250 p130

어린이 하루 권장 칼로리 소모량인 1250kcal를 모두 소모하자는 콘셉트의 스포츠 체험장.

37

YES KIDS ZONE BEST

감각을 키우는 아기자기 미술놀이

색다른 소재와 다양한 방식으로 미술을 체험하며 예술적 감성이 쑥쑥!
집에서는 엄두가 안 나서 하기 힘든 미술놀이를 이곳에서는 맘껏 해봐요.

1. 랑랑랑 p358
투명한 유리 부스 안에서 물감 그림을 그리고, 물이 뿌려지면 그림을 지우며 물놀이하는 미술 체험장.

2 **뚜비아트아띠** p134
주제에 따라 만들고 꾸미고 그리며 노는 미술 퍼포먼스 놀이터.

3 **동제미술관** p301
아트센터에서 미술 체험하고, 잔디밭에서 놀고, 카페에서 쉬는 일석삼조 미술관.

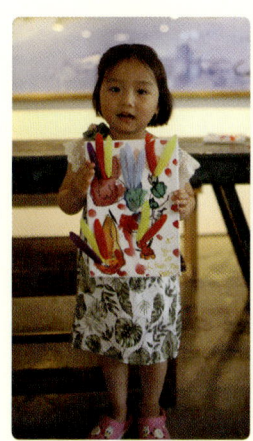

39

YES KIDS ZONE BEST

꿈을 키우는 직업 체험 테마파크

TV 속 멋진 배우가 되고 싶다고 했다가 불 끄는 소방관이 되겠다는 우리 아이.
상상 속에만 머물지 말고 아이가 직접 여러 직업을 체험해보는 것은 어떨까?

1. 한국잡월드 p186
교육 전문가의 자문에 따라 54개 직업을 체험하는 직업 체험장.

2 키자니아 서울 p95

수많은 기업들이 파트너사로 참여하고 있는 단연 압도적 시설의 직업 체험 테마파크.

3 키즈앤키즈 p86

키자니아보다 어린 연령대에 알맞은 유아 직업 체험 테마파크.

41

YES KIDS ZONE BEST

요리 쿡 재미 쿡 쿠킹 체험

다양한 재료를 활용해 아이가 직접 요리해보는 키즈 쿠킹 프로그램이 늘고 있어요. 직접 주무르고 만지며 요리하는 재미, 완성된 음식을 맛있게 먹는 재미까지 누려봐요.

1 청정원 요리공방 p88
한식부터 베트남, 프랑스까지 다양한 나라의 요리를 아이랑 만들어보는 요리공방.

2 뮤지엄김치간 p97
아이가 직접 김치를 담가보는 체험 프로그램 '어린이김치학교'를 운영하는 뮤지엄.

4 판다스토리 p366
무항생제 돼지고기와 신선한 생야채를 갈아 소시지를 만들고, 완성된 소시지를 넣은 핫도그를 맛보는 체험장.

3 팡팡크루즈 p87
숙성된 반죽으로 빵을 만들고, 굽는 사이 한강 유람선을 타는 프로그램.

5 구포국수체험관 p322
직접 밀가루를 반죽해 부산의 명물 구포국수를 만들고 시식하는 체험관.

YES KIDS ZONE BEST

열매를 따는 기쁨, 수확 체험

탐스럽게 익은 열매를 고사리 손으로 똑똑 따서 바구니에 담는 기쁨!
단, 수확 체험은 계절별 수확 시기가 정해져 있으니 반드시 문의하고 떠나세요.

1 별농장 p200

달고 맛있는 체리를 따서 일정 시간 자유롭게 맛보고, 통에 담아 가져올 수 있는 농장.

2 사과깡패 p115

미니 사과를 수확하고 사과즙, 사과잼 등을 맛보고 사과파이도 만드는 체험 농장.

3 별내블루베리농장 p111
무농약 블루베리를 수확해 피자, 컵케이크에 넣어 요리까지 해보는 알찬 농장.

4 성연딸기체험농장 p123
빨갛게 잘 익은 딸기를 따서 카트에 담아 끌고 다닐 수 있는 딸기농장.

YES KIDS ZONE BEST

중생대로 타임슬립, 공룡 테마파크

마치 중생대로 시간을 되돌린 듯한 실감 나는 공룡 모형은 기본!
공룡을 테마로 한 갖가지 즐길 거리가 있는 곳으로 아이들과 시간 여행을 떠나보세요.

1 다이노스타 p190
움직이는 공룡 모형을 비롯해 액티비티 시설까지 갖춘 공룡 테마파크.

2 덕평공룡수목원 p210
나무숲 사이에 공룡 모형이 숨어 있는 공룡 테마 수목원.

3 안면도쥬라기박물관 p266
진품 공룡 화석과 커다란 공룡 뼈, 움직이는 공룡 모형을 만나는 박물관.

태안

4 제주공룡랜드 p399
실물 크기로 재현한 공룡 모형을 비롯해 조랑말 체험, 에어바운스까지 다양하게 즐기는 테마파크.

제주

YES KIDS ZONE BEST

볼 것, 놀 것 풍성한 국립 전시관

'역시 국립은 다르구나!' 하는 감탄사가 절로 터지는 압도적 규모를 자랑해요.
방대한 전시물과 알찬 놀이시설을 두루 갖추고 있는데 입장료는 저렴해서 '가성비'도 훌륭하답니다.

1. 국립생물자원관 p168
엄청나게 다양한 동·식물 표본을 만나는 환경부 책임 전시관.

2. 국립중앙과학관 p256
무려 10여 개의 전시관을 보유한 방대한 규모의 과학관.

3 국립생태원 p272

광대한 생태계를 경험하는 전시관과 압도적 시설의 하다람 놀이터.

YES KIDS ZONE BEST

다양하게 노는 일석삼조 멀티 키즈존

기본적으로 아이에게 관심을 두지 않는다면, 이런 공간은 나올 수 없겠죠.
자연 속 구석구석에 아이가 좋아할 만한 아이템을 세심하게 배치해놓아 맘껏 즐기기만 하면 돼요.

강화

1 시리미자연놀이체험장 p164
타잔 그네, 모형 물고기 낚시, 트랙 자전거, 트램펄린, 동물농장까지 갖춘 아이를 위한 체험장.

보령

2 개화예술공원 p268
양, 말, 오리, 사슴을 만나고, 깡통 기차와 페달 보트를 타보고, 만들기 체험도 하는 예쁜 풍경의 공원.

3 **예크생물원** p212
동물농장, 키친하우스, 해적선 놀이터, 야외 썰매, 깡통 기차까지 놀 것 풍성한 자연 속 놀이터.

4 **배다골테마파크** p122
동물농장, 잉어마을 체험장, 움직이는 탈것, 수영장, 눈썰매 등을 즐기는 멀티 공원.

YES KIDS ZONE BEST

기다릴 필요 없는 미니 놀이공원

아이가 어릴 땐 대형 놀이공원보다 오히려 이런 곳들이 훨씬 만족도가 높아요.
줄 서서 기다릴 필요 없이 맘에 드는 놀이기구를 맘껏 골라 탈 수 있거든요.

1. 삽교호놀이동산 p269
삽교호를 끼고 미니바이킹, 미니기차, 바이킹, 대관람차 등이 모여 있는 놀이동산.

2. 평화랜드 p138
바이킹, 공중그네 등 10여 가지 놀이기구가 있는 평화누리공원 옆 놀이동산.

3 **꿈의동산놀이공원** p106
하늘자전거, 회전목마, 개구리그네, 미니바이킹 등을 즐기는 산봉우리에 둘러싸인 놀이공원.

4 **전주동물원 드림랜드** p357
대관람차, 공중자전거, 오리배, 롤러코스터 등이 있는 동물원 옆 놀이동산.

YES KIDS ZONE BEST
먹이 주고 교감하는 동물 체험장

멀찍이 떨어져서 구경만 하는 동물원이 아닙니다.
아이가 직접 먹이 주고, 만져보고, 교감하는 동물 체험장이라 더 특별해요.

1 대관령아기동물농장 p236
규모가 크고 동물 종류도 다양한 동물 체험 농장의 원조 격.

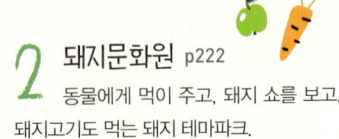

2 돼지문화원 p222
동물에게 먹이 주고, 돼지 쇼를 보고, 돼지고기도 먹는 돼지 테마파크.

3 **주주팜** p213
여유로운 공간에 뛰노는 동물을 만나는 자연 친화적 농장.

4 **터틀랜드** p229
수생거북, 반수생거북, 육지거북을 체험하는 국내 거의 유일의 거북 테마 농장.

5 **목장카페 드르쿰다** p394
목장 안의 동물에게 먹이 주고, 카페에서 목장 경치도 감상하는 일석이조 공간.

YES KIDS ZONE BEST

실컷 뛰노는 대형 놀이터가 있는 공원

역시 아이들에겐 널찍한 야외 놀이터가 최고죠.
아이 눈이 휘둥그레질 대형 놀이터가 있는 공원에서 신나게 뛰놀아봐요.

1. 문경에코랄라 p285
'거인이 사는 전설의 숲'을 테마로 한 널찍한 야외 놀이터를 가진 대규모 테마파크.

2 초막골생태공원 p181

엄청나게 긴 미끄럼틀을 비롯해 놀이시설이 다양한 '상상놀이마당'을 품은 공원.

3 렛츠런파크 제주 p406

대형 미끄럼틀과 널찍한 트램펄린이 명물인 제주 경마공원.

4 렛츠런파크 부산경남 p326

사계절 썰매장을 비롯해 바운싱돔, 널찍한 모래놀이터를 갖춘 부산 경마공원.

YES KIDS ZONE BEST

물속 생물을 만나는 신비, 아쿠아리움

무시무시한 상어도 있고, 가오리도 유유히 헤엄치고 있는 수조 속 세상은 너무도 신비롭죠.
새로운 테마, 다양한 체험으로 무장한 아쿠아리움에서 아이랑 수중 생태계를 탐험해봐요.

1 단양다누리아쿠아리움 p278
비교적 저렴한 입장료에 볼거리 풍성한 민물고기 아쿠아리움.

2 씨라이프 부산아쿠아리움 p331
투명 보트 타고 상어를 만나는 해운대해수욕장 앞 아쿠아리움.

3 **아쿠아플라넷 제주** p392
대형 수조와 오션아레나 공연을 보고, 만들기 체험도 하는 아쿠아리움.

4 **아쿠아플라넷 여수** p386
마스코트인 흰고래 '벨루가'를 만나는 아쿠아리움.

YES KIDS ZONE BEST
공기 좋은 자연에서 힐링, 휴양림

편안히 쉬면서 몸과 마음을 보양할 목적으로 조성한 숲, 바로 휴양림입니다.
빽빽한 나무 사이 편안한 산책길을 아이랑 걸으며 힐링해봐요.

1 청태산자연휴양림 p224
아이를 위해 조성했나 싶을 만큼 안전한 숲 산책길.

2 국립횡성숲체원 p223
하루 수용 인원을 제한해 더 호젓하게 즐기는 숲.

3 절물자연휴양림 p401
제주에서 삼림욕 제대로 즐길 수 있는 삼나무 숲.

4 강씨봉자연휴양림 p100
울창한 천연림 속 잘 정비된 계곡 수영장이 장점.

YES KIDS ZONE BEST

부대시설 빵빵한 키즈존 호텔

깔끔한 룸 컨디션, 친절한 서비스는 기본이고, 아이가 반길 만한 부대시설까지 갖춘 호텔.
'키즈존'이라 부르는 놀이공간이 있어 더욱 반가운 호텔에서 아이랑 호캉스를 즐겨봐요.

1 호텔마리나베이서울 p156
호텔 3층의 부대시설 '키즈존'은 아이가 좋아할 만한 감각적인 놀이터.

2 파라다이스시티호텔 p174
흥미로운 놀이시설을 갖춘 '키즈존'과 더불어 사파리 파크, 수영장 등을 갖춘 호텔.

3 롤링힐스호텔 p203
키즈존, 수영장, 야외 놀이터를 갖춘 아이랑 묵기 좋은 호텔.

4 비발디파크 더파크호텔 p227
비발디파크 리조트 단지 안에 새로 오픈한 호텔로 앤트월드 놀이공간 규모가 압도적.

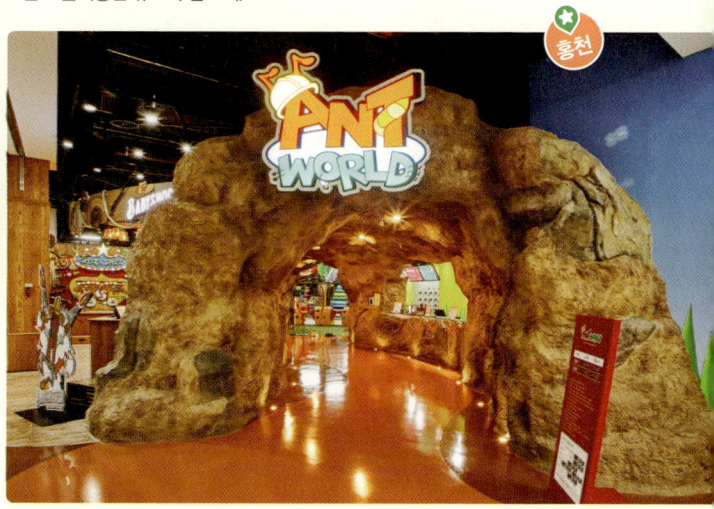

YES KIDS ZONE BEST

워터파크·수영장이 있는 숙소

아이 데리고 워터파크에 가면 순식간에 체력이 방전되고 마는데요.
물놀이터가 딸린 숙소들은 맘 놓고 물놀이하고, 이동할 필요 없이 바로 쉴 수 있어 더욱 좋아요.

1 **호텔미란다이천 스파플러스** p211
온수 스파에서 물놀이하고, 키즈룸에 묵을 수 있는 호텔.

이천

2 **썬밸리호텔 워터파크** p214
다이내믹한 워터파크가 있는 남한강 뷰가 멋진 호텔.

여주

3 호텔드포레 p300
아이랑 놀기 좋은 온천수 워터파크 '스파밸리'가 함께 있는 친환경 호텔.

4 어린왕자의나무별펜션 p103
숙박하는 동안 실컷 물놀이하는 워터파크를 품은 펜션.

5 쏠비치호텔&리조트 삼척 p240
지중해의 신비로운 동굴 도시를 모티브로 한 아쿠아월드가 딸린 호텔.

YES KIDS ZONE BEST

고즈넉한 한옥에서 하룻밤

전통마을의 고택에서, 혹은 깔끔하게 단장한 한옥 펜션·리조트에서 하룻밤 묵어가세요.
아이와 함께 고즈넉한 분위기도 즐기고, 한국 고유의 멋도 누릴 수 있답니다.

1 소소가 p311
아담한 정원이 딸린 예쁜 한옥 숙소.

경주

2 전통리조트 구름에 p291
유서 깊은 안동의 고택을 단장하여 편안하게 묵을 수 있게 한 한옥 리조트.

안동

단양

3 단촌서원고택 p279
옛날 서원으로 사용했던 100년 고택에서 하룻밤.

안동

4 목화당 p295
하회마을 안에 있는 옛 정취 그윽한 초가집 숙박.

담양

5 죽녹원 한옥숙박 p370
담양 죽녹원을 온전히 누릴 수 있는 대나무숲 속 한옥.

YES KIDS ZONE BEST
특화된 체험을 할 수 있는 펜션

놀잇감만으로 시시한 아이를 위해 그 지역만의 특화된 체험이 가능한 펜션을 추천해요.
감귤 따기, 승마, 낚시, 조개잡이 등 다양한 즐거움이 기다리고 있답니다.

1 조밤나무집 p414
감귤 따기 체험을 할 수 있는 조밤나무가 큼직한 펜션.

2 **로그밸리펜션** p407
승마 체험하고 토끼, 오리, 닭을 만나는 동물농장 겸 펜션.

3 **마리나힐링펜션** p345
낚싯배 체험을 해볼 수 있어 차별화 요소가 확실한 펜션.

4 **별궁** p265
조용하고 외딴 서해 갯벌에서 조개잡이 체험할 수 있는 한옥 펜션.

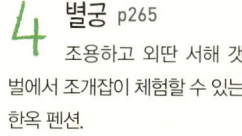

YES KIDS ZONE BEST

놀이시설 끝내주는 키즈펜션

숙박료가 다소 비싸긴 하지만, 충분히 납득할 만한 놀이시설을 갖추고 있어요.
처음부터 아이를 위해 설계한 만큼 아이가 맘껏 뛰놀고, 뒹굴 수 있는 키즈펜션입니다.

1. 호수창이예쁜가펜션 p119

객실 내 미끄럼틀과 그물놀이터를 비롯해 흔들말, 주방놀이 등 놀잇감도 풍성한 키즈펜션.

포천

경주

2. 아이놀자 풀빌라 p319

널찍한 마당에서 트랙 따라 전동차를 타고 누비는 독채 키즈풀빌라.

3 오떼떼키즈 풀빌라펜션 p371

버섯 분수가 있는 물놀이터와 모래놀이터, 붕붕카 트랙, 어린이 골프존까지 놀 거리 빵빵한 펜션.

담양

4 범브로하우스 p237

실내 풀장과 모래놀이터 등을 갖춘 오직 하루 한 팀만 즐기는 독채 키즈펜션.

강릉

5 아셀펜션 p157

쿠션 놀이터와 온수 수영장, 야외 놀이터가 있는 키즈펜션.

강화

YES KIDS ZONE BEST

아이가 놀기 좋은 캠핑장

캠핑의 낭만은 즐기면서 아이를 위한 놀 거리까지 빵빵한 팔방미인 캠핑장이에요.
텐트캠핑, 오토캠핑, 캐러밴, 글램핑까지 종류도 다양하니 취향껏 즐겨보세요.

1 대부도 365 캠핑시티 p205
야외 키즈파크와 실내 키즈카페를 운영하는 오토캠핑장·캐러밴캠핑장.

2 클래식티피글램핑 p271
아름다운 서해 풍광을 만끽하며 해수풀장과 갯벌체험을 즐기는 글램핑장.

3 에코유캠핑장 p147
여름엔 드넓은 수영장, 한겨울엔 눈썰매장을 즐기는 캠핑장.

4 **카라반베이** p196
캐러밴, 글램핑, 펜션 등 각각의 매력을 모두 잘 살려 운영하는 숙소.

5 **에브라임캠핑장** p143
트램펄린, 놀이터를 비롯해 지붕 있는 수영장을 갖춘 캠핑장.

YES KIDS ZONE BEST

객실에서도 노는 키즈룸 숙소

객실 안에서까지 놀 수 있게 장난감, 놀이시설이 갖춰진 숙소는 그야말로 센스 갑!
부모가 음식 준비하는 동안에도, 잠시 휴식하는 동안에도 아이가 알차게 놀 수 있어 만족스러워요.

1 가을노을펜션 p133
방 하나가 통째로 트램펄린! 놀잇감도 다양한 펜션.

파주

2 한화리조트 용인베잔송 뽀로로룸 p199
객실 내 모든 것이 뽀로로로 꾸며져 꾸준한 인기.

용인

4 오크밸리 두다다쿵룸 p219
커다란 나무 모형과 인디언텐트, 캠핑 의자가 놓여 있는 숲속 콘셉트의 객실.

부산

3 호텔더마크 해운대 p324
소방차, 핑크레이디, 레이스카 등의 콘셉트가 다양한 키즈룸.

원주

PLUS 아이 맘에 쏙 드는 숙소 잡는 꿀팁

❶ 마음껏 뛰놀 수 있는 곳인가?
평소 아파트 층간 소음 때문에 뛰놀지 못하게 하는데, 여행지에서까지 아이에게 "뛰지 마" "조용히 해"라고 잔소리한다면 과연 즐거울까요? 되도록 층간 소음 신경 쓸 필요 없는 독채, 혹은 1층 펜션으로 예약하세요. 여행지에서만큼은 맘껏 뛰놀자고요.

❷ 아이를 위한 놀이시설이 있는가?
여름에는 워터파크, 겨울에는 눈썰매장이 있는 숙소라면 평균 이상의 만족도 보장. 혹은 안전한 계곡, 잔잔한 바다 혹은 눈놀이할 수 있는 공간 등을 끼고 있는 숙소도 괜찮습니다. 숙소에 간단한 탈것이나 미끄럼틀, 트램펄린 등의 놀이시설이 갖춰져 있는 것도 만족스럽겠지요?

❸ 체험 프로그램이 있는가?
요즘 리조트, 호텔은 물론 펜션에서도 아이를 위한 체험 프로그램을 선보이고 있어요. 간단한 만들기부터 액티비티까지 꽤 다양한 테마로 무장하고 있으니 아이가 흥미를 가질 만한 프로그램이 있는지 꼭 확인해보세요.

5 두린아이 키즈펜션 p405

제주

키즈룸에 있는 나무집 놀이터는 아이라면 100% 반할 아이템.

Best Course

1day 10:00 국립중앙박물관 어린이박물관 ▶ 12:00 점심 : *라이너스바베큐(직접 만들어 먹는 미니 버거) ▶
14:00 크라운해태 키즈뮤지엄 ▶ 17:00 전쟁기념관 어린이박물관

*라이너스바베큐 ♀서울시 용산구 이태원로 136-13 ☎ 02-790-2920

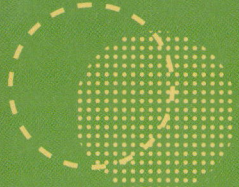

01 KIDS ZONE

서울

001

엄마·아빠도 반가운 둘리랑 놀자~
둘리뮤지엄

1~7세 / 실내

어른들이 보고 자란 만화 캐릭터, 아기공룡 둘리를 주제로 한 캐릭터 뮤지엄이에요. 덕분에 추억이 몽글몽글, 반가워하는 어른들이 꽤 있을 겁니다. 그야말로 부모는 옛 추억을 회상하고, 아이는 신나게 뛰놀 수 있는 일석이조의 공간! 시설이 아기자기해서 아이들도 무척 좋아했어요. 문어의 입속에서 암벽을 타고 올라보고, 미끄럼틀을 타고 슝슝 내려오며 놀았고요. 시계추 모양으로 된 그네도 아이들의 상상력을 자극하기에 충분했어요. 김수정 작가의 만화 제작 과정을 살펴보고, 노래방에서 둘리 주제곡도 불러보았어요. 둘리를 테마로 한 게임들은 엄마·아빠와 함께 도전해봐도 좋겠어요. 둘리랑 함께 사진도 한 컷 찰칵! 옥상에는 아주 작은 규모의 미로공원도 있어요. 미로 속에서 둘리 캐릭터들을 찾아보세요. 뮤지엄 관람 후에 둘리도서관에서 동화책, 만화책을 실컷 읽을 수도 있어요. 뮤지엄 주변에 둘리공원도 있으니 아이랑 산책해보세요.

📍 서울시 도봉구 시루봉로1길 6 OPEN 10:00~18:00 CLOSE 월요일, 1월 1일, 설날·추석 당일 💰 주중 4000원, 주말·공휴일 5000원 ☎ 02-990-2200 🏠 www.doolymuseum.or.kr

1~7세　　　002　　　실내

취향저격 뷰티 체험
캐리키즈카페 (여의도IFC몰점)

인기 최고의 '캐리와 장난감 친구들'을 테마로 한 키즈카페에요. 여러 지점이 있는데 저희는 여의도점으로 방문해봤어요. 예쁜 드레스를 입고 소꿉놀이를 하거나 볼풀장, 미끄럼틀, 트램펄린 같은 놀이공간에서 신나게 노는 건 여느 키즈카페와 큰 차이가 없습니다. 하지만 이곳의 차별화 요소는 바로 이것! 진짜 캐리가 되어 방송을 진행해보고, 영상에서 본 캐리처럼 물감놀이와 버블 체험도 해볼 수 있답니다. 그중에서도 뷰티 체험은 여자아이들의 취향을 제대로 저격해요. 보자마자 "어머, 너무 귀여워" 소리가 절로 나오는 가운을 입고, 앙증맞은 의자에 앉아 와인잔에 사과주스를 마시며 체험을 시작해요. 캐리 팩을 얼굴에 붙이고 핸드 마사지를 받는 모습이 왜 이리 귀여운지요. 네일 아트를 받고, 톡톡 얼굴에 선크림을 바르고, 촉촉 립스틱까지 발라서 한껏 예뻐집니다. 한창 미에 관심이 생기기 시작하는 여자아이들, 안 좋아할 수 없겠죠? 김포 한강신도시점, 산본 롯데피트인점, 청라 국제도시점, 수원 아이파크시티점 등 지점이 점차 늘고 있으니 가까운 곳으로 방문해보세요.

📍 서울시 영등포구 국제금융로 10 L2층　OPEN 주말 10:00~22:00, 평일 10:00~20:30　💰 아이 1만7000원, 어른 3000원(2시간 기준) ※추가 체험 별도
☎ 02-6137-5276　🌐 carriekidscafe.com

① 1~10세　　　　　　　　　　003　　　　　　　　　　실외

사계절 자연 느끼는 널찍한 공원
북서울꿈의숲

벽오산, 오패산에 둘러싸인 널찍한 녹지 공원으로 사계절 숲과 자연을 즐길 수 있어요. 봄에는 벚꽃, 가을에는 단풍 길이 예뻐서 아이랑 손잡고 산책하기에 좋고요, 탁 트인 잔디 마당에서 야외놀이 장난감을 가지고 놀기에도 제격이에요. 북서울꿈의숲에서 빼놓지 말고 방문해야 할 곳이 바로 전망대인데요, 전망대까지 오르는 엘리베이터가 수직형이 아니라, 국내 최초로 알려진 '각도 변환 경사형 엘리베이터'라 꽤 신기합니다. 경사를 따라 오르는 엘리베이터 유리창에 착 달라붙어 어른·아이 할 것 없이 밖을 내다보게 된답니다. 전망대에서 바라본 공원 전경도 멋지답니다. 5~10월에는 그늘막 설치가 가능한데, 정해진 구역을 확인하고 가는 게 편해요. 또 미술관 앞쪽에 물놀이장과 바닥분수가 있어서 무더운 여름에 아이들이 더위 식히며 놀기에도 그만입니다. 사슴 방사장에서는 먹이를 구매해서 체험해도 좋겠지요? 홈페이지에서 상설 체험 프로그램을 확인하고 방문하면 더욱 알찬 하루가 될 거예요.

📍 서울시 강북구 월계로 173　OPEN 00:00~24:00 / 분수 12:00, 13:00, 15:00, 17:00(매회 30분씩 가동, 경우에 따라 변동될 수 있음)　☎ 02-2289-4001　🏠 dreamforest.seoul.go.kr

1~7세 · 실내

004
유아를 위한 과학 놀이터
서울상상나라

요목조목 잘 갖춰진 '유아용 과학 놀이터'라고 해야 할까요? 서울상상나라는 어린이대공원 안에 위치해 동물원, 놀이공원 등과 함께 방문할 수 있는 게 장점이에요. 서울시에서 운영해 시설 관리가 잘 되고 있다는 느낌도 받았어요. 층별로 다른 주제로 체험하게 되는데, 크게 자연놀이, 예술놀이, 공간놀이, 신체놀이, 상상놀이 등으로 나뉘어요. 1층에서는 사계절의 변화를 느낄 수 있는 자연놀이, 빛과 그림자를 이용한 공간놀이 등을 체험해볼 수 있어요. 우리 아이는 그림자가 커졌다 작아졌다 하는 그림자 극장을 좋아했어요. 2층은 1층보다 활동성이 큰 놀이가 많았어요. 방문 당시 '우주탐험올림픽'이라는 주제로 로켓 발사 경주도 해보고, 외계인 친구 '뚜뚜'를 따라 몸풀기 체조는 물론, 행성을 피해서 탈출하는 미션까지 수행해보았어요. 문화놀이 영역에서는 직접 집을 짓고, 세계 여러 나라의 전통의상을 체험해보았어요. 3층 물놀이 공간에서는 소용돌이를 만들거나 물레방아를 돌리면서 아이들이 무척 즐거워했답니다. 방수 앞치마가 비치되어 있지만, 체험하면서 물이 튈 수 있으니 여벌옷을 챙겨 가는 게 좋겠어요.

서울시 광진구 능동로 216 OPEN 10:00~18:00 CLOSE 월요일, 1월 1일, 명절 연휴 36개월 이상 4000원 02-6450-9500 www.seoulchildrensmuseum.org

4~7세　　005　　실내

우리나라 최초 하수도 테마 과학관
서울하수도과학관

'하수도'를 테마로 하는 과학관이라니 언뜻 거부감이 들 수도 있지만, 생각보다 유익하고 교육적인 효과도 컸어요. 2017년에 개관한 따끈따끈한 시설로, 조선왕조 이후부터 현대에 이르기까지 하수도 조성과 하수 시설의 발전 과정을 아이들의 눈높이에 맞게 시대별로 보여줍니다. 1층은 관람 위주의 시설이고, 2층은 아이들이 놀면서 체험할 수 있는 공간이에요. 물을 오염시키는 생활 하수의 종류에 무엇이 있는지, 옛날 사람들이 어떻게 화장실을 사용했는지, 현대의 욕실에서 물을 아껴 쓰는 방법은 무엇인지 등을 하나하나 배워보았어요. 하수도관을 형상화한 미끄럼틀에서 주르륵 내려와보고, 볼풀장에서 신나게 놀면서 오늘 배운 내용을 떠올려보기도 했어요. 돌아오는 길에 "물을 아껴 써야겠다"고 다짐하는 아이를 보니 방문하길 잘했구나 싶은 뿌듯한 생각이 들었답니다. 바로 맞은편에 위치한 '서울새활용플라자'와 함께 다녀와도 좋을 것 같아요. '새활용'은 버려지는 자원에 디자인을 더하거나 활용 방법을 바꿔 새로운 가치를 만들어내는 '업사이클링 Upcycling'의 우리말이라고 하네요. 아이에게 자원의 소중함을 가르쳐줄 좋은 기회가 될 거예요.

서울시 성동구 자동차시장3길 64　OPEN 09:00~17:00　CLOSE 월요일, 1월 1일, 설날·추석 당일　무료　02-2211-2540　sssmuseum.org/main

4~10세 　　　　　　006　　　　　　실내

몸으로 익히는 유쾌한 과학 체험
서울시립과학관

손으로 만지고, 몸으로 익히며 과학을 배워가는 곳, 서울시립과학관이에요. 자연과 조화를 이루는 도시생태, 즉 '공존'을 주제로 한 G관부터 에너지가 어떻게 이동하고 흘러가는지를 보여주는 R관까지 총 네 곳의 전시실로 이루어져 있는데요, 어린아이들에게는 다소 어렵게 느껴지는 주제도 있었지만, 전시 내용이 알차고 직접 체험해볼 수 있는 시설들이 많아 만족스러웠어요. 블록을 활용해 안전한 다리 구조를 직접 만들어보고, 톱니바퀴 퍼즐을 맞춰서 움직여보기도 했어요. 지하철은 어떻게 움직이는지, 비행기는 어떻게 나는지 모형을 통해 그 원리를 알아보았고요. 직접 지진을 체험해보는 'Q라이더', L자형 스크린이 마련된 '3D스페이스'에서는 보다 적극적인 과학 체험이 가능한데요, 나이와 키 규정이 있으니 반드시 홈페이지에서 확인하고 예약 후 방문하세요. 특별전시장은 시즌별로 내용이 달라지니 우리 아이가 좋아하는 주제인지 미리 확인해보는 것도 좋겠어요.

📍 서울시 노원구 한글비석로 160　OPEN 09:30~17:30　CLOSE 월요일, 1월 1일, 명절　₩ 성인 2000원, 어린이 1000원(7세 이하 무료)　☎ 02-970-4500　🏠 science.seoul.go.kr

6~9세　　　007　　　실내

무료로 과자를 체험하는
과자박물관 스위트팩토리

롯데제과에서 운영하는 이곳은 과자를 테마로 한 체험형 박물관이에요. 오늘만큼은 아이가 좋아하는 과자, 초콜릿, 아이스크림을 실컷 체험하고 맛있게 해주자고요. 입구부터 빼빼로, 가나초콜릿, 마가렛트, 자일리톨 등 롯데제과의 간판 제품들의 모형이 아이들을 반겨줍니다. 자일리톨 휘바 할아버지와 함께 OX 퀴즈를 풀어보고, 빼빼로 캐릭터랑 카카오가 어떻게 가공되는지도 배워봤어요. 맷돌을 이용해 카카오 원두를 갈아보는 체험도 해봤답니다. 아이가 가장 좋아했던 건 마가렛트와 카스타드를 구워보는 가상 체험이었는데요, 화면 속에서 풀무질하고 구워내는 시뮬레이션 후에 실제 제품이 나오기 때문에 아이가 엄청 신기해했어요. 3D 홀로그램으로 꼬깔콘이 구워지는 모습을 보고 나서 완성된 꼬깔콘을 먹는 것도 아이 반응이 좋았어요. 마지막으로 롯데제과 영상관에서 관련 영상을 보고 나면 체험 완료! 중간중간 시식용 과자를 제공하기 때문에 작은 봉지 하나 가져가면 유용할 거예요.

📍 서울시 영등포구 양평로21길 10 OPEN 평일 10:00~18:00, 토요일 10:00~14:00 CLOSE 일요일, 공휴일 💰 무료(5세 이상 유치부·초등생 대상, 홈피 예약 필수) ☎ 02-2670-6396 🏠 www.lotteconf.co.kr/factory/main.asp?mn=050100

1~10세 008 실내

서울 도심의 유아용 워터파크
씨랄라 워터파크

서울 도심에 위치해 수도권 어디서든 방문하기 편안한 입지 좋은 워터파크예요. 아이가 놀기에 규모가 적당해서 지나치게 혼잡하지 않고요, 시설 관리가 잘 되는 편인 데다가 체온유지실, 찜질방도 함께 있어서 온종일 쉬어가며 놀기에 제격이에요. 워터파크 중앙에는 전신 마사지와 지압을 받을 수 있는 바데풀이 자리하고, 그 주변으로 140m 길이의 유수풀이 빙 둘러져 있어요. 아이와 함께 둥둥 떠다니며 놀기에 딱 좋았어요. 어린아이들이 놀기 좋은 구역은 비치풀과 아쿠아 키즈랜드입니다. 높이가 낮은 미끄럼틀과 피아노 분수 등이 있어서 물을 무서워하는 어린아이도 무리 없이 잘 놀 수 있었어요. 키 125cm 이상 아이들은 스피드 슬라이드를 타면 스릴 만점! 물놀이하다가 매시간 10분씩 휴식 시간이 있는데요, 이때는 워터파크 중간중간에 있는 이벤트 스파에서 몸을 녹이며 쉬었답니다. 푸드코트가 딸려 있어서 편하긴 한데, 우리가 생각하는 푸드코트 음식 맛, 딱 그 정도이니 참고하세요.

📍 서울시 영등포구 문래로 164 영등포 SK 리더스뷰 OPEN 10:00~19:00(시즌별로 다름)
워터파크 대인 종일권 4만 원, 소인 종일권 3만4000원(36개월 미만 무료, 시즌별로 다름) ☎ 1522-9661 🏠 www.sealala.com

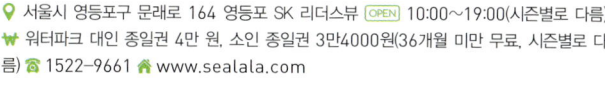

4~7세 · 실내

009
유아 직업 체험 테마파크
키즈앤키즈

'우리 아이는 자라서 어떤 직업을 가지게 될까?' 부모 입장에서 막연히 그림을 그리기보다는 아이가 미리 체험해보는 게 훨씬 좋을 거예요. '키자니아 서울'이 대규모 직업 체험 테마파크라면, '키즈앤키즈'는 그보다 작은 규모로 좀 더 어린 연령대에 적합한 곳이에요. 런웨이를 뽐내는 모델이 되어 패션쇼를 해보고, 마네킹에 화장해보는 메이크업 아티스트도 체험해볼 수 있어요. 블루스크린 앞에서 연기하는 배우가 되어보고, 앵커가 되어서 뉴스를 진행하고, 애니메이션에 효과음을 만들어보기도 했어요. 약사, 소방관, 응급구조대원, 의사, 경찰 특공대, 야구선수도 되어볼 수 있어요. 가장 인기가 많은 곳은 푸드 스테이션인데요. 아이스크림, 컵케이크, 초콜릿을 만들어보며 파티시에, 쇼콜라티에가 되어보기도 했어요. 아이가 목에 키를 걸고 다니면서 각 직업 체험장별로 키를 찍고 체험하는 방식이라서, 다음 체험장에 미리 가서 부모가 줄을 서 있을 수는 없어요. 무조건 하나의 체험이 끝나야 다음 체험장을 예약할 수 있답니다. 반일권과 종일권 중에 저희는 반일권을 이용했고요, 아이가 집중하는 시간을 생각하면 대부분의 경우 반일권으로도 알차게 잘 놀 수 있을 거예요.

📍 서울시 영등포구 영중로 15 타임스퀘어 B2 B228 [OPEN] 10:00~19:30(티켓 발권은 09:30부터) [CLOSE] 연중무휴 💰 평일 : 어린이(만 3~11세) 반일권 2만9000원, 종일권 4만2000원 / 성인 반일권·종일권 1만2000원 / 주말·공휴일·성수기 : 어린이(만 3~11세) 반일권 3만2000원, 종일권 4만7000원, 성인 반일권·종일권 1만2000원 ☎ 1899-8778 🌐 www.kidsnkeys.co.kr

 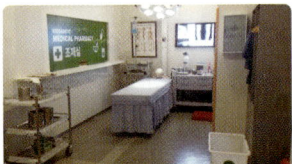 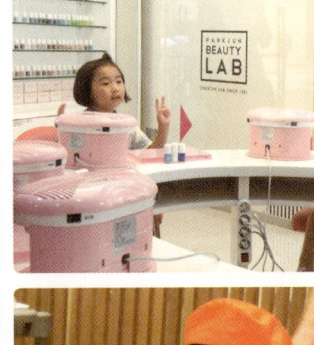

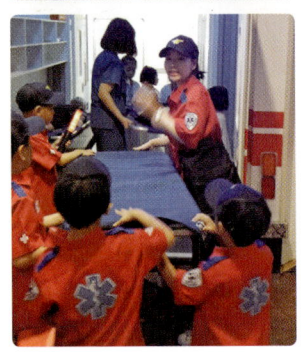  

3~10세

010

 실내·실외

빵 만들고, 유람선 타고, 공연도 관람하는
팡팡크루즈

빵을 만들고, 유람선도 타면서 쇼도 볼 수 있다면? 이 모든 것을 한 곳에서 누리는 일석삼조의 즐거움, 바로 팡팡크루즈예요. 먼저, 한강에 위치한 제빵 체험장에서 잘 숙성된 반죽으로 빵을 만들어 봐요. 제빵사의 유쾌한 설명이 곁들여져서 어렵지 않게 뚝딱 만들 수 있어요. 이렇게 만든 빵이 구워지는 데는 1시간 정도 소요되는데요, 그동안 유람선을 타고 공연을 즐긴 후 체험장으로 다시 돌아와 갓 구워진 빵을 받아오는 코스입니다. 유람선에 탑승하면 1층에서 흥겨운 '빵쇼'를 볼 수 있어요. 배우들의 춤과 흥겨운 타악 연주가 어우러져 가족 모두 신나게 관람했어요. 유람선 2층에서는 한강 야경을 즐길 수 있는데요, 우리가 자주 보던 한강이 이렇게나 아름다울까 싶을 만큼 로맨틱한 풍경이 펼쳐져요. 아이들과 예쁘게 사진 촬영을 하고, 유람선에서 내려 빵을 받아 먹어봤는데 어머나! 예상보다도 너무 맛있게 구워져서 우리의 제빵 실력에 깜짝 놀랐답니다. 참, 유람선 승선 시에 신분증이 있어야 하니 가족 모두 준비해주세요.

📍 서울시 영등포구 여의동로 290 이랜드크루즈 제1선착장 OPEN 2시간 소요(운항 시간표는 시즌별로 달라지니 홈페이지 참고) 🏠 1인 3만 8000원 ☎ 02-722-4400 🌐 www.elandcruise.com

👶 4~10세 　　　　　　　　　　　011　　　　　　　　　　　실내 🏠

두 가지 요리를 만드는 키즈쿠킹
청정원 요리공방

키즈 쿠킹 체험이 보통 베이킹에 한정되는데요, 청정원 요리공방은 한식부터 베트남, 프랑스까지 다양한 나라의 요리를 아이랑 만들어볼 수 있어서 특별해요. 또 한 클래스당 두 가지 요리를 할 수 있어서 알차답니다. 쿠킹 메뉴는 때마다 달라지는데요, 우리 아이는 상투과자와 치즈궁중떡볶이를 만들어봤어요. 기본적으로 재료 손질은 되어 있지만, 그 외 요리의 전 과정을 아이가 직접 해볼 수 있는 것도 의미 있었어요. 날카롭지 않은 뭉툭한 칼로 야채를 썰고, 프라이팬에 재료를 직접 볶아보기도 했고요. 반죽을 짜서 하나하나 모양을 만드는 것까지, 초집중 모드로 요리를 해내는 아이 모습이 대견하네요. 시즌에 따라 송편떡케이크 같은 스페셜 메뉴도 만들 수 있으니 홈페이지에서 미리 메뉴를 확인하고 예약하는 건 필수! 완성된 음식은 집에 포장해올 수도 있고, 카페처럼 꾸며진 식당에서 먹고 올 수도 있어요. 아이 한 명, 어른 한 명이 팀으로 꾸려져 쿠킹 클래스가 진행되기 때문에 아이끼리만 체험하는 것은 불가능하니 참고하세요.

📍 서울시 서대문구 이화여대길 59 메르체쇼핑몰 OPEN 예약 필수 ₩ 2만5000원(어른 1명 + 아이 1명) ☎ 02-326-5816 🏠 www.chungjungone.com/knowhow/cooking/cookingClassList.do

4~7세 　　　　012　　　　실내

아이들 눈높이에 딱 맞는
국립중앙박물관 어린이박물관

아이가 이것저것 만지고 떠들어서 박물관 가기를 주저했다면? 아이가 관람하기에는 내용이 어렵고 분위기도 딱딱할 것 같다면? 바로 이곳, 국립중앙박물관 어린이박물관에 가보시길 권해요. 국립중앙박물관에 전시된 유물을 직접 만져보고 체험할 수 있도록 아이 눈높이에 맞게 재구성해놓았거든요. 덕분에 아이가 흥미를 가지고 능동적으로 관찰하고 배울 수 있어요. 옛 선조들이 살던 집이 어떻게 생겼는지, 어떻게 밥을 해 먹었고, 어떤 옷을 입었는지 등을 간단한 체험을 통해 알려줍니다. 움집에 들어가보고, 깨진 토기를 붙여보고, 기와를 차곡차곡 쌓아볼 수도 있어요. 또 푹신한 쿠션에 앉아 책을 읽을 수 있는 어린이도서실도 있고, 작은 미끄럼틀이 있는 유아용 휴식 공간, 블록을 맞추며 놀 수 있는 블록 테이블도 있답니다. 입장 시간이 1일 5회로 정해져 있고, 인원수도 각 회차당 인터넷 예약 200명, 현장 발권 250명으로 제한되니 되도록 인터넷으로 예약하시길 추천드려요. 관람 시간은 80분 정도인데, 규모가 크진 않아서 관람하기에 충분했어요. 근처에 있는 전쟁기념관 어린이박물관을 연계해 방문하면 훨씬 알찬 나들이가 될 거예요.

📍 서울시 용산구 서빙고로 137 국립중앙박물관 [OPEN] 10:00~18:00(수요일은 18:00~21:00 야간 개장) [CLOSE] 1월 1일, 설날·추석 💰 입장료 무료, 체험 키트 1200원 ☎ 02-2077-9647 🏠 www.museum.go.kr/site/child/home

😊 4~7세   013   실내·실외

체험하며 배우는 전쟁의 역사
전쟁기념관 어린이박물관

다소 무겁게 다가올 수 있는 '전쟁'이라는 주제를 아이 눈높이에 맞게 재구성한 박물관이에요. 아이들이 직접 조작하고 체험하며 전쟁의 역사적 교훈을 맘속에 새기고, 자유와 평화의 소중함에 대해 배울 수 있어요. 성곽 모형에 올라가서 전쟁 무기들을 살펴보고, 전쟁 영웅의 영상을 보면서 역사를 돌아보기도 했어요. 전쟁 당시 우리나라를 도와준 나라들의 국기를 퍼즐로 맞춰보고, 애국가를 부르며 국기를 게양하는 게임도 해보았어요. 교육적 효과가 큰 전시실뿐만 아니라 놀이 공간도 꽤 만족스러웠어요. 미끄럼틀을 타고 암벽 등반 하면서 신나게 놀았고요, 영아를 위한 놀이 공간도 안전성이 돋보였어요. 1일 8회에 걸쳐 입장이 가능한데, 회차별로 50분의 관람 시간이 주어져요. 충분히 놀기에는 다소 짧게 느껴질 수 있으니, 아쉽다면 관람 전·후로 실외 놀이터에서 놀아도 좋아요. 입장권은 당일 현장 발권이 가능하지만, 혹시 모를 상황에 대비해 인터넷 사전 예약을 권장합니다.

📍 서울시 용산구 이태원로 29 OPEN 09:30~18:00 CLOSE 월요일 무료 02-709-3200 www.warmemo.or.kr/kids

5~10세 · 014 · 실내

헨젤과 그레텔 과자집 만드는
크라운해태 키즈뮤지엄

〈헨젤과 그레텔〉 동화처럼 달콤한 과자집을 만들어보고, 창의력이 쑥쑥 자라는 놀이터에서 신나게 놀 수 있는 곳이에요. 크라운해태에서 만든 뮤지엄답게 하루 세 차례 과자를 이용한 체험에 참여할 수 있는데요. 집 모양 틀에 식용 가능한 풀을 바르고 과자를 붙여가며 꾸며보는 '과자집 만들기' 체험은 역시 아이들의 반응이 압도적이었어요. 과자집을 만들면서 여러 종류의 과자를 맛보았고요, 완성된 과자집은 손잡이 달린 상자에 담아주셔서 집에 가져와서 떼어 먹었답니다. 체험 전·후로는 상상놀이터에서 꽤 알차게 놀 수 있어요. 상상놀이터는 총 10개의 테마로 공간이 나뉘어 있는데요, 대형 블록 놀이터와 소형 블록 놀이터가 따로 있어서 다양하게 입체 모형을 만들어 볼 수 있어요. 공이 굴러가는 길의 각도, 모양 등을 아이가 조정해볼 수 있고, 바람 부는 파이프 속에 스카프를 넣었다가 빠져나오는 것을 점프해서 잡아보기도 했어요. 규모가 크지는 않지만 공간 구성이 잘 되어 있어서 지루한 줄 모르고 잘 놀았답니다.

📍 서울시 용산구 한강대로72길 3 해태제과 지하1층 [OPEN] 10:00~17:00 / 과자집 만들기 체험 11:00, 14:00, 15:00 (30분 소요) [CLOSE] 월요일 💰 입장료 : 소인 1만 원/대인 4000원 / 체험료 : 과자집 만들기, 혹은 과자 얼굴 꼴라주 만들기 1만 원 별도 ☎ 02-709-7403 🏠 booking.naver.com/booking/5/bizes/168107(네이버 예약)

👶 1~10세　　　　　　　　　　015　　　　　　　　　　실내 🏠

깨알 같은 볼거리가 가득
코엑스아쿠아리움

아쿠아리움의 조명이 다소 어둡고 분위기가 낯설다 보니, 물고기를 좋아하는 아이도 의외로 공간 자체를 무서워하는 경우가 있더라고요. 하지만 코엑스아쿠아리움은 아이들의 호불호가 크지 않은 곳이에요. 입구부터 아이들이 좋아하는 옥토넛 캐릭터가 반겨주고, 아기자기한 테마 수조들이 아이 눈높이에도 잘 맞거든요. 민속관 느낌의 수조, 바닷가처럼 꾸민 수조도 있고 냉장고 수조, 화장실 변기 수조까지 재밌는 테마의 수조들이 아이들의 흥미를 유발해요. 직접 손으로 만지고 체험할 수 있는 닥터피시 수조와 불가사리, 해삼, 멍게가 담긴 수조도 있어요. 해양 생물 수조만 관람하면 아이가 금방 지루해할 텐데, 이곳은 중간중간 육지 동물도 있어서 미어캣도 보고, 원숭이도 만나면서 지루할 틈 없었어요. 이밖에도 수만 마리의 정어리들과 아쿠아리스트가 함께하는 수중 공연은 챙겨볼 만하고요. 바다거북, 상어, 흑가오리 등의 식사 시간을 보는 것도 즐거워요. 우리 아이는 매너티가 밥 먹는 모습을 넋 놓고 보더라고요. 온순한 매너티가 아쿠아리스트한테 먹이 받아먹는 모습은 어른인 제가 봐도 신기했어요. 물범, 펭귄, 수달에게 먹이 주는 시간도 있으니 홈페이지에서 확인해보세요.

📍 서울시 강남구 봉은사로 524 코엑스몰 B1 012　OPEN 10:00~20:00　CLOSE 연중무휴　🎫 성인 2만8000원, 36개월 이상~만 12세 2만4000원　☎ 02-700-7200　🏠 www.coexaqua.com

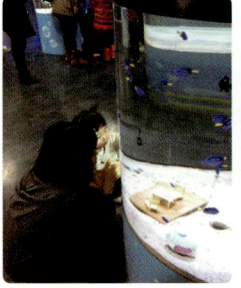

1~7세 | 016 | 실내

편식하는 야채가 있다면
고마워토토

골고루 먹고 튼튼하게 자라길 바라는 엄마 마음과는 달리, 아이들은 좋아하는 것만 골라 먹으려는 편식 습관이 생기는 경우가 많은데요. 아이들의 감성을 자극하는 흙놀이, 요리 활동, 식물 키우기 등을 통해 식재료에 대한 호감도를 높이고, 편식 습관을 바로 잡아주는 체험장이 바로 '고마워토토'랍니다. 상추, 무, 양파, 콩, 오이, 귤 등 주기적으로 수업 주제가 달라지는데요, 아이가 싫어하는 과일·야채로 수업을 들으면 그만큼 효과적이겠지요? 저희는 아이가 호박을 잘 먹지 않아서 수업 주제가 '호박'인 날에 방문했는데요, 맨발로 흙을 밟으며 야채가 자라는 땅에 대한 고마움을 느껴보는 흙놀이로 수업을 시작해요. 호박이 심어져 있는 화단에 물을 주고, 호박꽃이 어떻게 생겼는지, 호박을 자르면 어떤 모양인지도 살펴봤어요. 호박으로 요리해서 직접 먹어보고, 호박씨로 문패 만들기까지 아주 알차고 유익한 체험이었어요. 신기하게도 체험 후에 호박에 대한 호감도가 쑥 올라가더라고요. 여러 곳에 지점이 있으니 가까운 곳에 예약하고 방문해보세요.

- 삼성점(본점) ♀ 서울시 강남구 삼성동 83번지 OPEN 10:00~17:00 CLOSE 월요일 ₩ 주중 2만 4500원, 주말 2만6500원 ☎ 02-3443-7474
www.tototown.net

서울 93

😊 4~10세　　　　　　　017　　　　　　실내·실외 🏠🌳

로보트 태권브이를 만나는
브이센터

엄마·아빠의 추억 속 만화 〈로보트 태권브이〉를 만나볼 수 있는 박물관이에요. '김박사'와 '훈'이 살았던 그 로보트 태권브이를 재현한 곳이라 더 실감 나는데요. 태권 브이가 어떻게 만들어졌는지부터 출격하는 모습까지 생생하게 볼 수 있어서 아이만큼이나 어른도 신났답니다. 4D영상관은 태권 브이의 가동 훈련을 리얼하게 체험할 수 있는 곳이에요. 격납고에 있는 13m 크기의 어마어마한 실물 태권 브이는 보자마자 입이 떡 벌어졌답니다. 거대한 거울이 비추는 미러타워에서는 대형 블록 체험이 가능한데요. 컬러풀한 블록으로 조형물을 만드는 아이의 모습이 거대한 거울에 투영되어 신기했어요. 공간에 대한 감각을 깨워주고 상상력, 창의력도 쑥쑥 자란다고 하네요. 야외에도 놀 것들이 있어서 범퍼카를 타거나 그물 놀이터에서 맘껏 뛰놀았어요. 부모들에게는 아련한 향수를 불러일으키고, 아이들에게는 즐거운 놀이터를 제공해주어 가족 모두가 만족했답니다.

📍 서울시 강동구 아리수로61길 103　OPEN 10:00~18:00(입장 마감 17:00)　CLOSE 월요일　₩ 36개월~만13세 2만원, 만14세~성인 1만2000원　☎ 070-4278-8470　🏠 www.tkvcenter.com

😊 4~10세 018 실내 🏠

리얼리티 최고의 직업 체험장
키자니아 서울

이곳저곳에 어린이 직업 체험장이 생겨났는데요. 수많은 기업들이 파트너사로 참여하고 있는 키자니아 서울은 단연 시설과 규모가 압도적인 곳이에요. 경찰서, 과학수사대, 동물병원, 법원, 병원, 승무원 교육센터 등 무려 90여 가지 직업을 체험할 수 있어요. 절대적인 시간과 아이 집중력을 생각한다면 모두 체험하고 오기는 어려워요. 따라서 아이와 함께 어떤 직업을 체험할지 미리 계획을 세우고, 사이트에서 지도를 다운받아서 동선을 짜고 난 후 방문하는 것을 추천해요. 각 체험에는 참가 인원과 소요 시간, 체험을 시작할 수 있는 시간이 표시돼 있어 이를 확인하고 대기할지, 다른 체험을 택할지 정하면 돼요. 특히 주말에는 대기 시간이 매우 길어지기도 해서 빠른 판단이 필요해요. 각 체험 별로 담당 수퍼바이저가 배치되어 있어서 아이들 눈높이에서 잘 설명하고 진행해줍니다. 보통 내부 체험 시설은 어린이만 입장할 수 있어서 부모들은 바깥에서 유리창이나 스크린을 통해 구경하게 돼요. 키자니아에서는 '키조'라는 화폐를 사용하는데, 목에 걸 수 있는 작은 지갑을 가지고 가면 아이들이 키조를 보관하기 편해요. 또 큰 가방이나 쇼핑백을 들고 가면 아이들이 만든 것들을 챙겨오기 좋아요. 일부 시설 중에 고무 재질 신발을 신으면 체험이 불가한 경우가 있으니 되도록 아이가 운동화를 신는 게 안전할 거예요.

📍 서울시 송파구 올림픽로 240 롯데월드 OPEN 1부 10:00~15:00, 2부 15:00~19:30, 종일권 10:00~19:30 CLOSE 월요일 💰 어린이 1부 4만 원, 2부 3만6000원, 종일권 5만9000원 / 보호자 1부 1만8000원, 2부 1만6000원, 종일권 1만9000원 ※36개월 미만 유아는 무료 입장 가능하나 체험은 불가 ☎ 1544-5110 🏠 www.kidzania.co.kr

1~10세 　　　　　　　019　　　　　　　실내

아이랑 가기 좋은 실내 워터파크
송파파크하비오 워터킹덤

아이랑 가기 딱 좋은 워터파크로 입소문 난 곳이에요. 외부로 연결된 통로가 없는, 온전한 실내 워터파크인 데다가 물도 따뜻한 편이라 아이가 춥지 않게 물놀이할 수 있거든요. 궂은 날씨에도, 미세 먼지 있는 날에도 상관없이 사계절 방문할 수 있다는 점도 마음에 들어요. 워터파크의 꽃인 파도풀과 유수풀, 슬라이드를 모두 갖추고 있고, 무엇보다 아이들이 놀 수 있는 물놀이 공간이 다양한 편이에요. 첫째 아이는 높은 파도와 강한 급류를 즐기는 스릴 만점의 와일드 웻 리버를 좋아했고요, 물 위의 징검다리를 건너는 스파이더 윙에서는 도전 정신이 불끈 솟았답니다. 둘째 아이는 수심이 낮은 덕 클락에서 놀다가 각도가 낮아 무섭지 않은 슬라이드도 타보았어요. 패밀리 선베드나 VIP 카바나를 대여하면, 중간중간 쉬어가며 놀기에 편하답니다. 푸드코트에서는 가벼운 간식부터 간단히 요기할 식사류까지 준비돼 있어요. 아이 간식 먹이면서 어른도 감자튀김에 생맥주 한잔하는 맛이 꿀맛이랍니다.

📍 서울시 송파구 송파대로 111　OPEN 10:00~19:00(시즌별로 다름)　CLOSE 수요일(시즌별로 다름)　종일권 대인 4만5000원, 소인 3만5000원 / 오후권 대인 3만 원, 소인 2만 원(시즌별로 다름)　☎ 02-1600-0666　🌐 waterkingdom.habio.co.kr

6~10세 | 020 | 실내

김치 담그기 체험을 해보는
뮤지엄김치간

전통과 현대가 조화롭게 어우러진 뮤지엄김치간은 김치를 즐기고 체험하는 공간입니다. 예부터 임금의 식사를 준비하는 곳은 '수라간', 양식을 보관하는 곳은 '곳간'이라고 했잖아요. 그래서 김치를 담그는 이곳도 '김치간'이라 이름 지었다네요. 전시관에서는 1일 3회 전문 도슨트가 김치에 관한 재밌는 설명을 해주니 시간 맞춰 가면 좋을 것 같아요. 1일 2회 초등학교 3~6학년을 대상으로 한 심화 프로그램 '김치탐험대'도 운영하는데 사전 예약이 필수예요. 교과 과정에도 들어간 김치의 역사, 과학 등의 내용을 쉽게 설명해준답니다. 무엇보다 돋보이는 것은 '어린이김치학교' 체험 프로그램입니다. 풀무원 재단과 함께 진행하는 '어린이김치학교'는 아이가 직접 백김치, 오이김치, 깍두기, 통배추김치 등을 담가볼 수 있는 체험이에요. 하루 두 차례, 6~13세만 참여 가능하니 홈페이지 확인 후 예약 필수입니다. 조물조물 고사리손으로 맛있는 김치를 담가보고, 완성된 김치는 예쁜 통에 담아주니 집으로 가져와 가족 모두 맛있게 먹었답니다.

📍 서울시 종로구 인사동길 35-4 인사동마루 본관 4~6층
OPEN 10:00~18:00 CLOSE 월요일, 1월 1일, 설·추석 연휴, 크리스마스 💰 입장료 36개월~7세 2000원, 19세 이상 5000원 / 체험비 어린이김치학교 무료(보호자 동반 필수, 보호자 관람료 5000원), 통배추 김치 2만 원, 백김치 2만 원, 하루김치 6000원
☎ 02-6002-6456 🌐 www.kimchikan.com

Best Course

1day 11:00 어린왕자의나무별펜션(온종일 워터파크 즐기기) / 혹은 11:00 켄싱턴리조트 청평(부대시설·체험 즐기기)

2day 10:00 쁘띠프랑스 ▶ 13:00 점심 : *성희네집(숯불 닭갈비) ▶ 15:00 인터렉티브아트뮤지엄

*성희네집 📍경기도 가평군 청평면 고재길 86-297 ☎ 031-584-3695

02 KIDS ZONE
가평·포천 부근

1~10세 　　　021　　　 실외

친환경 물놀이장이 있는
강씨봉자연휴양림

한여름 물놀이하면서 더위 식히기에는 계곡만 한 곳이 없는데요. 아이를 데리고 가기에는 조금 우려되는 게 사실이에요. 날카로운 돌에 긁히지는 않을까, 이끼 때문에 바닥이 미끄럽지는 않을까 이런 걱정들 때문에요. 하지만 강씨봉휴양림은 전혀 걱정할 필요 없는 물놀이 명소랍니다. 계곡을 정비해 바닥이 평평한 수영장처럼 만들었거든요. 저희 아이들도 발에 모래 밟히는 걸 엄청 싫어했는데, 여기서는 아주 만족스럽게 놀았어요. 수심이 깊지 않아서 아이들이 놀기에 딱 좋고, 계곡물이 계속 흐르기 때문에 수질도 아주 깨끗해요. 주변에는 울창한 천연림이 가득해서 피톤치드가 뿜어져 나오고, 쉬기 좋은 정자까지 있으니 그야말로 친환경 수영장이 따로 없죠? 군데군데 숲 놀이터가 있고, 산책로가 잘 정비되어 있어서 유모차를 끌고 다니기에도 편해요. 당일치기 여행도 좋겠지만, 숙소를 예약한다면 제대로 휴양림을 즐길 수 있을 거예요.

📍 경기도 가평군 북면 논남기길 520 [OPEN] 3~11월 06:00~20:00, 12~2월 07:00~19:00 [CLOSE] 화요일(성수기 제외, 문의 필요) 💰 입장료 : 일반 1000원, 청소년·군인 600원, 어린이 300원(비수기 기준) / 체험료 별도 : 목공예(나무목걸이, 통나무, 액자), 클레이(곤충 화석) ☎ 031-8008-6611 🏠 farm.gg.go.kr/sigt/56

1~7세 | 022 | 실내·실외

동화 속 주인공이 되어보는
쁘띠프랑스

아기자기한 건축물이 모여 유럽의 작은 마을을 연상케 해요. 아이들에게 희망의 메시지를 전하는 〈어린왕자〉의 작가 생텍쥐페리 기념관도 관람하고, 프랑스 현지에서 수집해온 아름다운 멜로디의 오르골 시연도 들어보았어요. 유럽 인형의 집과 마리오네트 전시관에는 유럽의 전통 인형들, 움직이는 인형들이 한가득 전시돼 있어요. 단순히 구경하는 것만이 아니라 야외극장과 실내극장 두 곳에서 움직이는 마리오네트 공연도 볼 수 있어요. 아이는 물론 어른들도 신나는 공연이니 시간표 확인해서 꼭 관람하세요. 쁘띠프랑스의 마스코트인 어린왕자 석고상에 채색하거나 밑그림에 색을 입힌 돌가루를 뿌려 작품을 완성하는 체험도 재밌어요. 동화 속 의상을 입고 쁘띠프랑스를 거닐어보는 의상 체험도 아이들에게 흥미 만점! 오늘은 우리 아이가 동화 나라 주인공이랍니다. 드라마 〈시크릿 가든〉, 〈별에서 온 그대〉 등의 드라마 촬영지로도 유명하니 아이와 함께 기념사진 찍는 것도 필수랍니다.

📍 경기도 가평군 청평면 호반로 1063 OPEN 09:00~18:00 CLOSE 연중무휴 💰 대인 1만 원, 소인 6000원 ☎ 031-584-8200 🏠 www.pfcamp.com

1~7세 · 실외

023

다채로운 식물과 즐거운 체험
아침고요수목원

1993년에 오픈해서 무려 25년이 넘었지만 여전히 '가평' 하면 먼저 떠오르는 수목원이에요. 축령산 자락 33만㎡의 규모에 무려 5000여 종의 식물을 볼 수 있는 알찬 나들이 명소랍니다. 하경정원, 에덴정원, 하늘길, 분재공원 등 22여 개의 테마가 있는 정원으로 구성되어 있는데요, 계절별로 축제도 다양하고 아이를 위한 체험 프로그램을 진행하기도 해요. 시즌별로 변동이 많으니 미리 홈페이지에서 꼭 확인하세요. 저희가 방문했을 땐 토피어리 체험을 할 수 있어서 아이가 귀여운 토끼 두 마리를 만들어서 돌아왔답니다. 구릉지이다 보니 아이와 산책하는 길이 내리막, 오르막이 섞여 있고 중간중간 계단도 있어서 유모차를 끌고 가는 것은 추천하지 않아요. 아침고요수목원에서 약 800m 떨어진 곳에 아담한 규모의 아침고요가족동물원이 오픈했으니 함께 방문할 수 있는 패키지권을 끊는 것도 괜찮은 선택입니다. 호랑이, 사자, 반달가슴곰, 알파카, 사막여우 등 100여 종, 300여 마리의 동물을 만나볼 수 있답니다.

📍 경기도 가평군 상면 수목원로 432　OPEN 11:00~21:00(토요일은 23:00까지)　성인 9500원, 어린이 6000원　☎ 1544-6703
www.morningcalm.co.kr

워터파크를 품은 펜션
어린왕자의나무별펜션

물놀이 좋아하는 아이라면 본전 뽑는 곳! 어린왕자의나무별펜션은 숙박하는 동안 물놀이를 실컷 할 수 있는 '워터파크를 품은 펜션'이에요. 숙박 당일부터 퇴실 날까지 무려 이틀간 워터파크를 자유롭게 드나들며 무료로 이용할 수 있는 엄청난 특전을 자랑해요. 아이들이 놀기 좋은 물놀이 시설도 돋보입니다. 길고 다이내믹한 슬라이드를 비롯해 유수풀과 파도풀, 체온유지탕까지 리얼 워터파크 부럽지 않아요. 숙박하는 동안에 선베드와 캐비닛을 무료 제공하는 것도 편리합니다. 저희는 월풀 있는 룸으로 예약해서 숙소에 돌아와서도 여전히 아쉬워하는 아이들과 가벼운 물놀이를 또 했답니다. 바로 옆에 계곡을 끼고 있지만 줄곧 워터파크에 있느라 가보지는 못했어요. 그만큼 1박 2일 동안 다른 코스는 잡지 않고 숙소에서만 지내도 충분히 만족스러운 곳입니다. 워터파크는 보통 6~8월에 운영하니 반드시 개장 시기를 미리 확인하고 예약하세요.

경기도 가평군 북면 먹골로 338 OPEN 입실 15:00, 퇴실 11:00 14만 원~(비수기 주중 기준) 010-9243-4532 www.namubyeol.com

4~10세   025   실내

작품과 소통할 수 있는 미술관
인터렉티브아트뮤지엄

아이에게 "만지면 안 돼!"라고 말하지 않아도 되는 미술관, 아이가 작품과 직접 소통할 수 있는 미술관이에요. 인터렉티브 아트는 관객의 동작에 따라 작품이 반응하거나, 혹은 관객이 작품의 일부가 되는 신개념 미술 콘텐츠를 의미해요. 기존의 미술관에서는 움직이지 않는 그림이나 조형물 위주로 관람했다면, 이곳에서는 관람객의 손짓, 행동에 따라 작품이 반응하니 무척 흥미로울 수밖에요. 약 20분간 도슨트를 들은 후 자유롭게 관람하면 됩니다. 도슨트를 듣지 않으면 각각의 작품이 어떻게 반응하고 움직이는지 알 수 없으니 반드시 먼저 듣기를 추천해요. 각 작품들은 소리에 반응해 다양한 모션을 보여주거나, 움직임에 따라 패턴이 변하기도 해요. 흥미로웠던 작품은 인터넷에 실시간으로 올라오는 댓글 내용에 따라 화면 속 얼굴 표정이 달라지는 작품이에요. 긍정적인 내용에는 웃는 표정, 부정적 내용에는 슬픈 표정을 지으니 아이가 "계속 웃고 있으면 좋겠어"라고 말하더군요. 아이가 흥미를 가지고 미술 작품을 접할 수 있어서 '우리 아이 첫 미술관'으로 추천해요. 규모가 그리 크지 않아서 관람 시간은 1시간 정도 예상하면 무리 없어요.

경기도 가평군 가평읍 호반로 1655
OPEN 10:00~18:30 성인 8000원, 어린이 5000원 070-8899-4351
mermont.co.kr

1~10세 | 026 | 실내·실외

아이랑 놀기 좋은 리조트
켄싱턴리조트 청평

워낙 오래된 리조트라 객실 컨디션은 좀 낡았지만, 아이들의 놀 거리를 생각하면 만족스러운 곳이에요. 청평호, 아침고요수목원, 쁘띠프랑스 등과 인접해 있고, 수도권에서 가까워 입지도 괜찮은 편입니다. 1층 주차장 옆에는 코코몽 플레이존이 자리하는데요. 키 105m 이하 아이를 대상으로 볼풀장, 블록 놀이터 등이 안전하게 설계돼 있어요. 야외에는 자연친화적인 나무 놀이터가 있어서 두 아이가 나무집, 흔들다리, 해먹, 타이어 그네 등을 오가며 한참 놀았네요. 매주 토요일 혹은 휴일 오후 5시에는 키즈 클래스가 운영됩니다. 쿠키, 과일젤리, 딸기 퐁듀 등을 아이가 직접 만들어볼 수 있는데, 우리 아이들은 초콜릿 과자를 만들어보면서 엄청 좋아했어요. 팜 빌리지에는 다양한 포토존이 있어서 아이랑 산책하면서 사진 많이 찍어줬고요, 토끼랑 기니피그에게도 반갑게 인사했답니다. 부속 레스토랑에서 맛본 조식, 석식도 깔끔하고 괜찮아서 왜 아이랑 가기 좋은 리조트로 입소문 났는지 알겠더군요. 여름 시즌에는 야외 수영장에서 물놀이하는 것도 고려해보세요.

📍 경기도 가평군 상면 청군로 430 OPEN 입실 15:00, 퇴실 11:00 💰 8만원~(비수기 주중 기준) ☎ 031-584-9380 🌐 www.kensingtonresort.co.kr

😀 4~10세 027 실외 🌲

깊은 산 속 놀이공원
꿈의동산놀이공원

'과연 이런 곳에 놀이공원이 있을까?'하고 의심할 법한 바로 그곳에 자리한 놀이공원! 긴가민가하며 팻말을 따라 '놀이동산 입구 엘리베이터'를 타고 7층까지 쭉 올라오면, 산봉우리에 둘러싸인 꿈의동산놀이공원이 나타납니다. 생각보다 널찍한 규모의 산속 놀이동산에는 10여 종 남짓한 놀이기구들이 있는데요. 바이킹, 점퍼보트, 범퍼카, 하늘자전거, 회전목마, 개구리그네, 미니바이킹까지 나름 다양하게 골라 탈 수 있어서 아이들이 놀기에 충분했어요. 붐비지 않아서 거의 대기 시간 없이 바로바로 이용했어요. 다른 놀이공원에 비해 요금이 저렴한 편이라 맘껏 타도 부담 없었네요. 놀이공원 안에 카페와 식당도 있어서 편리하게 이용했어요. 단, 산 위의 기온이 평균보다 낮은 편이고 바람이 세게 불 수 있으니 덧입을 점퍼를 준비하면 유용할 거예요.

📍 경기도 가평군 청평면 에덴벚꽃길 189 OPEN 10:00~17:00 💰 BIG 4 이용권 어린이 1만1000원, 청소년 이상 1만4000원 / 전 기종 이용권 어린이 2만 원, 청소년 이상 2만 8000원 ☎ 031-581-0515 🏠 www.eden-town.com/park/amusementpark.html

😊 4~10세　　　　　　　　　028　　　　　　　실내·실외 🏠🔥

실내 놀이방이 있는 캠핑장
양평오토캠핑장

양평 중미산 자락에 있는 이곳은 33만㎡의 대지에 100여 개의 사이트가 있는 대규모 캠핑장이에요. 사이트별로 예약을 받지만 자리 배치는 선착순인데요, 아이가 있는 캠퍼들은 아무래도 잔디 야영장을 가장 선호하더라고요. 나무 그늘 아래에 텐트 자리인 데크가 있고, 중앙에 잔디밭이 넓게 펼쳐져 있어서 아이들이 안전하게 놀 수 있어요. 우리 아이들도 이 잔디밭에서 맘껏 뛰놀았답니다. 뿐만 아니라 토끼, 닭, 오골계 등이 있는 작은 동물농장이 있고, 장난감, 미끄럼틀, 정글짐이 있는 실내 놀이방도 있답니다. 시설이 좀 낡았지만 비가 오거나 추운 날씨에도 이용할 수 있는 실내 놀이방은 가족 여행자들에겐 인기 만점! 게다가 매일 밤 실내 영화관에서 만화 영화까지 보여주니 이곳이야말로 딱 '아이를 위한 캠핑장'인 거죠. 여름에는 아이들이 튜브 타고 놀기 적당한 수심 1m의 수영장이 개장하고, 캠핑장 옆에 계곡이 있어서 물놀이하기에도 안성맞춤이랍니다.

📍 경기도 양평군 옥천면 사기막길 18　OPEN 입소 13:00, 퇴소 12:00　🏕 캠핑장 1박 4만 원　📞 031-774-9726　🏠 http://양평관광농원.kr/

😊 1~7세   029   실내 🏠

놀 거리 별천지가 펼쳐지는 딸기농장
아띠딸기농장

딸기 체험도 하고, 놀 것도 가득해서 아이들에게 인기 '대박'인 딸기농장이에요. 비닐하우스 안에 모든 시설이 갖춰져 있어서 비가 와도, 추워도, 미세 먼지가 있어도 방문 가능한 것이 장점이에요. 기본이 되는 딸기 따기 체험은 여느 딸기 농장과 다르지 않은데요, 빨갛게 잘 익은 딸기를 똑 따서 플라스틱 팩에 담으면 됩니다. 딸기잼 만들기도 해봤는데요, 딸기를 손으로 조물조물 으깬 후에 휘휘 저으며 가스 불에 졸이면 완성! 딸기잼이 다 되어갈 즈음에 식빵을 구워 주는데, 심지어 무한 리필입니다. 알맹이가 살아 있는 리얼 딸기잼을 식빵에 발라 먹는 맛이 꿀맛이지요. 그런데 이게 끝이 아닙니다. 딸기 체험장 옆 공간에 '설마 여기가 오락실?'이라는 말이 튀어나올 정도의 놀 거리 별천지가 펼쳐집니다. 추억의 펌프도 있고, 탈것들도 다양해요. 100원짜리 동전을 넣어야 작동하는데, 동전을 한 가득 비치해 두었으니 '공짜'인 셈이지요. 어른들이 마실 수 있는 커피도 준비되어 있고, 솜사탕도 만들어 먹을 수 있답니다. 이런 이유로 예약 경쟁이 치열하니 꼭 홈페이지 예약 후에 방문하세요.

📍 경기도 남양주시 조안면 북한강로 501 OPEN 주말 · 공휴일 11:00 · 14:00
₩ 딸기 따기 체험(500g 1팩) 24개월~7세 1만 원, 초등학생 이상~성인 1만2000원 / 딸기잼 체험(300g 2병) 1만5000원 ☎ 1899-1683 🏠 www.haneumfarm.com

1~7세 · 030 · 실내·실외

일석삼조의 즐거움
남양주어린이비전센터·라바파크

체험 전시실과 놀이공원, 여기에 사계절 눈썰매장까지 더해진 일석삼조의 즐거움이 있는 곳! 아이가 좋아하는 시설을 각각 별도로 찾지 않아도 한 곳에서 다양한 재미를 누릴 수 있어요. 남양주어린이비전센터 전시실에는 나무집 모양의 미끄럼틀, 벌집 신체 놀이터를 비롯해 모래 그림을 그리거나 커다란 상상블록을 가지고 놀 수 있는 체험 시설들이 있어요. 색과 길이가 다른 막대의 음계를 두드려서 들어보고, 모래 그림을 그리는 샌드아트를 체험해보기도 했어요. 캐릭터 '라바'를 테마로 한 놀이공원에는 전망차, 꼬마기차, UFO, 회전목마, 라바로켓, 범퍼카 등의 유아용 놀이기구가 있는데요. 기본 이용료를 내면 2시간 동안 무제한 이용할 수 있는 게 매력 포인트! 아이가 선호하는 놀이기구를 쏙쏙 골라서 여러 번 탈 수 있어서 반응 최고였어요. 새로 오픈한 사계절 썰매장은 여름에는 물썰매로, 겨울에는 눈썰매를 운영하는데요, 무엇보다 무빙워크가 설치돼 있어 힘들게 썰매 끌면서 경사를 오르지 않아도 돼요. 36개월 영유아를 위한 까꿍 놀이터도 있으니 어린아이도 안전하고 신나게 놀 수 있답니다. 각 시설별로 입장권은 별도로 끊어야 하지만, 주차장은 함께 사용하니 참고하세요.

📍 경기도 남양주시 진접읍 해밀예당1로 96 OPEN 10:00~18:00 CLOSE 월요일, 설날, 추석 ₩ 까꿍놀이터(36개월 이하) 4000원, 보호자 무료 / 체험 전시실(24개월~13세) 5000원, 보호자 무료 / 라바파크(24개월~13세) 평일 1만 원, 주말 1만1000원, 보호자 6000원 ☎ 031-560-1562 🏠 www.ncuc.or.kr/children

😊 4~7세

031

실내·실외 🏠🌲

움직이는 공룡과 놀 수 있는
미호박물관

아이가 한창 공룡을 좋아할 나이에 데리고 가면 좋을 곳, 미호박물관입니다. 전시 공간은 크게 야외 공원과 실내 전시실로 나뉘는데요. 야외 공원에는 울창한 나무 사이에 트리케라톱스, 스테고사우루스, 브라키오사우루스 등 공룡 모형들이 숨어 있어 산책하며 공룡을 만나는 재미가 있어요. 공원 너머로 펼쳐지는 한강 뷰가 멋지고, 정원도 예쁘게 가꿔 놓아서 화창한 날에 나들이하기 딱 좋아요. 실내 전시실에는 이곳의 하이라이트인 다이노 파크가 있는데요. 움직이고 소리 내는 공룡 모형들 덕분에 일순간 심장이 쪼그라들어요. 어린아이들은 그대로 얼음이 되어 울음을 터뜨리는 경우가 많더라고요. 하지만 역시 첫째 아이는 큼직한 공룡들과 인사도 잘하고, 움직이는 공룡 등에 올라 타는 놀이 체험도 잘 하더군요. 더불어 공룡 화석부터 광물, 암석의 종류까지 알차게 전시돼 있어서 공룡과 보석 둘 다 좋아하는 우리 아이는 연신 감탄하며 잘 관람했어요. 전시 내용이 알차고 야외 공원도 멋진 데다 공룡 모형들도 리얼해서 다녀온 분들의 평이 대체적으로 좋았어요. 우리 아이들도 한바탕 공룡이랑 잘 놀다 왔답니다.

📍 경기도 남양주시 고산로126번길 15-2 [OPEN] 평일 10:00~18:00, 주말 10:00~19:00(입장은 17:00까지) [CLOSE] 1월 1일, 설날·추석 당일 ₩ 평일 성인 7000원, 어린이 6000원 / 주말 성인 8000원, 어린이 7000원 ☎ 031-566-7377 🏠 mihomuseum.org

4~7세

032

실내 · 실외

블루베리 체험하고, 트램펄린도 팡팡!
별내블루베리농장

무농약으로 블루베리를 재배하고 체험하는 농장인데요. 아이를 위한 체험 시설이 잘 갖춰져 있어서 인상적이었어요. 사계절 블루베리 요리 체험을 할 수 있고, 여름에는 블루베리 수확 체험도 가능해요. 블루베리 나무는 보통 키가 크지 않아서 어린아이들이 체험하기 딱 좋은 위치에 과육이 달려요. 블루베리를 똑 따서 작은 상자에 담아보고, 입에 쏙 넣어가며 맛보기도 했어요. 넓고 깨끗한 실내 체험장에서는 아이 눈높이에 맞는 요리 수업이 진행돼요. 보통 피자, 컵케이크 등을 만드는데요, 역시 달콤한 블루베리가 더해진 요리가 훨씬 보기 좋고 맛도 있네요. 특히 피자는 화덕에서 바로 구워주기 때문에 따끈따끈 쫄깃쫄깃 더 맛있어요. 블루베리 묘목까지 심고 나면 아이에게 자유 놀이 시간이 주어지는데요, 대형 트램펄린, 전통 놀이를 비롯해 여름철 한시 개장하는 대형 풀장까지 체험에 참여한 아이들은 무료로 이용할 수 있답니다. 실내 놀이터도 있어서 날이 궂어도 문제없어요. 시기별로 체험 프로그램이 달라지고, 사전 예약도 필수이니 반드시 미리 전화 문의해보세요.

📍 경기도 남양주시 별내면 용암비루개길 226 OPEN 사전 문의 🍴 체험별로 다름, 사전 문의 ☎ 031-841-7522 🏠 www.byulnaeblueberry.com

가평 · 포천 부근 111

| 4~7세 | 033 | 실내 |

고소한 피자 만들고, 샌드아트도 즐기는
남양주임실치즈체험장

북한강변에 위치한 이곳은 치즈와 피자를 만들고, 샌드아트도 해볼 수 있는 체험장이에요. 주중에는 보통 단체 관람객 위주로 운영하고, 주말에만 가족 체험이 가능하니 반드시 미리 전화로 예약하고 방문해주세요. 치즈·피자 만들기 체험은 2층에서 진행하는데요, 먼저 치즈의 제조 과정과 유래, 종류에 대해 수업을 듣고 고소한 생치즈를 쭉쭉 늘려가며 쫄깃한 식감을 만들어봅니다. 이렇게 완성한 스트링 치즈로 테두리를 두르고 치즈크러스트 피자를 바로 구워 맛보면 꿀맛이라니! 그 어디서도 맛볼 수 없는 고소한 피자로 배를 채우고 나서 1층으로 샌드아트 체험하러 갑니다. 샌드아트는 빛과 모래를 이용한 드로잉으로 스토리를 표현해내는 예술이에요. 아이들과 함께 부드러운 모래를 만지작거리고, 예쁜 그림을 그리면서 스토리를 만들어보았답니다. 샌드아트 테이블을 가족 단위로 각자 이용할 수 있어서 편하게 체험해볼 수 있었어요. 체험장 주변에 하수처리장을 예술품으로 재탄생시킨 피아노폭포도 있으니 오가며 들러도 좋을 거예요.

📍 경기도 남양주시 화도읍 북한강로 1329　OPEN 10:00~18:00　📞 031-592-7750　🌐 www.nyjcheese.com

😊 4~10세　　　　　034　　　　　실내 🏠

리얼 도자기 체험 카페
카페도자기마을

다 구워진 도자기에 그림만 그린다고 생각했다면 오산! 아이가 직접 물레를 돌려가며 도자기를 빚는 것부터 시작하는 '리얼 도자기 체험' 카페랍니다. 도예가 선생님의 친절한 설명을 들으며 물레를 돌려봤는데요. 워낙 부드럽고 미끈한 감촉 때문에 아이가 "비누를 만지는 것 같다"고 말하더라고요. 물레를 돌려가며 세심하게 모양을 다듬다 보면 어느덧 주둥이가 길쭉한 물병 탄생! 여기에 뾰족한 도구로 원하는 모양을 새겨 넣으면 오롯이 아이가 만든 도자기가 완성됩니다. 초벌한 도자기에 무늬를 파내는 '분청 기법'을 체험해볼 수 있는 것도 특별한데요. 아이가 접시나 머그컵에 그림을 그리면 엄마·아빠가 그 그림을 따라 조각도로 파내면서 분청 기법의 맛을 본다고 생각하면 됩니다. 완성된 제품은 잘 구워져서 3주에서 한 달 후에 집으로 배송돼요. 직접 담근 청으로 만든 음료 메뉴들이 맛있고, 카페 내에 도자기 작품을 구경하는 재미도 있어요. 주소는 남양주이지만 양평과 가까워서 두물머리, 수종사, 물의정원 등과 함께 방문하면 후회 없을 거예요.

📍 경기도 남양주시 조안면 북한강로433번길 37　OPEN 10:00~19:00　🏆 작품당 2만5000원　☎ 031-511-7990, 010-5038-5218　🏠 www.카페도자기마을.com

입장료 무료라 반가운 세 곳
구리타워·곤충생태관·신재생에너지홍보관

구리타워, 곤충생태관, 신재생에너지홍보관은 세 곳 모두 함께 있어 방문하기 편하고, 게다가 입장료가 모두 무료라 반가운 곳이에요. 구리타워는 구리 시내 전경을 훤히 볼 수 있고, 특히 반짝이는 야경으로 유명해요. 엘리베이터를 타고 30층으로 올라가면 48각의 유리를 통해 탁 트인 전망을 감상할 수 있어요. 혐오 시설로 여겨졌던 소각장의 굴뚝이 전망대로 탈바꿈한 것이라니 더욱 반갑네요. 전망대에서 내려와 곤충생태관에 가면 나비를 비롯해 물방개, 물자라, 사슴벌레 등 다양한 곤충 표본을 구경할 수 있어요. 수족관에 손을 넣어서 닥터피시를 체험해볼 수 있어요. 가볍게 관람을 마치면 신재생에너지홍보관으로 고고! 에너지가 어떻게 만들어지고 공급되는지 직접 손으로 만져보고 돌려가며 체험해볼 수 있답니다.

경기도 구리시 왕숙천로 49 OPEN 10:00~18:00 CLOSE 월요일, 1월 1일 · 설날 · 추석 당일 무료 031-550-2880 www.guri.go.kr/main/eco

👶 4~10세　　　　　　　　　036　　　　　　　　　실외 🌲

아이 손에 딱! 미니 사과를 따보는
사과깡패

동글동글 귀여운 미니 사과를 직접 따보고 맛보고 즐기는 사과농장이에요. 일반 사과와는 다르게 미니 사과는 아이 손에 쏙 들어오는 작은 크기예요. 사과나무도 대체로 키가 크지 않아서 아이 손이 닿는 위치에 과실이 달려 있어요. 잘 익은 미니 사과를 똑똑 따다 보면 금세 한 봉지가 채워진답니다. 사과 따기 체험 비용 안에는 간식도 포함되어 있는데요, 덕분에 체험 전후로 사과, 사과즙, 사과잼을 바른 빵까지 아이가 좋아할 만한 간식을 맛볼 수 있어요. 별도의 만들기 체험도 진행해서 사과잼, 사과파이, 사과와인, 사과식초 등을 직접 만들어볼 수 있답니다. 아이들에게는 역시 사과파이 만들기가 가장 인기라 우리 아이도 참여해봤어요. 반죽을 밀대로 밀어 사과잼을 바르고 파이 모양을 만드는 과정인데, 크게 어렵지 않아서 네 살이던 둘째 아이도 혼자 잘 하더라고요. 신나는 체험도 하고, 맛있는 간식도 먹을 수 있는 일석이조 체험장이었어요. 사과 수확 시기가 정해져 있으니 반드시 예약하고 방문하세요.

📍 경기도 포천시 영중면 금주리 682-7
OPEN 예약제 🍎 사과 따기 체험 1인 1kg 1만5000원(사과주스·사과잼 등 간식 포함) ☎ 031-544-8998 🏠 bossapple.com

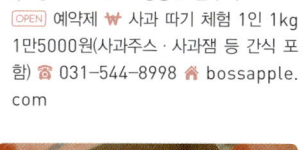

물 좋기로 소문난 워터파크
신북리조트 스프링폴

어린아이랑 워터파크에 갈 때는 사실 익사이팅한 놀이시설보다는 수질이 괜찮은지, 적당한 규모인지 보게 되는 것 같아요. 너무 넓고 북적이면 아이랑 맘 놓고 놀기 어렵고, 수질도 금세 안 좋아지잖아요. 그런 면에서 신북리조트 스프링폴은 아이랑 놀기 괜찮은 워터파크예요. 대형 워터파크에 비하면 아담한 규모에 수질도 괜찮았고요, 여름 성수기치고는 크게 북적이지 않아서 편안하게 잘 놀았어요. 실내·외 각각의 키즈풀에 모두 아이가 탈 만한 슬라이드가 있는 것도 장점인데요, 특히 야외 키즈풀에는 좀 더 스릴 있는 세 가지 슬라이드와 주기적으로 물이 떨어지는 워터 바스켓이 있어서 신나게 놀았어요. 유수풀을 비롯해 파도풀도 있는데, 파도가 세지 않아서 오히려 아이랑 놀기 딱 좋답니다. 실내 바데풀에서는 넥샤워, 기포욕 등으로 피로를 풀 수 있어요. 물놀이 시즌 외에는 실내 바데풀, 사우나, 찜질방, 노천탕만 운영하는데, 야외 노천탕 분위기도 괜찮은 편이에요. 실내 푸드코트에 간단한 식사나 간식 메뉴가 있어 물놀이하다가 요기하기 편했답니다.

경기도 포천시 신북면 청신로 571 OPEN
09:00~18:00 대인 3만5000원, 소인 2만5000원(시즌별로 다름) 031-536-5025 www.sinbukresort.co.kr

4~7세 | 038 | 실내·실외

스릴 만점 과학 체험관
어메이징파크

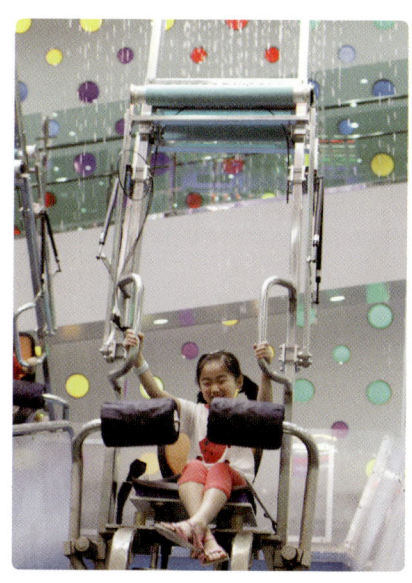

200여 가지 공학 기구를 직접 체험할 수 있는 호기심 터지는 과학관, 어메이징파크예요. 산속에 위치해 찾아가는 길이 구불구불 편하진 않았는데, 도착하고 나니 상쾌한 공기와 초록 풍경이 반겨주더군요. 이런 청정 자연 속에 체험할 것들이 가득한데요. 130m 길이의 아치형 흔들다리를 건너는 '서스펜션 브릿지', 나무와 나무 사이를 연결한 숲속의 하늘길 '히든 브릿지', 숲을 가르며 하늘 위를 날아보는 '짚라인'까지 스케일이 다른 스릴을 경험할 수 있답니다. 실내 체험관에는 직접 작동하고 체험하며 원리를 이해하는 기구와 시설이 다양한데요. 특히 인기 최고의 '어메이징 스윙'은 높이 4.5m에서 시차를 두고 떨어지는 물줄기를 피해 그네가 왕복하는 체험 시설이에요. 물줄기를 맞을 듯 말 듯 아슬아슬 비켜가는 그네를 타고 있으면 두근두근 심장이 쫄깃해진답니다. 실내에 간단히 식사할 푸드코트가 있어요. 야외 체험 시설들은 생각보다 걷는 거리가 있어서 한여름보다는 봄·가을이 이용하기 편할 거예요.

📍 경기도 포천시 신북면 탑신로 860 [OPEN] 10:00~18:00 [CLOSE] 월·화요일 ₩ 자유이용권 어른 1만6000원, 소인 1만4000원 ☎ 031-532-1881 🌐 www.amazingpark.co.kr

😊 1~7세　　　　　　　　　　039　　　　　　　　　실외 🌳

놀고 먹기 좋은 허브나라
허브아일랜드

널찍한 허브농장에 놀 거리, 체험 거리, 먹거리가 가득해서 가족 여행지로 괜찮은 곳이에요. 여러 차례 방문하면서 느낀 점이 꾸준히 테마나 시설을 추가해서 점차 즐길 거리가 다양하고 풍성해진다는 겁니다. 관람 코스는 산타마을, 미니동물원, 공룡마을, 베네치아마을로 크게 나뉘는데요, 산타마을은 1만㎡의 허브밭 속에 산타 모형들이 자리해 라벤더, 바질 등 허브 향을 맡으며 산책하는 재미가 있어요. 겨울에는 '불빛동화축제'의 메인 무대로 300여 개의 산타 조형물과 크리스마스트리, 오색 찬란한 불빛 터널까지 더해진답니다. 당나귀, 토끼, 공작새 같은 동물을 만나는 미니동물원과 공룡 모형의 등에 타볼 수 있는 공룡마을도 아이들이 좋아했어요. 베네치아마을에선 곤돌라 페달을 밟아야 해서 튼튼한 다리가 필수입니다. 향초나 비누, 석고 방향제 등을 만드는 체험도 재미있어요. 허브아일랜드 내 레스토랑에서는 허브파스타, 허브갈비, 허브짜장면, 허브비빔밥 등 이곳만의 독창적 메뉴를 맛볼 수 있답니다. 내부가 꽤 넓은 편이라 유모차를 가져가는 게 좋을 거예요.

📍 경기도 포천시 신북면 청신로947번길 35　OPEN 09:00~22:00　💰 일반 6000원, 어린이 4000원(36개월 이하 무료)　☎ 031-535-6494　🏠 www.herbisland.co.kr

1~10세 　　040　　실내·실외

고급스럽고 편안한 풀빌라 키즈펜션
호수창이예쁜가펜션

웬만한 리조트보다 편안하고, 호텔보다 고급스러운 풀빌라 키즈펜션이에요. 숙박 요금이 다소 비싸지만, 객실 안에 수영장을 비롯해 각종 놀이시설과 가전제품이 모두 갖춰져 있어 그만큼 만족도가 높답니다. 사계절 따뜻한 온수 수영장을 우리 가족끼리만 프라이빗하게 이용할 수 있어요. 유아용 튜브까지 준비돼 있어서 짐 확 줄여서 수영복만 챙겨 가면 된답니다. 아이가 수영하는 걸 보면서 식사할 수 있게 바로 옆에 바비큐장도 마련돼 있어요. 주방에도 배려가 가득한데요. 젖병소독기, 젖병세척솔, 세제를 비롯해 유아 식기까지 세심하게 준비돼 있어요. 물을 따로 구매하지 않아도 정수기에서 받아 마시면 되고, 아이들의 젖은 옷은 바로 세탁기 돌려놓으니 세상 편하더라고요. 널찍한 패밀리형 침대가 있어 아이들의 잠자리도 편안하고, 푹 자고 일어난 아침에는 네스프레소 머신에서 맛있는 커피까지! 부모랑 아이 모두 제대로 쉬면서 노는 만족도 '갑' 럭셔리 키즈펜션이랍니다.

경기도 포천시 일동면 운악청계로140번길 8 OPEN 입실 15:00, 퇴실 11:00 스탠다드 스파룸 15만 원~, 디럭스키즈풀빌라 30만 원, 럭셔리 키즈풀빌라 40만 원~ 010-3463-5253 www.hosoochangga.co.kr

Best Course

1day 　10:00 뚜비아트아띠(예약 필수) ▶ 12:30 점심 : *더티트렁크(샌드위치 · 빵) ▶ 14:00 피노지움 ▶ 16:00 가을노을펜션

2day 　11:00 한립토이뮤지엄(온종일 장난감 체험하며 놀기)

*더티트렁크 ♀경기도 파주시 지목로 114 ☎ 010-4621-9527

03
KIDS ZONE
고양·파주 부근

3~10세 실내·실외

041

사계절 놀 거리 풍성한
배다골테마파크

사계절 놀 거리가 달라져 방문할 때마다 매번 새로운 곳! 워낙 다양한 테마를 즐길 수 있어 어떤 성향의 아이라도 기본 이상의 만족도를 느낄 만해요. 입구에서 당근을 구매해 안쪽으로 들어가면 토끼, 돼지, 말, 염소 등 초식 동물에게 먹이를 줄 수 있어요. 잉어마을에서는 천 원짜리 먹이를 구매해 잉어들을 만날 수 있는데요, 동글동글한 먹이를 던지면 엄청나게 많은 잉어 떼가 달려들어 깜짝 놀라긴 하지만, 아이들이 너무 좋아한답니다. 잉어마을 체험장에서는 목공예, 비누 체험 등이 가능해서 소소하게 만드는 재미도 있어요. 야외에는 움직이는 탈것들이 많아서 천 원짜리 지폐로 바꿔서 아이들을 실컷 태워줬답니다. 내부에 식당이 있어 편하게 한 끼 먹기 좋은데요, 추가 요금을 내면 아이가 직접 피자 만들기 체험도 할 수 있답니다. 여름에는 긴 슬라이드가 있는 제법 큰 규모의 수영장이 오픈해요. 음식물 반입은 물론, 평상 대여가 가능해서 꽤 인기 있답니다. 겨울에는 70m 슬로프의 눈썰매장이 개장하니 튜브 썰매 타러 방문해보세요.

📍 경기도 고양시 덕양구 화정동 7-2 OPEN 10:00~17:00 CLOSE 월요일
💰 입장료 1만1000원(시즌별로 다름, 24개월 미만 무료) ☎ 031-970-6330 🏠 baedagol.com

1~7세 　　　　　　　　　042　　　　　　　　　실내

미니 카트 끌며 딸기 따는
성현딸기체험농장

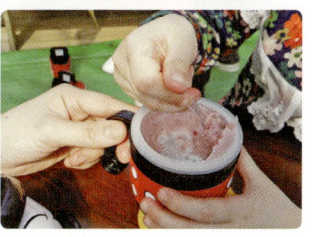

아이가 좋아할 만한 아이템이 많아서 나날이 인기를 더해가는 딸기농장이에요. 먼저, 이곳은 널찍한 비닐하우스 안에 자리해 미세먼지가 심하거나 추운 날에도 방문하기 좋아요. 아이가 따기 편한 높이에 딸기가 달려 있고, 넘어져도 흙이 묻지 않는 것도 안심이고요. 게다가 진짜 하이라이트는 바로 이것, 미니 카트에 딸기를 담아 끌고 다닐 수 있어요. 아이들이 한창 카트 끌고 다니는 것에 재미 붙이잖아요. 반짝반짝 광이 나는 잘 익은 딸기를 손으로 감싸 쥐고 똑 따서 카트 안에 차곡차곡 쌓아둡니다. 한창 자기 것에 대한 애착이 강한 아이가 이렇게 딸기 카트를 끌고 다닐 수 있으니 재미가 배가 되겠죠? 딸기를 따고 나면 계산 후에 맛볼 수 있고, 포장해서 가져갈 수도 있는데요, 이곳에선 1인당 체험료를 지불하는 게 아니라 딸기 무게에 따라 계산해서 합리적인 것 같아요. 이밖에도 딸기 아이스크림 만들기, 딸기잼 만들기 등의 체험도 재밌답니다. 대기 공간에 탈것들이 마련되어 있어 잠시 놀기에도 좋답니다.

📍 1농장 : 경기도 고양시 일산서구 가좌동 174-2 / 2농장 : 경기도 고양시 일산서구 구산동 1177 OPEN 11:00~15:00 (겨울~초봄 딸기 수확 시기, 문의 필수) 💰 1kg 1만6000원(시세에 따라 다름), 딸기 아이스크림 만들기 3000원, 딸기잼 만들기 9000~1만 원 ☎ 010-2517-1080 🏠 sungyeon.modoo.at

| 1~7세 | 043 | 실내 |

어린이 전문 콘텐츠 놀면서 배워요~
고양어린이박물관

어린이 전문 콘텐츠를 전시하는 어린이박물관답게 놀면서 배울 수 있는 전시물을 알차게 갖추고 있어요. 2016년에 개관해 비교적 시설이 깨끗하고 과학, 문화, 예술, 생활 등 다양한 분야를 여러 주제로 체험해볼 수 있어요. 안전체험관에서는 주방이나 거실에서 발생할 수 있는 위험에 대해 알아보고, 소화기를 어떻게 사용하는지도 배웠어요. 내 몸 안에 수분이 몇 퍼센트나 있는지 측정해보고, 수압을 체험하며 물과 함께 놀아보는 물놀이터도 흥미로워요. 꽃향기를 맡아보고 미끄럼틀을 타볼 수 있는 꽃향기마을도 있답니다. 아이가 36개월 미만이라면 아기숲에서 놀면 돼요. 푹신한 쿠션 처리가 된 놀이터에서 공을 던지고, 미끄럼틀을 타면서 신나게 놀았어요. 숲속의 나무를 모티브로 한 아이그루는 박물관 중앙에 설치된 클라이밍 체험 시설인데요, 키 100cm 이상 어린이만 체험할 수 있고, 편안한 운동화를 꼭 신어야 하니 염두에 두세요.

📍 경기도 고양시 덕양구 화중로 26 OPEN 10:00~18:00 CLOSE 월요일, 1월 1일, 설날 · 추석 당일 ₩ 36개월 이상 5000원 ☎ 031-839-0300 🏠 www.goyangcm. or.kr/Main

3~10세 044 실내·실외

치즈·피자 만들고 마당에서 자유 놀이
고양낙농치즈테마체험장

직접 만든 치즈를 올려 피자를 굽고, 너른 운동장에서 맘껏 뛰놀 수 있는 곳, 고양낙농치즈테마체험장이에요. 개별 체험도 가능하지만 보통은 패키지 프로그램인 '치즈 + 피자 만들기'를 선택하는데요. 먼저 치즈의 기원과 종류를 알아보고 딱딱한 치즈를 쭉쭉 늘려 모차렐라 치즈를 만들어요. 곧바로 이어지는 피자 만들기! 반죽을 밀어 도우를 만들고 포크로 콕콕 찍은 다음, 방금 만든 모차렐라 치즈를 테두리에 두르고 햄과 야채 토핑을 풍성하게 얹어요. 오븐에서 피자가 구워지는 동안, 가만히 앉아 기다리기만 하면 너무 지루하겠죠? 하지만 이곳에서는 넓은 마당에서 자유 놀이를 할 수 있어요. 미끄럼틀과 탈것을 자유롭게 타고, 비눗방울 놀이도 해봐요. 훌라후프를 돌려보고, 링 던지기도 해보는 사이 피자가 노릇하게 구워집니다. 아이가 직접 만들어 더 맛있는 피자로 점심을 해결하고, 송아지 우유 주기, 유산양·토끼에게 먹이 주기 체험도 할 수 있답니다. 3~4시간가량 알차게 놀 수 있어 반나절 여행지로 제격이에요.

📍 경기도 고양시 덕양구 통일로893번길 62 OPEN 10:00(사전 예약 필수) 💰 1인 2만7000원 ☎ 031-964-3057 🌐 www.ischeese.net

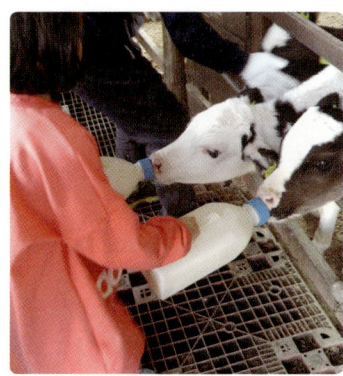

고양·파주 부근

1~7세　　　045　　　실내

육해공 동물을 모두 아우르는
아쿠아플라넷 일산

다양한 공연과 체험 프로그램이 있어서 특히 어린아이들에게 인기 있는 아쿠아리움이에요. 육해공을 아우르는 스케일답게 더 아쿠아, 더 정글, 더 스카이팜 이렇게 세 가지 공간으로 나누어지는데요. 더 아쿠아에서는 바이칼물범, 아프리카펭귄, 샌드타이거샤크 등 다양한 해양 동물을 관람하는 것뿐만 아니라 터치풀도 있어서 물속에 손을 넣어 불가사리, 소라 등을 만져볼 수 있답니다. 더 정글에서는 비버, 뱀, 재규어, 나무늘보를 비롯해 다양한 조류도 만나볼 수 있어요. 가장 위층에 있는 스카이 팜에서는 미니 돼지, 염소, 포니를 비롯해 귀여운 토끼까지 만나보고 먹이도 줄 수 있답니다. 또 시간대별로 프로그램이 촘촘하게 짜여 있는데요, 그중에서도 물고기 떼 수만 마리와 대형 가오리가 함께 먹이 먹는 모습을 관람하는 가오리피딩쇼는 압권이에요. 가오리의 입 모양이 너무 귀여워서 아이랑 푹 빠져서 관람했답니다. 이밖에 메인 수조에서 아이들 눈높이에 알맞은 아쿠아 뮤지컬 공연이 펼쳐져요. 시간대별로 바다코끼리, 앵무새, 펭귄, 비버 등을 만날 수 있는 설명회가 진행되니 프로그램 안내 시간표를 꼭 확인해보세요.

📍 경기도 고양시 일산서구 한류월드로 282
OPEN 10:00~19:00 💰 일반 2만9000원, 어린이 2만6000원 ☎ 031-960-8500 🏠 www.aquaplanet.co.kr/ilsan/index.jsp

😊 4~10세　　　　　　　046　　　　　　　실내 🏠

자동차 좋아하는 아이라면 무조건!
현대모터스튜디오 고양

자동차에 관한 주제를 직접 보고, 듣고, 만지면서 체험할 수 있는 국내 최대 규모의 자동차테마파크예요. 각 섹션별로 자동차에 관한 다양한 테마를 보여주며 엄청난 기술의 향연이 펼쳐지는데요. 차체를 어떻게 연결하고 색을 입히는지를 배우면서 아이들이 직접 로봇을 조절하고 색상도 골라볼 수 있어서 신기했어요. 자동차 안전에 관한 섹션에서는 충돌 테스트를 영상으로 보여주고 사고 차량으로 조명이 비춰져 섬뜩하기도 하고, 안전에 대해 생각할 기회도 되었어요. 가장 집중해서 관람했던 것은 자동차 디자인 철학을 보여주는 쇼였는데요, 수천 개의 알루미늄 기둥이 유려하게 움직이면서 파도가 치듯 다양한 모양을 만들다가 아름다운 곡선의 자동차로 변신하는 모습에 부모와 아이 모두 넋을 놓았답니다. 또 자동차에 탑승해서 자동차 경주의 레이서가 되어보는 4D 체험은 아빠들에게 엄청난 인기였어요. 섹션별로 가이드가 배치되어 있어 쉽고 재미있는 설명이 곁들여져요. 현대자동차의 다양한 모델을 멋진 드라이브 코스에서 시승해볼 수 있는 '테마 시승'도 가능하니 미리 예약 후 방문하세요.

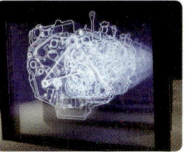

📍 경기도 고양시 일산서구 킨텍스로 217-6　OPEN 10:00~19:00　CLOSE 월요일　💰 성인 1만 원, 어린이 5000원　📞 1899-6611
motorstudio.hyundai.com/goyang

😊 4~7세　　　　　　　　　047　　　　　　　　　실내 🏠

세상의 모든 '놀이'를 체험하다
토이킹덤플레이

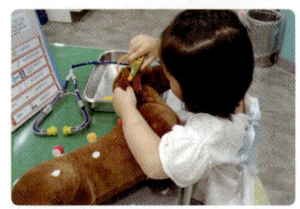

📍 경기도 고양시 덕양구 고양대로 1955 스타필드 고양 3층 OPEN 10:30~20:00
체험권(120분) 1만5000원, 성인 입장권 5000원 ☎ 031-5173-3200 🏠 www.toykingdomplay.com

상상할 수 있는 모든 놀이를 해볼 수 있다고 해도 과언이 아닌, 어린이 놀이 테마파크 토이킹덤플레이예요. 일반적인 키즈카페와는 차원이 다른 스케일과 다양한 테마를 자랑하는데요. 먼저 플레이 팩토리는 레고 같은 장난감 부품을 직접 골라 조립해 완성해보는 공간입니다. 회전초밥집에서 볼 법한 레일 위에 장난감 부품들이 빙글빙글 돌아가고, 그중 맘에 드는 부품을 쏙쏙 골라 직접 조립해봤는데요. 평소에는 설명서대로 조립하는 게 보통이라 오롯이 아이가 창작해서 만들어본다는 게 신기하고 새롭더라고요. 리틀 소사이어티는 경찰서, 마트, 병원 등을 축소해놓은 공간인데요, 특히 마트에서 물건을 골라 카트에 담고 직접 계산한 후에 트럭 모형에 실어보는 체험은 아이들이 정말 좋아했어요. 아트 워크샵은 아트 키트 완구 상품을 선택해 아트 마스터와 함께 작품을 만들어보는 곳이에요. 아이가 좋아하는 슬라임도 만들고, 만화 속 캐릭터로 분장해 사진을 찍어보기도 했답니다. 이 밖에 아이들의 호기심을 자극하는 '지붕 위'를 콘셉트로 한 놀이터에서 미끄럼틀을 타고 볼풀놀이도 했어요. 미니 자동차를 탈 수 있는 레이싱 경기장도 즐거웠답니다.

👧 4~10세 ☁ 048 실내 🏠

9가지 테마존·프리미엄 피자를 즐기다
잭슨나인스

아이를 위한 놀이공간에 가면 간편한 메뉴로 대충 한 끼 때우기 마련인데요, 이곳은 셰프가 조리하는 프리미엄 피자·파스타가 유명 레스토랑에 버금갈 만큼 맛있기로 유명해요. 먹거리뿐만 아니라 즐길 거리도 수준급인데요, 약 4000㎡ 규모에 9가지 테마존을 한꺼번에 즐기는 복합 놀이공간으로 아이뿐만 아니라 어른도 좋아하는 시설을 갖추고 있어요. 어른과 아이가 동일한 가격으로 입장권을 끊어야 하는 게 다소 부담스럽지만, 덕분에 다양한 존을 누비며 온 가족이 신나게 놀았네요. 액션존에는 빅사이즈 트램펄린이 있어 아이가 맘껏 뛰놀았고, 게임존은 그야말로 대형 오락실 분위기라 낚시게임, 물총게임 등 엄마·아빠도 한껏 즐겼어요. 노래방에서 가족들의 애창곡을 뽑아보고, 아이들의 인생샷 찍어줄 수 있는 포토존도 지나치면 아쉽죠. VR존에서 가상현실 게임도 즐겨보고, 중간중간 마술쇼, 버블쇼 같은 이벤트도 진행되어 지루할 틈 없이 잘 놀았네요. 종일권 구매 시 주차 5시간 무료라서 이동할 필요 없이 거의 온종일 놀고, 맛있는 피자까지 잘 먹었어요. 참, 액션존의 경우 미끄럼 방지 양말이 필수이니 잊지 말고 신겨 가세요.

📍 경기도 고양시 일산서구 일현로 97-11 두산위브더제니스스퀘어 지하 1층 105호 OPEN 평일 11:00~23:00, 주말·공휴일 10:00~23:00 💰 평일 종일권 2만3000원, 3시간 이용권 2만 원 / 주말 종일권 2만5000원, 3시간 이용권 2만2000원 ☎ 031-912-2906 🏠 www.jackson9s.co.kr

4~10세 049 실내

1250kcal 모두 소모하는 스포츠 체험장
챔피언1250

어린이 하루 권장 칼로리 소모량이 1250kcal인 것 아셨나요? '챔피언 1250'이라는 이름은 아이가 하루 칼로리 소모량을 모두 소모하고 갈 수 있도록 높이 오르고, 뛰고, 매달리고, 소리치며 놀 수 있게 만든 공간이라는 뜻이래요. 그래서 어린아이들보다는 비교적 큰 아이에게 알맞은 다소 액티브한 스포츠 체험장이에요. 30m 길이의 짚라인을 타는 드롭 와이어부터 9m 층고를 활용해 고공 챌린지 코스에 도전하는 익스트림 플로어까지 스릴 넘치는 시설이 많아요. 6m 높이의 투명한 벽을 타고 올라가 종을 치는 타워 클라이밍은 첫째 아이가 성공하고 나서 가장 뿌듯했던 체험으로 꼽더라고요. 두 개의 에어바 돌리는 걸 요리조리 피하며 점프하는 에어바스핀은 이곳의 인기 아이템이니 빼놓지 마시길! 그전까지 롤러스케이트를 타본 적이 없던 아이가 여기서 처음으로 타보고 재미 붙인 것도 큰 성과였어요. 참, 양말이 필수이니 부모와 아이 모두 신고 방문하세요.

📍 경기도 고양시 덕양구 고양대로 1955 4F OPEN 10:30~21:30 ₩ 어린이 2시간 2만 원, 보호자 5000원 ☎ 031-5173-4448

4~7세 | 050 | 실내

눈치 볼 필요 없는 프라이빗 파티룸
디데이하우스

엄마들끼리 모일 때 놀이방이 딸린 음식점을 이용하곤 했는데요. 그 이유가 아이들이 떠들거나 뛰놀면서 다른 사람한테 피해 줄까 걱정스럽기 때문이었어요. 디데이하우스는 오롯이 우리만의 공간이 주어져서 눈치 안 보고 모임을 갖기 좋은 프라이빗 파티룸이에요. 어린아이만을 위한 놀잇감이나 시설이 갖춰진 게 아닌 것은 감안하셔야 하고요. 다소 어두운 조명, 차분한 분위기에 널찍한 테이블과 소파가 마련돼 있어서 쉬거나 대화하기 편했어요. 빔프로젝터가 있어서 아이들 보여줄 영화 준비해가서 틀어주고, 노래방에서 각자 좋아하는 노래도 실컷 불렀어요. 전자다트, 미러볼, 포켓볼, 탁구대 등이 있어서 어른도, 아이도 놀 거리가 다양했어요. 놀이매트가 있어서 바닥에 깔아놓고 좌탁에 앉아서 준비된 보드게임도 해봤어요. 취사는 안 되지만 냉장고, 전자레인지 등이 있으니 간단히 준비해가서 데워 먹이거나 배달 음식을 시켜 먹으면 돼요. 화장실이 외부에 있는 건 다소 불편했어요. 참, 나올 때 분리수거와 뒷정리는 필수랍니다.

📍 경기도 고양시 덕양구 화중로130번길 5-9 지하 1층 OPEN 평일 11:00~23:00, 주말·공휴일 10:00~23:00 💰 낮 패키지 13:00~16:00(3시간) 주중 5만 원, 주말 6만 원(최대 3시간 추가 가능, 시간당 1만 원) / 평일 이른 저녁 패키지 17:00~23:00(6시간) 10만 원 ☎ 010-4814-3349 🏠 https://spacecloud.kr/space/7528(예약), ddayhouse.modoo.at

● 1~7세　　　　　　　　　　051　　　　　　　　　　실내 🏠

콩순이 덕후들 모여라~
콩순이키즈카페(일산장항점)

아이들에게 친근한 캐릭터인 콩순이를 테마로 한 키즈카페예요. 인테리어도 세련되고 놀 거리도 다양해서 꽤 만족스러웠어요. 무엇보다 아이가 너무 좋아하는 콩순이 캐릭터가 반겨주고, 콩순이 장난감이 가득하니 입구부터 '꺅' 소리를 지르기 시작합니다. 그중에서도 우리 아이 최고의 반응은 콩순이 발레복을 입고 키즈카페 곳곳을 누비는 것이었어요. 콩순이 화장품으로 톡톡 화장을 하고, 콩순이 침대에 누워 자는 척도 해봅니다. 콩순이 캠핑장, 콩순이 마트, 콩순이 주방 등 여자아이를 위한 놀 거리가 유독 잘 갖춰져 있네요. 미끄럼틀, 트램펄린을 비롯해 경사가 있는 절벽을 올라가 종을 치는 액티비티한 체험 시설도 있고요. 콩순이 친구 밤이가 좋아하는 공룡 모형 장난감들은 남자아이 취향도 저격하네요. 예약 후에 이용할 수 있는 쿠킹 클래스나 물감놀이 같은 체험 프로그램도 있답니다. 키 140cm 이하 아이만 입장 가능하니 참고하세요. 전국에 지점이 늘고 있으니 일산장항점 외에도 가까운 곳에 오픈했는지 검색 후 방문해보세요.

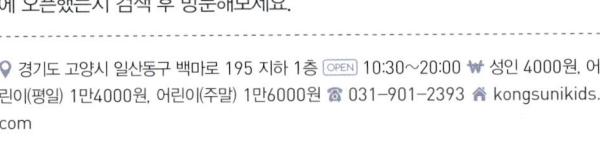

📍 경기도 고양시 일산동구 백마로 195 지하 1층　OPEN 10:30~20:00　💰 성인 4000원, 어린이(평일) 1만4000원, 어린이(주말) 1만6000원　☎ 031-901-2393　🏠 kongsunikids.com

😊 1~10세　　　052　　　실내·실외 🏠🌳

방 하나가 통째로 트램펄린이라니!
가을노을펜션

설계부터 운영까지 온전히 아이를 위한 펜션이라 더 특별해요. 본관에 3개의 객실, 신관에 3개의 독채 객실을 각각 운영하는데요, 어떤 객실을 예약해도 장난감과 놀이시설이 가득해서 아이가 지루할 틈 없이 놀 수 있어요. 기차놀이, 주방놀이, 봉제인형부터 탈것까지 다양하게 준비되어 있답니다. 신관에 있는 2층짜리 독채 객실을 예약하면 거실, 주방을 비롯해 방 2개, 화장실 2개, 여기에 트램펄린이 있는 방까지 딸려 있어요. 온전히 일행끼리만 뛰놀 수 있는 트램펄린이라니 아이가 좋아할 수밖에 없겠죠? 넓은 매트리스를 붙여놓은 침실에서는 굴러다니며 자도 안심이에요. 유아용 샴푸, 린스, 치약, 젖병세정제, 세척솔도 준비되어 있어 따로 챙기지 않아도 돼요. 야외에도 작은 마당과 미끄럼틀, 그네가 있고, 여름엔 작은 풀장도 있으니 수영을 즐겨보세요. 프로방스 마을, 헤이리가 불과 10분 거리에 있어서 여행 코스를 잡기에도 좋답니다.

📍 경기도 파주시 탄현면 새오리로161번길 13-33　OPEN 입실 15:00, 퇴실 11:00　₩ 25만 원~(비수기 중주 기준)　📞 010-9814-2010
🏠 www.pajukidspension.co.kr

👶 4~7세　　　　　　　　　　　053　　　　　　　　　　실내 🏠

오감 자극 미술 퍼포먼스
뚜비아트아띠

색다른 소재와 다양한 방식으로 체험하는 미술 퍼포먼스 놀이터, 뚜비아트아띠예요. 이곳에서는 만들고, 꾸미고, 그리며 오감을 자극하는 미술 활동을 실컷 해볼 수 있는데요. 마치 샌드아트처럼 흑미를 활용해 그림 그리며 스토리를 붙여보는 체험도 새로웠고요. 색이 다양한 구슬을 요리조리 굴려 가며 다양한 모양을 만들어보는 체험도 재밌었어요. 메인 체험은 뚜비 선생님과 함께 하는 물감 퍼포먼스인데요. 저희가 방문했을 때는 로봇이 주제라서 로봇 레이저쇼를 관람한 다음, 벽에 로봇 그림을 그리고 물감을 콕콕 찍어 채색하는 체험을 해봤어요. 분기별로 주제가 바뀌어서 여러 차례 방문해도 매번 다른 주제의 체험을 해볼 수 있는 게 장점이에요. 이밖에도 편백나무 놀이터에서 소꿉놀이하거나 소소한 장난감들을 가지고 놀 수도 있어요. 평일은 단체 체험 위주로 진행해서 개별 방문자는 오후 2시부터 6시까지만 이용할 수 있고, 주말에는 일요일이 휴무라 토요일만 체험 가능하니 반드시 문의 후에 예약하고 방문하세요.

📍 경기도 파주시 문발로 240-15 2층 OPEN 평일 14:00~18:00, 토요일·공휴일 10:00~18:00(예약 필수) CLOSE 일·월요일 ₩ 성인 6000원, 아동 1만2000원 ☎ 010-5250-8992

054 4~7세 / 실외

젖 짜고, 치즈 만드는 체험 목장
모산목장

서울우유에 1등급 원유를 제공하는 목장으로 우유와 관련된 다양한 체험을 해볼 수 있어요. 먼저, 송아지 우유 먹이기부터 체험해봤는데요. 배고픈 송아지들이 꿀꺽꿀꺽 순식간에 우유 한 통을 뚝딱 비우더라고요. 빠는 힘이 강하니 엄마·아빠가 잘 잡아줘야 해요. 착유실에 들어가 젖소 젖 짜기도 해봤는데, 살며시 한 손으로 젖을 감싸 쥐면서 위에서부터 꾹 눌러주면 우유가 쭉 나온답니다. 우유를 활용한 아이스크림 만들기, 치즈 만들기도 '목장 체험'에 포함되는데요. 딱딱하게 굳은 치즈를 뜨거운 물에 녹여 보자기처럼 늘리면 그 결을 따라 스트링 치즈가 완성돼요. 그냥 먹어도 고소하지만 이 치즈를 올려 피자 만들기 체험까지 해서 한 끼 해결하기에도 좋았어요. 우유에 초콜릿 가루를 넣어 직접 만든 초콜릿 아이스크림으로 후식까지 뚝딱! 이제는 체험 목장으로 너무 잘 알려져 날씨 좋은 봄·가을에는 다소 혼잡한 게 아쉬웠어요. 각 체험마다 줄이 길어 실컷 즐기기 어려웠거든요. 목장의 인기를 실감했답니다.

📍 경기도 파주시 탄현면 검산로519번길 6-36 OPEN 주말 11:00(예약 필수 / 봄·가을 평일에 단체 예약 가능) 🐄 기본 체험(송아지 우유 주기 + 젖 짜기 + 건초 주기 + 아이스크림 만들기 + 목장 관람) 1만5000원 / 목장 체험(기본 체험 + 치즈 만들기 + 피자 만들기 + 시식) 2만7000원 ※24개월 미만 무료 ☎ 031-946-8026 🏠 www.mosanfarm.com

고양·파주 부근

😊 4~7세 055 실외 🌲

블루베리 체험하는 즐거운 여름
수우원농장

유기농 블루베리 인증을 받은 농장으로 '수우원'이라는 이름은 '나무의 친구'라는 뜻을 가졌대요. 블루베리 생과가 열리는 6~7월에 수확 체험이 가능해서 시기에 맞춰 방문해야 해요. 블루베리 나무는 키가 크지 않아서 어린아이 혼자서 딸 수 있는 높이에 과실이 열려요. 그래서 아이가 생과를 똑 따기 편하고, 곧바로 먹어도 안심할 수 있어요. 한 주먹 가득 따서 입안에 털어 넣으니 달콤한 맛이 가득 퍼지네요. 농장에는 산양, 토끼 등의 초식 동물이 있어서 풀을 뜯어서 먹이를 줄 수도 있어요. 시기에 맞춰 깨끗한 물을 담은 수영장도 개장해서 물놀이도 가능합니다. 저희가 선택한 여름 체험 오전 패키지에는 점심 식사가 포함되어 있어 아이들과 한 끼 해결하기 편했어요. 식사 후에는 블루베리 빙수 만들기를 진행해서 토핑을 올리는 간단한 체험 후에 아이들과 시원하게 빙수 한 그릇 맛보았답니다. 봄에는 블루베리 잼 만들기, 쿠키 체험 등을 체험할 수도 있어요. 시기에 따라 체험 내용이 달라지니 꼭 문의 후에 방문하세요.

📍 경기도 파주시 적성면 양연로845번길 47 [OPEN] 사전 문의 ₩ 매번 패키지 구성에 따라 체험 비용 다름 📞 031-958-9154 🏠 www.soowoowon.com

056

아름다운 정원 속 놀이기구
퍼스트가든

2017년 오픈한 퍼스트가든은 널찍한 정원 속에 놀이시설과 레스토랑을 갖춘 복합 문화시설이에요. 피크닉가든, 테라스가든, 허브가든, 버드가든을 비롯해 그린하우스, 토스카나광장까지 20가지가 넘는 테마 정원이 있어요. 각각의 정원은 테마별로 특징을 잘 살려 아름답게 조경해놓았어요. 곳곳에 사진 찍을 포인트가 많이 있어 아이랑 구경하며 사진 찍어주기에 좋았답니다. 별도의 비용을 내야 하지만 가든트레인, 회전목마, 바이킹, 범퍼카 등의 놀이기구가 있어서 하나씩 골라가며 타보았어요. 키 110cm가 넘는 아이들은 챌린지 코스에서 액티비티 체험도 가능하니 운동화 신고 도전해보세요. 이탈리안 레스토랑 '삐아또 꼬메'를 비롯해 한식당 '시선', 브런치 레스토랑인 '피안트' 등 퍼스트가든 내에 레스토랑을 갖추고 있어요. 기프트 숍인 '매종 드 본'에는 키즈 완구와 주방용품, 뷰티용품 등을 다양하게 갖추고 있으니 구경해보는 것도 재밌을 거예요.

📍 경기도 파주시 탑삭골길 260 OPEN 10:00~11:00 CLOSE 연중무휴 💰 대인 8000원, 소인 7000원 ☎ 031-957-6861 🏠 www.firstgarden.co.kr

4~7세 · 057 · 실외

놀이동산과 잔디 공원, 모두 누리자
평화랜드·평화누리공원

가슴이 확 트이는 잔디밭에서 뛰놀고 다이내믹한 놀이기구도 맘껏 즐기는 곳, 바로 임진각 평화랜드·평화누리공원입니다. 이 두 곳은 주차장을 함께 사용할 만큼 인접해 있어서 두 가지 매력을 한꺼번에 누릴 수 있는데요. 먼저, 평화랜드에는 평화열차, 바이킹, 범퍼카, 회전컵 등 10여 가지의 놀이기구가 있으니 아이가 좋아한다면 자유이용권을 끊어서 실컷 타게 해주세요. 대부분의 경우 기다리지 않고 바로 탈 수 있어서 대형 놀이공원에서 받는 줄 서기 스트레스, 여기서는 없답니다. 바로 옆의 평화누리공원은 드넓은 잔디밭과 예쁜 조형물이 돋보이는 곳이에요. 완만한 언덕을 따라 초록 잔디밭이 펼쳐져 있고, 파주의 강한 바람을 증명하는 바람개비와 멋지게 휘날리는 하얀 천 등이 포인트가 되어 생동감을 불어넣어줘요. 이런 멋진 풍경을 배경으로 아이 사진을 찍어주면 화보처럼 예쁘게 나오지요. 또 공원 입구에서 연을 구매해서 날려보는 재미도 쏠쏠합니다.

📍 경기도 파주시 문산읍 임진각로 148-33 OPEN 11:00~18:30 💰 평화누리공원 : 무료, 평화랜드 : 자유이용권 성인 3만 원, 어린이 2만8000원 ☎ 031-953-4448

4~7세 | 058 | 실내

피노키오 친구들과 놀아보는
피노지움

100년 이상 세계인들의 사랑을 받는 동화 〈피노키오〉를 모티브로 한 박물관이에요. 피노키오 탄생 130주년을 기념해 2013년 파주 출판단지 내 3만3000㎡ 규모로 건립했어요. 약 1300여 점의 피노키오 소장품을 만나볼 수 있답니다. 피노지움 상설전시실에는 피노키오와 관련된 다양한 작품이 전시돼 있어요. 세계 최초의 피노키오 팝업북을 비롯해 이탈리아 오페라 인형극에 사용된 피노키오 인형, 스와로브스키에서 크리스털로 제작한 피노키오까지 매우 다양한 피노키오 친구들을 만날 수 있어요. 전시뿐만 아니라 아이의 동작을 인식해 반응하는 설치물, 3D 피노키오 애니메이션도 준비돼 있어요. 피노키오 그림에 폼폼을 붙여보는 체험도 아이가 좋아했어요. 〈피노키오 마을의 비밀〉이라는 구연동화도 선보여서 아이들과 쪼르르 앉아 관람했는데 반응이 좋았어요. 정해진 공연 시간이 있으니 홈페이지에서 확인해보세요. 이 밖에 피노키오 목각인형 아트, 피노키오 종이관절 아트 등의 만들기 체험을 해볼 수 있는데, 상설전과 묶어 패키지 입장권을 끊을 수 있으니 참고하세요.

📍 경기도 파주시 회동길 152 열림원　OPEN 개인 체험 : 주말·공휴일 10:30~18:30 / 단체 체험 : 화~일요일 10:30~18:30　CLOSE 월요일, 설날·추석 당일　💰 상설전 8000원, 상설전 + 피노키오 목각인형 아트 1만5000원, 상설전 + 피노키오 종이관절 아트 1만8000원　☎ 031-8035-6773　🌐 www.pinoseum.com

| 1~7세 | 059 | 실외 |

유아에게 꼭 맞는 놀이공원
하니랜드

파주 공릉저수지를 끼고 있는 하니랜드는 유아에게 적당한 놀이공원이에요. 대형 놀이공원에 가면 줄 서서 기다리다가 지칠 수 있는데, 이곳은 놀이기구를 오가는 동선도 길지 않고 무엇보다 거의 기다리지 않고 바로 탈 수 있는 게 편해요. 아이 수준에 꼭 맞는 놀이시설도 다양해요. 미니바이킹, 우주비행선, 회전목마, 범퍼카, 하늘열차, 점핑스타, 풍선타기 등 아이가 고르는 대로 신나게 타고 즐겼답니다. 500원짜리 동전 넣으면 움직이는 탈것들이 많아서 원 없이 태워줬고요. 공릉저수지 보트 선착장에 오리배가 있어서 페달을 밟으면서 호수도 구경했어요. 아담한 식물원이 있어서 쉬엄쉬엄 구경하고, 작은 동물 우리가 있어서 토끼 먹이도 줬어요. 여름엔 물놀이동산에서 수영할 수 있고, 잔디물썰매도 탈 수 있어요. 겨울엔 눈놀이 동산에서 눈썰매를 탈 수 있으니 계절에 맞게 이용해보세요.

📍 경기도 파주시 조리읍 장곡로 218 OPEN 10:00~18:00 💰 입장료 대인 1000원, 소인 500원 / Big5 대인 1만5000원, 소인 1만2000원 ☎ 031-945-2250 🌐 www.honeyland.co.kr

신기한 과거로 체험 여행
한국근현대사박물관

어른들에게는 추억과 향수를 불러일으키고, 아이들에게는 신기한 체험을 안겨주는 박물관이에요. 1960~70년대 생활상을 그대로 옮겨놓은 골목골목이 마치 그 당시로 타임슬립한 느낌을 주는데요. 부모들은 박물관에 들어서자마자 "어머, 맞아, 이런 게 있었어"하고, 아이들은 "엄마·아빠, 진짜 이랬어요?"하며 호들갑을 떨며 관람하게 된답니다. 지하 1층에는 그 당시의 저잣거리를 통째로 옮겨놓은 듯한 풍물관이 자리하는데요, 옛날 우체국, 전파사, 다방, 선술집, 사진관, 의상실, 미장원, 장터 풍경, 달동네 살림살이까지 실감 나게 전시해 놓았어요. 1~2층 문화관에는 학교 가는 골목길 풍경을 재현해서 문방구, 헌책방, 만화방을 비롯해 학교 교실과 교무실까지 엿볼 수 있어요. 우리 아이는 말뚝박기하는 아이들 모형 위에 올라타보기도 하고, 교실에 앉아 타자기를 두드려보며 신기한 과거로의 체험 여행을 즐기더라고요. 3층 추억관에는 주황색 공중전화기, 못난이 인형 등 추억의 물건이 모여 있으니 구석구석 추억 여행을 즐겨보세요.

📍 경기도 파주시 탄현면 헤이리마을길 59-85 OPEN 09:30~18:00 CLOSE 월요일 💰 성인 7000원, 소인 5000원 ☎ 031-957-1125 🏠 www.kmhm.or.kr

장난감 회사가 만든 놀이 체험 박물관
한립토이뮤지엄

장난감 회사인 '한립토이스'가 공들여 건립한 박물관으로 장난감 전시는 물론이고, 장난감으로 놀이 체험을 즐기는 공간이에요. 지하 1층의 스토리랜드부터 지상 2·3층의 토이랜드까지 어느 하나 버릴 곳 없이 꽉꽉 채워져 있는데요. 역시 아이들이 가장 좋아한 곳은 소방서, 방송국, 베이커리, 슈퍼마켓, 동물병원, 뷰티샵, 과일 가게 등이 있는 스토리랜드였어요. 장난감이라고 하기엔 너무 정교한 싱크로율 100%의 리얼 소품을 갖고 놀 수 있어서 아이들이 역할 놀이에 푹 빠졌답니다. 지상 2·3층의 토이랜드는 세상의 특별한 장난감들 이야기와 아기자기한 체험 공간으로 구성돼 있어요. 아톰부터 인사이드아웃 캐릭터까지 어른들도 좋아하는 방대한 전시물을 관람하고, 편안한 온돌방에서 한립토이 장난감을 실컷 가지고 놀 수 있답니다. 당일에 한해서는 재입장이 가능하기 때문에 놀다가 출출해지면 외부에서 밥 먹고 들어와 다시 놀아도 돼요. VIP 티켓 끊어서 5~6시간 꽉 채워 놀면, 결코 티켓 가격이 아깝지 않을 거예요.

경기도 파주시 탄현면 헤이리마을길 25 OPEN 평일 11:00~17:00, 주말 11:00~18:00 CLOSE 월요일 VIP 티켓 대인 1만2000원, 소인 평일 1만 8000원·주말 2만 원 031-957-8470 www.hanliptoymuseum.co.kr

4~7세 062 실외

놀 거리 가득, 아이를 위한 캠핑장
에브라임캠핑장

아이를 위한 놀 거리가 잘 갖춰져 있는 경기도 연천에 위치한 캠핑장이에요. 캠핑 사이트 옆에 미끄럼틀이 있는 놀이터가 있고, 팡팡 뛰놀 수 있는 트램펄린도 있어서 아이들이 보자마자 달려가더라고요. 도착해서 정신없이 짐 풀고 텐트 치는 사이에 아이들은 여기서 놀면 되니까 편했어요. 핑크색 외관의 감성 돋는 건물에서는 인형 만들기, 방향제 만들기 등의 체험을 진행하고, 카페도 겸하고 있어 커피를 비롯해 몇 가지 음료를 마실 수 있어요. 작은 도서관이 있어서 책 읽기 좋아하는 첫째 아이와 한참이나 독서 삼매경에 빠졌답니다. 여름에 방문한 터라 수영장도 이용했는데요, 지붕이 있는 수영장이라 햇빛에 탈까 염려할 필요 없고, 주변으로 나무 데크가 둘러져 있어서 안전하게 잘 놀았어요. 작은 계곡에서는 올챙이와 다슬기를 잡아보기도 했고, 미니 동물농장에서 토끼도 구경했어요. 예쁜 꽃을 많이 심어 놓았고, 곳곳을 아기자기하게 장식해서 아이들이 좋아할 만한 분위기가 물씬 났어요. 부모는 제대로 힐링하고, 아이는 실컷 뛰노는 일석이조 캠핑장이랍니다.

📍 경기도 연천군 신서면 연신로 866　OPEN 입실 14:00, 퇴실 12:00　💰 1박 4만 원　☎ 010-2792-0167　🌐 www.ephraimcamping.com

4~10세　　　　　063　　　　　실내

리얼한 선사 유적을 '무료'로 만나다
전곡선사박물관

구석기 주먹도끼가 발견된 전곡리의 선사 유적을 이해하고, 체험할 수 있는 박물관이에요. 도착하자마자 마치 UFO를 연상케 하는 건물 외관이 눈길을 사로잡는데요. 이 유려한 곡선의 건축물은 국제설계공모를 통해 탄생한 작품이라고 하네요. 마치 시간 여행을 하는 기분으로 박물관 안으로 들어서면, 인류의 진화를 차례로 보여주는 실물 사이즈 모형이 중앙에 전시돼 있어요. 마치 눈앞에서 옛 인류가 되살아나듯 리얼하게 재현해놓아서 아이랑 감탄하면서 관람했답니다. 또 매머드 뼈로 지은 막집에 들어가보고, 연천에서 자라는 생물 모형을 관찰해보기도 했어요. 체험 키트를 구매하면 반달돌칼로 가죽을 잘라 옷과 팔찌 등을 만들어볼 수도 있어요. 체험장 한쪽으로 아이들의 휴식 공간도 있어서 체험하다가 쉬면서 편하게 시간을 보낼 수 있었답니다. 기본적으로 입장료가 무료라 더욱 반가웠어요. 연천구석기축제 기간에 맞춰 방문하면 더욱 즐거운 체험 거리가 많으니 참고하세요.

경기도 연천군 전곡읍 평화로443번길 2　OPEN 10:00~18:00　CLOSE 월요일, 1월 1일, 설날·추석 당일　무료　☎ 031-830-5760　jgpm.ggcf.kr

064

안젤로니아 꽃밭, 임진강 배경으로 인생샷
허브빌리지

임진강을 끼고 있는 약 5만7000㎡ 규모의 허브 마을이에요. 들어서자마자 눈길을 사로잡는 너른 꽃밭이 무지개가 든인데요. 저희가 방문했던 가을에는 안젤로니아 축제 중이라 그 어느 때보다 향기롭고 예뻤어요. 색색이 컬러풀한 꽃들이 흐드러지게 피어 있는 모습이 너무 아름다워 그 사이를 걷는 모습만 담아도 그야말로 '인생샷'이 됩니다. 허브 온실은 8개의 정원으로 이루어져 있는데, 무려 100여 가지 허브, 20여 가지 난대 수목을 만날 수 있어요. 특히 300년 된 올리브 나무는 국내 최고령으로 알려진 이곳의 자랑이니 놓치지 마세요. 워낙 조경이 고급스러워서 구경하는 재미가 있고, 허브 향이 훅 끼쳐와 기분도 상쾌해져요. 참, 임진강을 바라볼 수 있는 야외 뷰 포인트에서도 꼭 아이들 사진 찍어주세요. 허브 마을 내 레스토랑과 카페, 펜션도 딸려 있으니 필요한 경우 이용해보세요. 단, 계단이 다소 많아 유모차 끌고 다니기에는 적합하지 않으니 휴대하지 않는 게 편할 거예요.

경기도 연천군 왕징면 북삼리 222 OPEN 4월 20일~10월 31일 09:00~20:00, 11월 1일~4월 19일 09:00~18:00 ₩ 대인 7000원, 소인 4000원(36개월 이하 무료) ☎ 031-833-5100 herbvillage.co.kr

1~10세 | 실내·실외

065

공룡 몸 속을 탐험하는 놀이터
경기북부어린이박물관

용인에 있는 경기도어린이박물관과는 다른, 동두천에 위치한 경기북부어린이박물관이에요. 2016년 개관해 시설이 깔끔하고 공간 구성도 알차요. 공룡존을 비롯해 숲생태존, 물놀이존, 건축존이 있는데요. 역시 아이들의 관심이 컸던 곳은 꼬마 브라키오와 함께 공룡 숲을 탐험해보는 공룡존이었어요. 공룡 먹이와 발자국, 뼈 등을 살펴보며 중생대 공룡의 생활을 아이 눈높이에서 잘 설명해줘요. 여기서 빼놓지 말아야 할 곳이 바로 '브라키오의 숲'이라는 클라이머 존인데요. 거대한 브라키오사우루스의 몸을 본뜬 창의력 만점 놀이터에서 미끄럼틀을 슝슝! 공룡 몸속을 탐험하며 놀 수 있어요. 브라키오의 숲은 1일 5회, 회차별로 20분간 이용할 수 있고 키 115cm 이상 아이만 입장할 수 있답니다. 영유아존은 36개월 이하 아이만 입장할 수 있는데요. 둘째 아이는 배 모양 미끄럼틀과 소꿉놀이 공간을 좋아해서 첫째 아이가 여러 존을 '탐험'하는 동안 여기서 잘 놀았답니다. 실외에도 빨강, 노랑 미끄럼틀이 있어서 잠시 놀다 가기에 괜찮아요.

📍 경기도 동두천시 평화로2910번길 46 OPEN 10:00~18:00(1일 5회, 회당 90분 운영)
CLOSE 월요일, 1월 1일, 설날·추석 당일 ₩ 36개월 이상 4000원 ☎ 031-860-2860
childmus.ddc.go.kr

😊 4~10세 　　　066　　　 실외 🌲

사계절 놀 거리 빵빵한
에코유 캠핑장

봄·가을엔 사계절 썰매장, 한여름엔 드넓은 수영장, 한겨울엔 눈썰매장까지 사계절 놀 거리가 가득한 캠핑장이에요. 저희는 여름에 와서 정말 잘 놀았는데요, 그도 그럴 것이 수영장 규모가 제법 크고 워터 슬라이드와 워터 바스켓도 있어서 아이들과 시간 가는 줄 모르고 물놀이했어요. 잔디광장에는 징검다리, 외나무다리 등이 있어서 액티비티도 즐길 수 있었고요, 잔디광장 주변으로 킥보드를 탈 수 있는 도로가 조성되어 있어서 쉬지 않고 두 아이의 킥보드가 달렸답니다. 캠핑의 즐거움은 밤에도 빛을 발하는데요, 흥겨운 캠프파이어를 진행해서 스파클링 불꽃 흔들면서 신나게 춤추고 놀았어요. 전반적으로 시설이 깨끗하고 관리도 잘 되어 있어서 캠핑하는 동안 불편한 점을 찾기 어려웠어요. 캠프 파크와 편백나무 방갈로 이용객 모두 부대시설을 무료로 이용할 수 있고요, 캠핑 장비를 준비하지 못했다면 '이지 캠핑 렌탈 서비스'를 이용해 아이와 첫 캠핑에 도전해보는 것도 좋겠어요.

📍 경기도 동두천시 탑동동 495-3 OPEN 14:00 입실, 12:00 퇴실 ₩ 캠핑파크 5~7만 원, 이지 캠핑 렌탈 서비스 10만 원(패키지), 편백나무 방갈로 12만 원(4인 가족 1박 기준) ☎ 070-8839-3700 🏠 www.ecou.co.kr

> 4~7세   067   실내·실외

아이가 뛰노는 컬러풀 미술관
장흥아트파크

팔짱 끼고 조용조용 관람하는 미술관이 아닙니다. 곳곳에 있는 작품들이 아이들의 놀이터가 되어주는 미술관, 바로 가나아트파크예요. 입구를 지나면 파랑, 빨강, 노랑 건축물이 먼저 시선을 사로잡아요. 블루 스페이스는 피카소의 드로잉, 도자, 판화 등의 작품을 상설로 볼 수 있는 피카소 전용 어린이미술관이고, 레드 스페이스는 주로 기획전을 진행하는 공간입니다. 옐로우 스페이스에는 알록달록한 그물 놀이터, 에어포켓과 비밥이 있는데요, 섬유 작가 토시코 맥아담의 텍스타일 작품으로 놀이터 구조공학 전문가의 자문을 거쳐 탄생한 아트 놀이터랍니다. 별도의 비용을 내야 하는 게 좀 아쉽지만, 그물로 짜여진 포켓 속을 아이가 들어갔다가 빠져나오며 신나게 놀아서 만족했어요. 워낙 컬러풀한 작품이라 사진도 정말 예쁘게 나오고요. 야외에 있는 김진송 작가의 목마놀이터에서도 미끄럼틀 타면서 한참 잘 놀았네요. 이밖에 가나 어린이체험관과 어린이미술관이 별도로 있어서 모래 놀이, 자석 놀이, 칠판 놀이도 즐겁게 해봤고요. 아이를 위한 특별 전시나 프로그램도 진행하니 홈페이지를 확인해주세요.

📍 경기도 양주시 장흥면 권율로 117　OPEN 주말 10:00~19:00, 평일 10:00~18:00　CLOSE 월요일　₩ 어른 8000원, 어린이 6000원　☎ 031-877-0500　🌐 www.artpark.co.kr

4~7세 068 실내

빛과 친해지고, 빛을 체험하는
조명박물관

아이들은 반짝이는 것을 좋아하잖아요. 이곳은 빛과 더욱 친해지고, 빛을 체험해볼 수 있는 박물관이에요. 저희가 방문했을 때는 '산타와 빛나는 요정들'이라는 크리스마스 특별전 기간이었어요. 덕분에 크리스마스 분위기를 제대로 만끽할 수 있었답니다. 사실 크리스마스를 빛내주는 것 중 하나가 총총 빛나는 조명들이잖아요. 워낙 다양한 오너먼트들이 매달려 있어서 환상적인 분위기를 자아내더라고요. '조명놀이터'에서는 라이팅 테이블 위에서 그림자 놀이도 하고, 컵 쌓기, 낚시놀이 등도 해보면서 가볍게 조명과 친해질 수 있었어요. 라이팅 빌리지에서는 조명박물관의 마스코트인 빛돌이와 호롱이 그리고 아이가 좋아할 만한 조명 친구들과 놀아보았어요. 전통조명관, 근대조명관, 현대조명관을 비롯해 빛상상공간, 과학이 들려주는 빛 이야기까지 다양한 공간에서 빛의 원리를 이해하고 체험해볼 수 있었어요. 시즌에 따라 램프, 스탠드, 초롱 만들기 등의 체험 프로그램에 참여하거나 공연을 볼 수도 있으니 미리 홈페이지를 확인하세요. 저희는 귀여운 요정 조명을 만들어서 돌아왔답니다.

경기도 양주시 광적면 광적로 235-48 OPEN 10:00~17:00 CLOSE 1월 1일, 추석·설 연휴, 창립기념일(6월 20일) 일반 5000원, 소인 4000원 / 크리스마스 특별전(전시 + 조명 만들기 체험) 일반 8000원, 소인 1만2000원 070-7780-8911 www.lighting-museum.com

Best Course

1 day 10:00 옥토끼우주센터(내부 식당에서 점심) ▶ 14:00 무화과족욕체험장 도담 ▶ 16:00 아셀펜션(체크인 후 펜션 내 놀이시설 즐기기)

2 day 10:00 시리미자연놀이체험장(점심 도시락 지참) ▶ 14:00 강화자연사박물관 ▶ 16:00 강화역사박물관

KIDS ZONE
04
김포·강화

1~10세 · 실외 · 069

만들기 체험, 전통 놀이하는 한옥마을
김포아트빌리지

2018년 개관한 김포아트빌리지는 예스러운 한옥에서 문화·예술을 체험하는 한옥마을 체험장이에요. 한옥 14채를 비롯한 26동 건물에 전통문화 체험관, 전통놀이 체험마당, 아트센터, 야외 공연장 등이 마련돼 있어요. 원데이 클래스를 예약하고 방문하면 판소리를 배우고, 장도 담가볼 수 있답니다. 사전 예약 없이도 한옥마을 내 공방에서 다양한 만들기 체험을 할 수 있는데요, 금속 공예부터 다육이 심기까지 간단한 체험을 아이들과 해볼 수 있어요. 전통놀이 체험마당에서는 시소도 타고 썰매도 끌고 윷놀이도 던지며 자유롭게 놀아봤어요. 한옥 카페에서 차를 마시거나 한옥마을 숙박도 가능하니 참고하세요. 매월 셋째 주 토요일에는 김포 역사를 주제로 인형극을 선보이고, 아트센터에서는 시기마다 달라지는 전시를 관람할 수 있어요. 저녁에는 예쁜 조명이 켜져서 더욱 운치 있는 한옥마을 여행을 할 수 있답니다.

📍 경기도 김포시 모담공원로 170　OPEN 10:00~22:00　체험료 : 공방별로 다름, 숙박료 : 주말 기준 8만 원　☎ 031-996-6836
gimpoartvillage.or.kr

👶 3~7세 　　　　070　　　　실내·실외 🏠🌲

한강 전망 감상하고, 킥보드도 씽씽~
김포에코센터

요즘 일상생활에 제약을 줄 만큼 미세먼지가 심해지니 더욱 환경에 대해 생각해보게 되는데요. 김포에코센터는 점차 심각해지는 환경 문제에 대한 대처 능력을 기르고, 친환경적 생활을 실천할 수 있게 돕는 전시관이에요. 에코관에서는 김포에 서식하는 대표적인 조류를 알아보고, 미래 환경에 대한 희망 사항을 떠올려 보았어요. 쿠션 처리가 잘 되어 있는 북카페에서는 아이들과 편안하게 책 읽기 좋았어요. 신세계 이마트에서 운영하는 장난감 도서관도 있는데요, 만 5세 이하 아이는 유아 놀이방에 입장해 장난감을 가지고 놀 수 있고, 자격 사항을 갖추면 장난감 대여도 가능하니 홈페이지를 참고하세요. 2, 3층 전망대로 올라가면 가슴이 뻥 뚫리는 한강 전망을 한눈에 담을 수 있어요. 망원경을 통해 멀찍이 떨어져 있는 한강 주변의 생태를 관찰해보기도 했답니다. 전체적으로 규모가 크진 않고 별도의 체험 프로그램이 준비된 게 아니라 다소 아쉬울 수 있는데요, 주변으로 잘 다듬어진 자전거 도로가 있어서 킥보드 챙겨 가면 자연과 더불어 잘 놀 수 있을 거예요.

- - - - - - - - - - - - - - - - - - - -

📍 경기도 김포시 김포한강11로 455 OPEN 10:00~18:00(장난감 도서관은 17:00까지) CLOSE 월요일(장난감 도서관은 일·월요일) 🕊 무료 ☎ 031-981-9879, 070-4466-2748(장난감 도서관) 🏠 www.gpeco.or.kr

😊 1~7세　　　　　　　　　　　　071　　　　　　　　　　　　실외 🌳

물놀이, 모래놀이 모두 즐겨요~
태산패밀리파크

울창한 나무와 드넓은 잔디광장을 비롯해 물놀이장, 바닥분수, 공예체험장, 야생초화원, 산책로, 나무놀이터 등을 두루 갖춘 가족 공원이에요. 구석구석 놀 거리, 쉴 거리, 즐길 거리가 다양해서 사계절 인기가 꾸준한데요. 역시 가장 활기를 띠는 계절은 무더위로 푹푹 찌는 여름이에요. 무려 30여 가지 과학 물놀이 기구가 설치된 물놀이장은 그야말로 아이들의 세상이 됩니다. 펌프질로 물을 끌어올려 보고, 수로를 따라 흐르는 물을 막아보면서 과학적이고도 새로운 물놀이에 푹 빠져든답니다. 수심은 발목 정도로 아이들이 놀기에 안전한 편이지만, 수질은 아무래도 이용하는 사람들이 많다 보니 때마다 다른 듯해요. 바닥분수에서도 옷이 흠뻑 젖도록 신나게 뛰놀고, 모래놀이 도구를 가져와 모래놀이터에서도 잘 놀았어요. 공원 곳곳에 나무가 많고 방갈로도 설치돼 있어 그늘 아래서 자연을 즐기기 좋았어요. 나무놀이터에서 다양한 놀이시설과 미니 짚라인도 이용해볼 수 있답니다. 일일공예교실에서 도자기, 목공예 체험도 가능하니 미리 문의하고 방문해보세요.

📍 경기도 김포시 하성면 하성로 585 **OPEN** 하절기(3~10월) 09:00~19:00, 동절기(11~2월) 09:00~18:00 / 물놀이 시설(4~9월) 11:00~16:30
₩ **입장료**: 무료 / **도자기 체험**: 물레 성형 1만5000원, 초벌 핸드 페인팅 9000원~(변동 가능) / **목공예 체험**: 목걸이 피리 7000원, 나무 액자 1만 원~(변동 가능) ☎ 031-997-6868 🏠 www.guc.or.kr

3~10세 072 실외

낚시 체험하는 물고기 테마파크
피싱파크 진산각

메기, 철갑상어, 붕어, 금붕어, 미꾸라지 등을 양식하면서 다양한 체험장을 꾸며놓은 물고기 테마파크예요. KBS 〈슈퍼맨이 돌아왔다〉에서 타블로의 딸 하루가 낚시 체험을 하면서 더 유명해졌는데요, 아이들이 체험할 거리가 시즌별로 조금씩 달라지기 때문에 몇 번 방문해도 새로운 체험을 해볼 수 있답니다. 저희가 방문했을 때는 낚시해서 잡은 메기를 구워 먹는 체험을 해봤어요. 아이들이 다루기 편한 낚싯대로 체험해서 어렵지 않게 메기를 잡을 수 있었고요, 화롯불에 구워 먹는 맛도 일품이었어요. 뜰채로 금붕어를 잡아보고, 메기 미로를 탈출해보는 체험도 즐거웠어요. 시즌에 따라 맨손으로 메기 잡기, 고구마 캐기 체험이 가능하고, 여름에는 수영장도 개장하니 계절에 맞게 즐겨보세요. 매점에서는 쥐포나 가래떡, 마시멜로를 비롯해 추억의 간식 '쫄쫄이'도 판매하는데, 화로에 노릇노릇 구워 먹는 재미가 쏠쏠하답니다.

📍 경기도 김포시 중봉로33번길 174　OPEN 10:00~18:00
CLOSE 명절 전날·당일, 10월 14일　₩ 입장료 3000원. 체험료 별도　☎ 070-7835-6200　🏠 www.fishingpark.co.kr

1~10세 　　　　　　　　　　　　　실내

073

호캉스 즐기는 키즈존 호텔
호텔마리나베이서울

서울 근교에서 호캉스 즐기기 딱 좋은 호텔로 김포 현대아울렛 바로 옆에 위치해 쇼핑하기도 편리해요. 모던한 인테리어에 깔끔한 룸 컨디션을 자랑하지만, 객실 내 아이를 위한 시설이나 놀잇감이 갖춰진 것은 아닌데요, 3층으로 가면 아이랑 놀기 좋은 부대시설이 줄지어 있어요. 감각적인 키즈카페처럼 꾸민 키즈존은 알록달록 큼지막한 공룡과 수박 인형에 그물 놀이터, 보드게임까지 아이의 마음을 사로잡기에 충분해요. 사방이 꼼꼼하게 쿠션으로 처리돼 있어서 어린아이 놀기에도 안전해요. 게임존에는 VR 게임과 코인 노래방이 있어서 각각 두 아이가 좋아하는 만큼 이용했고, 당구장에서는 가볍게 당구 한 게임 치기도 좋았어요. 수영장은 탁 트인 한강 뷰와 이어지는 인피니티 풀이라 수영하는 기분도 근사했어요. 단, 수영장 내 별도의 샤워실이나 탈의실이 없어서 객실에서 수영복과 목욕 가운을 입고 내려가야 해요. 토요일에 현대아울렛 뷰로 숙소를 예약하면 밤에 불꽃놀이도 볼 수 있으니 참고하세요.

📍 경기도 김포시 고촌읍 아라육로152번길 210-50 OPEN 체크인 15:00, 체크아웃 12:00 🛏 수페리어 더블 9만 원~ (비수기 주중 기준) ☎ 02-552-7008 🏠 www.hotel-marinabay.co.kr

👶 1~7세   실내·실외 🏠🌲

074
전망 굿, 온수 수영장 있는 키즈펜션
아셀펜션

전망 좋은 강화도에 위치한 키즈펜션으로 객실 콘셉트가 각기 달라서 아이 취향에 맞게 고를 수 있어요. 저희가 묵은 마루룸은 주방과 쿠션 놀이터가 연결된 구조라 부모가 음식 준비할 때 아이들이 뛰노는 걸 볼 수 있어서 마음 편했어요. 온수 수영장도 딸려 있어서 아이가 따뜻한 물에서 물놀이할 수 있었어요. 온수 수영장 바로 옆 테이블에 그릴이 놓여 있어서 바비큐를 즐기면서 수영하는 아이를 살피고, 창밖으로 바다를 감상하는 호사도 누렸답니다. 침실은 더블 매트리스 두 개를 붙여놓아 잠자리가 널찍하고, 별도로 유아용 침대가 놓여 있어 어린 아이와 함께 묵어도 안심이에요. 야외에도 그네와 간단한 탈것이 있어서 신나게 뛰놀았고, 체험 수업을 진행해서 양초 만들기도 했답니다. 다음 날 아침에는 간단한 조식이 제공되고, 센스 있게 캡슐커피와 네스퀵도 준비돼 있어서 아이랑 모닝 티타임을 가졌네요. 깨끗한 룸 컨디션에 즐길 거리가 다양하고 경치도 좋아서 정말 만족했던 펜션이에요.

📍 인천시 강화군 화도면 해안남로 1639 OPEN 입실 15:00, 퇴실 11:00
💰 마루룸 31만 원(비수기 주중 기준) ☎ 032-934-9101 🏠 www.asherhouse.co.kr

😊 4~10세 　　　　　　　　　　　　　　　　　　　　　실내·실외 🏠🌲

075

활동적인 아이에게 꼭 맞는
함허동천웰빙펜션

딱히 인테리어가 고급스럽지도 않고, 객실 내 놀잇감이 잘 갖춰진 펜션도 아닌데요, 숙박료가 저렴한 편인 데다가 야외 놀이시설이 다양해서 가성비를 따져보면 괜찮은 펜션이에요. 객실 평수가 다양해서 인원수가 많을 때 자유롭게 선택할 수 있는 것도 장점이에요. 특히 수영장을 개장하는 여름에 더욱 빛을 발하는데요, 저희 가족도 이때 방문해서 에어바운스 수영장에서 슬라이드 실컷 타고 원 없이 물놀이했답니다. 사계절 썰매장에서 썰매를 타고, 트램펄린에서 팡팡 뛰놀고, 그네도 열심히 타면서 쉬지 않고 놀다 보니 4시간이 훌쩍 지나갔어요. 덕분에 저는 중간중간 아이들이 먹을 간식 챙겨주기에 바빴답니다. 비누 공예, 양초 만들기, 고구마 수확, 갯벌 체험 등 체험 프로그램도 진행하니 미리 홈페이지 확인하고 예약하면 더욱 알차게 즐길 수 있을 거예요. 차로 5분 거리에 함허동천계곡이 있으니 시원한 계곡에서 놀 분들은 참고하세요. 맛이 꽤 괜찮은 돈가스 카페도 함께 운영하고 있어서 식사를 해결하기에도 편하답니다.

📍 인천시 강화군 화도면 해안남로 1219　OPEN 입실 15:00, 퇴실 11:00　💰 10만 원~(비수기 주중 기준)　☎ 032-937-1522　🏠 www.hamheodc.net

1~10세 | 076 | 실내·실외

전통 체험하며 한옥에서 하룻밤
남취당의 한옥이야기

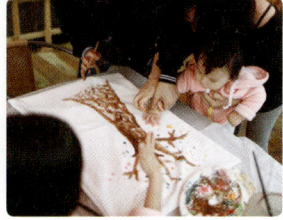

전통 체험을 하며 고즈넉한 분위기 속에 묵어보는 친환경 한옥 펜션이에요. 그냥 흉내만 낸 개량 한옥이 아니라 못을 쓰지 않고 전통 목조 기법으로 지은 한옥이라 그 자태와 운치가 남다릅니다. 뜨끈한 바닥에 이불 깔고 자는 온돌방이라 안심이고, 주방과 화장실은 양식이라 이용하기 편했어요. 한옥에 묵으며 참여하는 전통 체험은 때마다 달라져서 꼭 미리 문의해야 하는데요, 저희가 방문했을 때는 두부 만들기와 광목 베개 커버에 가족화 그리기를 진행했어요. 아이가 직접 콩물을 짜고 아궁이에 불을 지펴 가마솥에 끓인 다음, 간수를 넣어 두부를 만들었는데요, 어찌나 고소하고 담백한지 온 가족이 정말 맛있게 잘 먹었어요. 여기에 가마솥 밥과 누룽지까지 곁들이니 환상 궁합입니다. 광목 베개 커버에 가족화 그리기도 가족 모두가 참여해 완성한 그림이라 더욱 뜻깊었어요. 건강하게 잘 먹고, 잘 놀고, 잘 자다 온 한옥 펜션이랍니다.

📍 인천시 강화군 화도면 해안남로 1066
OPEN 입실 14:00, 퇴실 11:30 🐾 아라울 15만 원~(비수기 주중 기준) ☎ 010-9591-0226 🏠 kyl3850.com

김포·강화

4~10세 · 실내

077

입장권 하나로 두 곳의 박물관
강화자연사박물관

강화자연사박물관과 강화역사박물관은 바로 인접해 있는데요. 강화자연사박물관 입장권을 끊으면 강화역사박물관까지 관람할 수 있어서 꼭 함께 둘러봐야 해요. 입구에 들어서면 길이 14.5m, 몸무게 20톤의 향유고래의 뼈가 가장 먼저 시선을 사로잡아요. 대왕오징어를 잡아 먹으며 심해를 누비던 실제 고래의 뼈로, 강화도 해변에서 발견된 것을 오랜 시간 해체, 건조해 전시했다고 해요. 아이들도 입을 떡 벌리며 관람했답니다. 지구가 탄생한 후 어떤 생명체가 살기 시작했는지, 환경에 적응한 생물의 모습이 어떠한지, 인류가 어떤 과정으로 진화해왔는지 아이들 눈높이에 맞게 전시해 놓았어요. 강화 갯벌의 특징과 생태계를 설명한 전시도 유익했어요. '자연사 탐험'이라는 책자를 주셔서 박물관 관람하면서 아이랑 살펴보기에 좋았답니다.

📍 인천시 강화군 하점면 강화대로 994-33 [OPEN] 09:00~18:00 [CLOSE] 월요일, 1월 1일, 추석·설날 당일
₩ 어른 3000원, 어린이 2000원(강화역사박물관 포함) ☎ 032-930-7090 🏠 museum.ganghwa.go.kr

  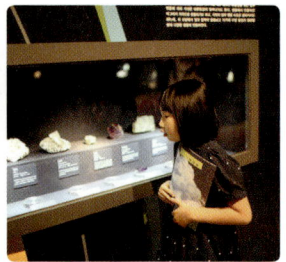

😊 4~10세　　　　　　　　078　　　　　　실내·실외 🏠🌳

아이와 함께 고인돌 탐방
강화역사박물관

강화자연사박물관과 꼭 함께 둘러봐야 할 박물관으로 강화의 역사를 아이들 눈높이에 맞게 전시하고 있어요. 선사시대, 구석기시대, 청동기시대를 지나 현재에 이르기까지 강화의 생활상을 생생하게 재현해놓았는데요. 특히 유네스코 세계문화유산으로 지정된 강화 부근리 지석묘가 발견된 장소인 만큼 고인돌에 관련한 유물 전시가 돋보여요. 강화 부근리 지석묘는 청동기시대의 권력을 가늠하게 하는 귀중한 자료이면서 우리나라를 대표하는 고인돌이라고 하니 그 역사적 가치가 가볍지 않겠지요? 아이들이 쏙쏙 이해할 수 있도록 고인돌 만드는 과정을 작은 모형으로 재현한 전시물이 인상 깊었어요. 관람을 마치고 야외로 나오면 맞은편에 고인돌 공원이 있는데요, 탐방로를 따라 실제 고인돌을 관찰해볼 수 있고, 선사시대 움집도 재현돼 있어요. 박물관에서 열심히 공부한 후에 고인돌을 만난 터라 아이가 "고인돌을 이렇게 옮기면 되는 거 맞지?"하고 아는 체를 하더군요. 강화도 역사여행할 때 빼놓을 수 없는 박물관이랍니다.

📍 인천시 강화군 하점면 강화대로 994-19 OPEN 09:00~18:00 CLOSE 월요일, 1월 1일, 설날·추석 당일 ₩ 어른 3000원, 어린이 2000원(강화자연사박물관 포함) ☎ 032-934-7887 🏠 www.ganghwa.go.kr/open_content/museum_history

1~7세 | 실내·실외

079

셀프 촬영 펜션으로 유명한
노을자리펜션

화이트·블루 콘셉트로 감성 돋는 외관의 노을자리펜션은 셀프 촬영하기 좋은 곳으로 유명해요. 셀프 웨딩, 셀프 만삭 촬영도 많이 하지만, 저는 두 아이의 돌 사진을 찍어주려고 각각 두 번 방문했어요. 저희가 묵었던 객실은 '사랑이머무는자리'였는데요, 외관도 예쁘지만 인테리어도 감각적이라 어디에서 사진을 찍어도 화보처럼 나와요. 욕실에 있는 월풀 욕조에서 물놀이하거나 비눗방울 놀이하는 사진도 예쁘고, 침실에서 뒹구는 자연스러운 사진도 사랑스러워요. 잔디가 있는 야외 정원에서 아이가 노는 모습을 담아봐도 좋겠어요. 독채 객실이라 아이가 맘껏 뛰어도 눈치 보이지 않고, 좋은 원단의 침구를 사용해 잠자리도 매우 편안했어요. 7~8월 여름에만 운영되는 수영장도 오붓하게 물놀이하기 좋은데요, 수심이 1m 정도라 어린아이는 꼭 튜브 타고 놀아야 하니 참고하세요.

📍 인천시 강화군 화도면 해안남로1822번길 26 OPEN 입실 15:00, 퇴실 12:00 ₩ 달빛 10만 원~, 사랑 15만 원~(비수기 주중 기준) ☎ 010-7714-3303 🏠 www.noeuljari.com

3~10세 | 080 | 실내

족욕 체험하고 나만의 컵 만드는
무화과족욕체험장 도담

바다가 보이는 카페에서 족욕하고 차 마시고 나만의 컵도 만드는 멀티 체험관, 도담이에요. 언덕 위에 자리해 도착하자마자 펼쳐지는 강화도 풍경에 가슴이 시원해져요. 파스텔톤 반구 형태의 체험관에서 온 가족이 동그랗게 둘러앉아서 족욕 체험을 해봤는데요. 무화과 진액을 푼 따끈한 물에 발을 담그니 노곤노곤 피로가 싹 풀리는 것 같더라고요. 과연 아이들은 좋아할까 조금은 걱정했는데 의외로 차분하게 잘 앉아 있었어요. 아이들의 족욕 물이 뜨겁지 않게 수온을 세심하게 잘 조절해주셨어요. 블루베리 잎차를 마시고 고구마 빵을 맛보는 재미도 있었어요. 족욕을 마친 후에는 유리컵에 에칭 기법으로 무늬를 새기는 체험을 해봤어요. 에칭 시트지를 아이가 원하는 모양으로 잘라 컵에 붙이면 마치 스텐실 하듯 불투명하게 유리가 가공돼요. 세상에 단 하나뿐인 유리컵이 뚝딱 만들어진답니다. 이 밖에도 찜질기를 이용해보는 실내 공간이 있고, 공놀이, 투호놀이, 윷놀이를 해볼 수 있는 야외 공간도 있어요. 여름엔 수영장도 개장하니 방갈로 대여해서 이용해보는 것도 좋겠어요.

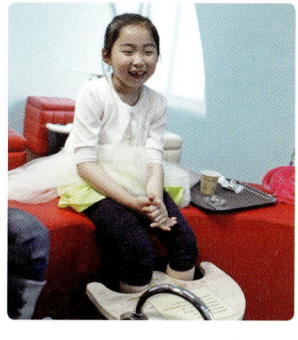

📍 인천시 강화군 길상면 해안남로 748-59
OPEN 10:00~18:00 CLOSE 둘째, 넷째 화요일 ₩ 족욕 체험 1만2000원, 족욕 + 유리컵 에칭 체험 2만5000원 ☎ 032-937-7721 🏠 ganghwadodam.modoo.at

😊 3~10세　　　　　　　　　　　　081　　　　　　　　　　　실외 🌲

아늑한 자연 속 스릴 만점 놀이터
시리미자연놀이체험장

다소 외진 곳에 위치해 반신반의하면서 찾아갔는데, 막상 도착하고 나니 그야말로 숨은 보석을 발견한 기분이었어요. 누가 이렇게 아이를 위한 놀이 공간을 만들었을까 궁금해질 만큼 구석구석 세심하게 꾸며놓았어요. 아늑한 잔디 마당 곳곳에는 놀이시설이 가득한데요, 아이들이 가장 좋아했던 건 타잔 그네 놀이였어요. 짚라인처럼 그네에 매달려 속도감 있게 쭉쭉 내려오니 스릴 만점! 무한 반복해서 탔답니다. 연못에서 뜰채로 미꾸라지를 잡거나 모형 물고기를 낚아보는 체험도 재미있었어요. 트랙을 따라 자전거 경주도 하고, 장애물을 통과하며 달려보기도 했답니다. 염소랑 토끼에게는 잔뜩 베어놓은 풀을 먹여주기도 했어요. 실내에 있는 트램펄린을 제외하고 대부분의 놀이시설이 야외에 있으니 방문 전에 꼭 날씨 확인하시고요, 하루 두 차례, 오전과 오후 체험 시간이 나뉘어 있으니 홈페이지 예약 후에 방문하세요. 매점에서 따로 음식을 판매하지 않고, 간단한 컵라면 정도만 있으니 참고하세요.

📍 인천시 강화군 선원면 시리미로 227번길 23 OPEN 4~11월 10:00~18:00, 12~4월 11:00~17:30 / 오전 체험 10:00~14:00, 오후 체험 14:00~18:00(홈페이지에서 가족 체험 예약 현황 확인 후 예약 필수) 🐾 어린이 1만 원, 어른 5000원 ☎ 032-934-1008, 010-6460-1009 🏠 sirimi0.webnode.kr

4~10세

082

우주 체험하고 공룡도 만나는
옥토끼우주센터

실내·실외

우주 기지 같은 탑이 우뚝 솟아 있는 옥토끼우주센터는 볼 것도, 놀 것도, 체험할 것도 많은 박물관이에요. 실내 항공우주과학관은 물론이고 야외 상상테마공원까지 오가며 모두 누릴 수 있는 게 장점이에요. 우선 항공우주과학관에서는 우주에 관한 다양한 전시물을 관람하고, 우주 체험 기구를 직접 조종하거나 탑승해볼 수 있어요. 360도 회전하는 '사이버 인 스페이스'는 실제 우주선에서 느끼는 어지러움을 극복하는 중력 저항 훈련을 해보는 체험 기구예요. 이밖에 6인 우주 엘리베이터, 미래도시 꼬마기차 등이 있는데, 각각의 기구에 따라 탑승 가능한 조건이 다르니 미리 홈페이지에서 확인해보세요. 주말에는 별자리 목걸이, 공룡 미니어처 같은 만들기 체험을 운영하니 참여해보는 것도 좋겠어요. 야외 상상테마공원으로 나가면 움직이는 공룡과 로봇 모형이 숨어 있는 숲길을 산책할 수 있고요, 물대포공원에서 우주선을 향해 물총 쏘면서 놀 수도 있어요. 여름에는 유수풀 수영장이 개장하고, 사계절 썰매장도 있어서 다이내믹한 놀 거리도 잘 갖춰져 있답니다. 식당과 카페에서는 간단히 요기할 메뉴를 판매하니 참고하세요.

📍 인천시 강화군 불은면 강화동로 403 OPEN 평일 09:30~17:00, 토·일요일·공휴일 09:30~19:00 💰 대인 1만4000원, 소인 1만5000원, 24~36개월 8000원(성수기엔 1000원 추가, 24개월 미만 무료) ☎ 032-937-6917 🏠 www.oktokki.com

김포·강화

Best Course

1day 09:30 늘솔길공원 ▶ 12:30 월미테마파크 (주변 해산물 식당에서 점심) ▶ 17:00 파라다이스시티호텔 (저녁 뷔페)

2day 10:00 국립생물자원관 (방대한 전시관 관람하기)

05
KIDS ZONE

인천·안양 부근

1~7세 | 083 | 실내

방대한 스케일의 무료 전시관
국립생물자원관

환경부가 책임 운영하는 '국립' 전시관답게 방대한 스케일에 한 번, 무료 입장료에 두 번 놀랐어요. 땅속부터 하늘 위까지 모든 생물이 한자리에 모인 듯 엄청나게 다양한 동·식물 친구들을 만날 수 있는데요. 특히 한반도에 서식했던 생물들의 표본을 리얼하게 전시해놓아 아이들이 넋을 잃고 관찰했답니다. 멸종 위기 야생 생물을 관람할 때는 굉장히 안타까워했는데요, 지구가 아파서 결국 생물이 멸종된다는 설명을 듣고 "지구를 아껴줘야겠다"고 다짐하더라고요. 조작해보거나 체험해볼 수 있는 전시물도 유익했어요. 변기 뚜껑을 열어서 동물의 똥을 살펴보거나 행동을 인식하는 실루엣 예술 작품에서 춤을 추기도 했답니다. 곶자왈 생태관은 제주도 식물 종의 약 절반이나 되는 900여 종이 생육하는 곶자왈을 그대로 재현한 실내 온실이에요. 새소리도 들리고 공기도 상쾌해서 마치 제주도를 여행하는 듯한 기분이었어요. 야외 곳곳에는 파라솔이 놓여 있고 널찍한 잔디밭도 있어서 화창한 날 아이들과 소풍 오기에도 좋답니다.

📍 인천시 서구 환경로 42 OPEN 3~10월 09:30~17:30, 11~2월 09:30~17:00 CLOSE 월요일, 1월 1일, 설날·추석 당일·전날 🎫 무료 ☎ 032-590-7000 🏠 www.nibr.go.kr

1~10세 　　　　　　　084　　　　　　　실외

인천에도 양떼목장이 있다니!
늘솔길공원

보통 양떼목장 하면 강원도 대관령을 떠올리는데요, 인천에 있는 양떼목장이라니 처음에는 고개를 갸웃했어요. 유모차를 끌고 산책하듯 잘 정비된 숲길을 걷다 보면 호수를 만나고, 그 호수를 따라가다 보면 양떼들과 마주하게 됩니다. 토실토실한 양떼들이 한가롭게 풀을 뜯고 있는 광경을 이곳에서 본다는 게 엄청 신기하면서도 반갑더라고요. 양들에게 맛있는 풀을 먹이고 싶다면 입구에서 잎이 넓은 풀을 뜯어가는 센스! 양떼목장을 지나 데크를 따라 걸으면 편백숲이 나오는데요, 산책길이 안전하게 정비되어 있어 아이들이 맘껏 뛰어다녀도 안심이에요. 숲속 놀이터에 이르러서는 통나무집에 올라가보고, 짚라인도 타고, 해먹에 누워 편히 쉬기도 했답니다. 자연 속에서 맘껏 놀고 난 다음에는 작은 도서관에서 책도 읽었어요. 이 모든 것이 '무료'라고 하기엔 즐길 거리가 꽤 많지요? 공원 입구가 눈에 띄지 않아서 헤매는 경우가 많으니 '드림교회'를 찾은 다음 그 옆길로 들어가는 게 쉬울 거예요.

📍 인천시 남동구 논현동 738-8(내비게이션에 '드림교회' 입력) OPEN 4~9월 09:30~17:30, 10~3월 09:30~17:00 ₩ 무료 ☎ 032-453-2857

4~10세   085 실외

갯벌에서 뒹굴고, 천일염 놀이터에서 노는
소래습지생태공원

소래포구에서 멀지 않은 위치 때문에 바다와 관련된 체험을 해보기 좋아요. 드넓은 갯벌 체험장에서 게와 조개 등 살아 있는 갯벌 생물을 관찰하고, 염전 학습장에서는 직접 가래질하며 소금을 채취해볼 수 있답니다. 여기에 천일염 놀이터와 해수 족욕탕 등의 체험 시설이 더해지면서 아이는 물론 어른까지도 즐길 게 많은 공원이 되었어요. 직접 생산한 천일염을 가득 채운 놀이터에서 마치 모래놀이하듯 장난감 도구로 뽀얀 소금을 퍼가며 놀 수 있답니다. 지하 150m에서 끌어올린 해수에 발 담그는 족욕 체험장은 어른들에게 최고의 인기예요. 염전 창고를 개조해 만든 생태전시관에서는 염생 식물의 생태를 알아보고, 소금 채취하는 광경을 살펴볼 수도 있어요. 이국적인 풍차를 배경으로 하는 출사지로도 유명하니 아이들과 인생샷 남기는 것도 잊지 마세요. 대부분의 시설 이용료가 무료라서 더욱 반가웠어요. 참, 갯벌 체험하려면 여벌 옷을 필수로 챙겨 가세요.

📍 인천시 남동구 소래로154번길 77 OPEN 10:00~18:00 CLOSE 월요일 💰 무료 ☎ 032-435-7076 🌐 grandpark.incheon.go.kr(인천대공원 사업소)

🙂 1~10세   086   실외 🌲

무료로 즐기는 스카이 워크
아라마루 전망대

아라마루 전망대는 아라뱃길의 시원한 풍경을 감상하는 원형 모양의 다리인데요. 유명해진 이유가 바로 이것! 바닥이 투명한 유리 재질인 구간에 들어서면 사방으로 훤히 시야가 뚫려서 그야말로 스릴 만점이에요. 엄마는 다리가 후들거리고 오금이 저리는데, 아이들은 겁도 없이 뚜벅뚜벅 잘 걸어 다녀서 놀랐어요. 저녁에는 무지개색 조명이 켜져서 더욱 환상적인 광경을 선사한다고 하네요. 별명이 왜 '무지개 스카이워크'인지 알겠더라고요. 다리에서 연결된 데크 길을 따라서 아라폭포까지 내려갈 수 있는데요. 산책로가 잘 정비돼 있어 멋진 경치를 감상하며 걷기에 좋았어요. 시원한 물줄기가 쏟아져 내리는 아라폭포는 여름철 무더위를 식히기에 그만입니다. 물길 따라 떠가는 유람선에 열심히 손 흔들어주는 아이들과 다음번에는 유람선 타기로 약속! 매점이 있어서 간식도 사 먹고, 두더지 게임도 하면서 좀 더 놀았어요. 근처에 있는 '아라타워 전망대'와 함께 방문해도 좋아요. 실내 전시관과 타워 전망대를 갖추고 있답니다.

📍 인천시 계양구 아라로 228 [OPEN] 상시 개방 💴 무료 ☎ 1899-3650

2~10세 　　　　　　　　　087　　　　　　　　　실외

놀이기구 타고, 물놀이도 즐기자
월미테마파크

1992년에 마이랜드로 개장해 지금은 '월미테마파크'라는 이름으로 운영하고 있는 월미도 놀이동산이에요. 엄마·아빠 중에 월미도에서 데이트해보신 분들 많을 텐데요. 그때 그 시절 추억의 놀이동산에만 머물지 않고 진화를 거듭하며 아이가 놀기 좋은 시설들이 속속 생겨나고 있답니다. 일단, 아이들이 타기에 알맞은 수준의 놀이기구가 제법 준비돼 있어요. 아이가 핸들을 잡고 운전하는 어린이 자동차, 귀여운 물개 배를 타고 물 위를 가르는 미니 후룸라이드, 뱅글뱅글 돌아가는 회전 그네 등이 있어요. 대형 놀이동산에 비하면 별로 기다리지 않고 탈 수 있고, 대체로 오래 태워줘서 좋았어요. 여름이라면 바로 옆에 있는 어린이 물놀이장으로 달려가 보세요. 바닥분수, 무지개분수에서 아이 옷이 젖도록 노는 사이 엄마·아빠는 해수족욕장에 앉아 발 담그고 피로를 풀 수 있어요. 월미테마파크, 어린이 물놀이장, 해수족욕장까지 이어지는 동선도 최강! 주변에 먹거리도 다양하니 놀이기구도 타고, 물놀이도 하고, 맛있는 해산물도 먹는 알찬 코스로 여행해보세요.

📍 인천시 중구 월미문화로 81　OPEN 10:00~22:00　₩ 자유이용권 3만 원, 선택할인권 1만5000원　☎ 032-761-0997　🌐 www.my-land.co.kr

088

놀면서 배우는 과학
인천어린이과학관

아이가 좋아할 만한 놀이로 자연스럽게 과학 지식을 얻을 수 있는 체험형 전시관이에요. 총 2~3층에 걸쳐 6개의 마을로 이루어져 있는데요, 각 마을별로 추천 연령이 있어 그에 맞게 이용하면 훨씬 효과적일 거예요. 무지개마을은 만 3~5세 영유아를 위한 공간이라 뒹굴뒹굴 나무구멍, 무지개농장 등 아기자기한 전시물이 돋보여요. 커다란 아름드리나무 안으로 들어갔다가 미끄럼틀을 타고 빠져나오고, 농장에서 채소 모형을 뽑았다가 심어보기도 했답니다. 만 4~8세를 위한 인체마을로 가면, 커다란 입속 모형으로 뚜벅뚜벅 걸어 들어가서 음식이 어떻게 넘어가는지 살펴보고, 꼬불꼬불 우리 몸속을 따라 미로 탐험을 하며 자연스럽게 몸에 대해 익힐 수도 있어요. 콧속에 공을 넣어 재채기하는 모습도 보았답니다. 만 7~9세 아이에게 알맞은 지구 마을은 비행기와 자동차, 도시 과학에 대한 테마 전시물을 관람하고 체험할 수 있어요. 하루 6회, 회차별 정원 예약제로 운영되니 예약하고 방문하세요.

📍 인천시 계양구 방축로 21 OPEN 09:00~18:00 CLOSE 월요일, 1월 1일, 설·추석 당일 ₩ 어른 4000원, 어린이 2000원 ☎ 032-550-3300 🏠 www.icsmuseum.go.kr

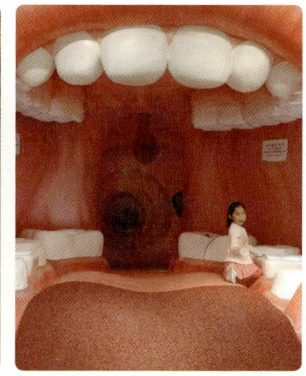

089
키즈존부터 유아용 어메니티까지
파라다이스시티호텔

아이랑 묵기에 더없이 편안한 세심한 서비스가 돋보이는 호텔이에요. 룸도 널찍하고, 침구도 포근하고, 요청하면 침대 가드도 설치해줍니다. 유아용 어메니티까지 갖춘 꼼꼼함에 반했어요. 부대시설도 잘 갖춰진 편인데요, 특히 3층에 위치한 키즈존은 2~12세를 위한 놀이공간으로 1박당 1회 이용이 가능해요. 초록색 쿠션 처리된 놀이시설은 오르내리고 통과하고 구르며 미로처럼 탐험하며 놀기에 좋았어요. 문어 모양 미끄럼틀은 문어의 입을 통해 올라갔다가 다리를 통과해 내려올 수 있으니 일반 미끄럼틀보다 훨씬 흥미로워했어요. 하얀 철가루를 자석 밀대에 붙여 이동하며 마치 염전 체험하듯 소금을 모아보는 놀이도 새로웠어요. 날씨가 좋다면 야외 놀이터에서 뛰놀아도 좋고, 모래놀이터에서 소꿉놀이할 수도 있어요. 볼링, 포켓볼, 다트 등 레포츠나 게임을 즐길 수 있는 사파리파크도 있고, 실내·외 수영장도 깨끗하게 관리되고 있어서 다른 데 가지 않고 호텔 안에만 있어도 충분히 만족스러워요.

📍 인천시 중구 영종해안남로321번길 186　OPEN 체크인 15:00, 체크아웃 12:00　💰 약 20만 원~　☎ 1833-8855　🏠 www.p-city.co.kr

😊 2~7세 　　　　　090　　　　　실내 🏠

나무 작품 만들고, 나무 놀이터에서 놀자
인천대공원 목재문화체험장

수목원과 동물원을 품은 널찍한 인천대공원은 산책하거나 소풍을 즐기기 좋은 곳인데요, 2017년 인천대공원 안에 개장한 목재문화체험장은 특별히 따로 방문해도 괜찮은 실내 시설이에요. 친환경 재료인 목재를 활용한 체험 프로그램을 운영하고, 나무 장난감이 가득한 놀이터에서 놀 수도 있거든요. 목공 체험은 4~7세를 위한 느티나무공방과 초등학생부터 성인까지를 대상으로 한 은행나무공방에서 각각 나누어 운영하는데요, 저희는 느티나무공방에서 피노키오 만들기와 문패 만들기를 해봤어요. 아이가 나무 조각을 요리조리 배치해 친환경 풀로 직접 붙여보고, 나무 망치로 톡톡 두드려 끼우면서 형태를 만들었고요. 나무 표면에 알록달록 색연필이나 사인펜으로 채색해서 나만의 작품을 뚝딱 완성했어요. 느티나무공방 바로 맞은편에 있는 구름나무놀이터는 36개월~6세 아이를 위한 아담한 놀이 공간이에요. 친환경 원목 교구와 놀잇감을 가지고 소꿉놀이도 하고, 자동차놀이도 해볼 수 있어서 정말 만족스러웠답니다. 체험 시간이 정해져 있으니 홈페이지에서 예약 후 방문하면 안심하고 이용할 수 있어요.

📍 인천시 남동구 무네미로 238 [OPEN] 10:00~17:00 [CLOSE] 월요일 🪵 목공 체험 1000~2000원, 구름나무놀이터 2000원 ☎ 032-440-5888, 5882 🏠 park.incheon.go.kr

인천 · 안양 부근　175

| 1~10세 | 091 | 실내·실외 |

소풍 오기 좋은 널찍한 공원
부천자연생태공원

부천식물원, 자연생태박물관을 비롯해 튼튼유아숲체험원, 부천무릉도원수목원 등이 모여 단지를 이루는 널찍한 공원이에요. 기본적으로 자연과 잘 어우러진 조경이 예쁜데, 저희가 방문했을 때는 한창 튤립축제 기간이라 더욱 볼만했어요. 계절마다 백합, 국화 등이 흐드러지게 피어서 꽃 구경하기에 좋고, 군데군데 정자나 평상 등 쉴 곳이 있어서 소풍 오기에도 좋아요. 공원을 산책하다가 각각의 시설을 이용할 수 있는데요, 부천식물원은 수생식물원, 아열대식물관 등 5가지 테마관으로 이뤄져 있고, 워싱턴 야자수를 비롯해 300여 종의 식물이 전시돼 있어요. 자연생태박물관에는 민물고기가 전시된 하천생태관, 곤충을 가까이서 관찰하는 곤충의 신비관, 그리고 움직이는 공룡과 영상을 보는 공룡탐험관까지 흥미롭게 관람할 수 있답니다. 튼튼유아숲체험원에서는 숲속의 맑은 공기를 들이마시면서 자유롭게 뛰놀기 좋았어요. 튼튼교실, 창작교실, 미술교실 등의 체험 프로그램도 운영하니 홈페이지에서 확인해보세요.

📍 경기도 부천시 길주로 660 [OPEN] 3~10월 09:30~18:00, 11~2월 09:30~17:00 [CLOSE] 월요일, 1월 1일, 설날·추석 당일 🎟 **자연생태박물관** 어린이 1000원, 어른 2000원 / **부천식물원** 어린이 1000원, 어른 2000원 / **자연생태박물관 + 부천식물원** 어린이 1700원, 어른 3500원 ☎ 032-320-3000 🏠 ecopark.bucheon.go.kr

5~10세 · 092 · 실외

세계 유명 건축물이 한자리에
아인스월드

세계 25개국 109점의 유명 건축물을 25분의 1로 축소·전시한 미니어처 테마파크예요. 실제 건축물의 외관과 색상, 외장 조각품의 디테일까지 완벽하게 재현해놓았어요. '소인국 여행'이란 콘셉트가 언뜻 식상하지 않을까 생각했는데, 아이가 세계 동화를 읽고 각국의 건축물에 대해 관심을 가질 때 방문해서 굉장히 흥미로워했어요. 자신이 알고 있는 나라의 건축물이 나올 때마다 흥분해서 열심히 설명하는 모습이 기특하더라고요. 가장 가보고 싶은 나라를 꼽아두었다가 훗날 꼭 여행해보리라 다짐하기도 했답니다. 바로 옆에 아인스롤러장도 있으니 아이들과 첫 롤러스케이트에 도전해봐도 좋겠어요. DJ의 신나는 노래, 색색이 비추는 조명이 더해져 들썩들썩 더욱 신이 난답니다. 롤러장 내 매점에서 컵라면, 컵밥, 버거 등을 판매하고 있어서 가볍게 요기할 수 있어요. 여름에는 물놀이장도 운영하니 참고하세요.

📍 경기도 부천시 도약로 1 OPEN 10:00~18:00 CLOSE 연중무휴 🏛 아인스월드: 대인 1만 원, 소인 8000원 / 아인스롤러장: 대인 1만 원, 소인 7000원(롤러장 이용 시 아인스월드 50% 할인) ☎ 032-320-6000 🌐 www.aiinsworld.com

1~10세 093 실내·실외

천 원의 행복
광명스피돔

광명스피돔은 지하 1층, 지상 5층 규모에 최대 3만 명을 수용할 수 있는 대규모의 경륜장인데요. 주말에 성인 천 원의 입장료만 내면 경륜장 내 모든 부대시설을 이용할 수 있는 게 매력이에요. 부대시설은 실내 유아 놀이방, 북카페를 비롯해 야외 자전거광장, 피크닉광장에 이릅니다. 저희는 가족북카페 수업을 신청해서 참여했는데요. 구연동화를 들려주고 간단한 만들기도 더해져 유익했어요. 이 체험 프로그램까지 무료라니 만족도 업! 자전거광장에서는 자전거를 무료로 1시간 동안 대여해줘서 아이랑 자전거 타고 광장을 누볐어요. 단, 커플 자전거, 유모차 자전거, 가족 자전거 등을 대여할 때는 별도의 요금을 내야 하니 참고하세요. 4~10월 매주 일요일 오후 시간에는 고장 난 자전거를 무상 수리할 수 있는 센터를 연다니 필요한 경우 미리 확인하고 방문하세요. 그야말로 아이랑 저렴하고 알차게 놀 수 있는 '천 원의 행복' 여행지가 바로 여기랍니다.

📍 경기도 광명시 광명로 721 OPEN 주말 11:00~18:00 CLOSE 주중 ₩ 성인 입장료 1000원 ☎ 02-2067-5000 🏠 speedom.kcycle.or.kr

😊 2~7세　　　094　　　실외 🌲

보양식 먹으며 수영하는 아이를 보는
금수강산 (수영장식당)

수도권 근교에서 아이랑 놀기 좋은 계곡으로 꼽히는 안양유원지! 계곡 폭이 넓고 수심도 깊지 않아 물놀이하기 괜찮아요. 계곡을 따라 식당이 줄지어 있어서 식사를 해결하기도 편한데요, 그중에서도 여름이면 꼭 찾게 되는 곳이 바로 금수강산이에요. 이 식당이 특별한 이유는 바로 아담한 수영장을 끼고 있어서 평상 자리에 앉으면 아이가 물놀이하는 모습을 보면서 편안하게 식사할 수 있다는 거예요. 수영장 수심이 얕아서 7세 이하 아이들이 튜브 타고 첨벙첨벙 물놀이하기에 딱 좋았어요. 주메뉴인 유황오리코스나 한방오리백숙은 원기 보충하기에 좋고 맛도 괜찮았어요. 물놀이하면서 출출해진 아이 입에 쏙 넣어주기도 편하답니다. 여름철 주말에는 명당자리가 일찌감치 차버릴 수 있으니 서두르시고요, 식사 후에 식당 밖 계곡에서 작은 보트를 타거나 물놀이를 해도 되니 더 놀아도 좋겠지요?

📍 경기도 안양시 만안구 예술공원로208번길 72　OPEN 10:00~22:30　₩ 유황오리코스 6만 원, 한방오리백숙 5만 원, 닭볶음탕 4만5000원(4인 기준)　☎ 031-473-2228

인천·안양 부근　179

095

예술 작품 감상 후 가볍게 들르는
안양예술공원 안양박물관

안양예술공원은 산책로를 따라 국내·외 유명 작가의 예술 작품 52점이 전시된 나들이 명소이자 출사지로도 유명한데요. 2017년 공원 내에 안양박물관이 개관했으니 함께 둘러보면 좋을 것 같아요. 2층 상설전시실은 안양에서 출토된 유적들과 안양의 발전사 등을 전시하고 있는데, 다소 정적인 분위기라 아이들에겐 다소 아쉬운 점이 있었어요. 1층 어린이 체험공간에서는 파이프에 공을 넣어 굴려보고, 건물 모형을 가지고 놀아보기도 했어요. 바로 옆에 있는 카페에는 아이를 위한 보드게임과 휴게실이 준비돼 있어서 엄마·아빠는 차 마시면서 아이들 노는 모습을 지켜봤어요. 안양박물관 맞은편에 있는 김중업건축박물관도 가볍게 관람해보세요. 우리나라 1세대 건축가로 프랑스대사관, 평화의 문 등의 굵직한 건축물을 남긴 그의 작품을 감상할 수 있답니다. 단독으로 방문하기에는 규모가 작은 편이니 꼭 안양예술공원과 함께 둘러보세요.

경기도 안양시 만안구 예술공원로103번길 4 OPEN 09:00~18:00 CLOSE 월요일, 설날·추석 당일 무료 ☎ 031-687-0908 www.ayac.or.kr

😊 4~10세　　　　　　　　096　　　　　　　실외

대형 놀이터와 글램핑장을 갖춘
초막골생태공원

다이내믹한 시설을 갖춘 놀이터와 자연 속의 테마 정원, 여기에 야영장 사이트와 글램핑장까지 갖춘 널찍한 공원이에요. 20가지가 넘는 테마 중에 특히 아이가 좋아했던 곳은 상상놀이마당이에요. 동네 놀이터와는 차원이 다른 스케일로 엄청나게 긴 미끄럼틀을 탈 수 있고, 볼록한 모양의 에어바운스 위에서 탄성을 온몸으로 느끼며 팡팡 뛰어오를 수도 있어요. 동물을 형상화한 놀이기구가 가득하고, 모래 놀이터에서 소꿉놀이도 해볼 수 있어요. 바로 옆에는 어린이교통체험장이 있는데요, 아이들 눈높이에 맞게 신호등, 횡단보도 등을 체험하며 교통 규칙을 익힐 수 있어요. 향기숲, 반디뜨락, 물새연못, 맹꽁이습지원, 연꽃원 등의 테마 정원을 산책해도 좋아요. 단, 공원 전체적으로 그늘이 될 만한 쉼터가 부족한 게 아쉬웠어요. 느티나무야영장에는 일반 야영장 사이트는 물론이고 침대, 테이블, 소파, 냉장고 등을 갖춘 글램핑장이 있어서 편안한 가족 캠핑을 즐길 수 있답니다.

📍 경기도 군포시 초막골길 216 OPEN 상시 개방
🅿 주차료(1일) : 성수기(7~8월) 경차 1500원, 소형·중형차 3000원 / 비수기(9~6월) 경차 1000~1500원, 소형·중형차 2000~3000원 ☎ 031-390-4054(공원), 031-390-7666(캠핑장) 🏠 www.gunpo.go.kr/chomakgol/index.do

👤 4~10세　　　　　097　　　　　실외 🌲

레일바이크 타고 호수 한 바퀴~
의왕레일파크

왕송호수는 수도권 최대의 인공 생태 습지예요. 사계절 철새 도래지이자 다양한 습지 식물와 수중 식물이 숨 쉬는 곳입니다. 의왕레일파크는 이 호수를 한 바퀴 빙 둘러 4.3km 구간 동안 경치도 보고 볼거리도 즐기는 레일바이크예요. 탑승장에서 출발해 계절마다 다른 꽃이 피는 꽃터널을 지나면 팝업뮤지엄을 만나요. 왕송호수를 찾아오는 철새와 이곳에 서식하는 생물이 재밌는 팝업 자료로 전시돼 있답니다. 중간 정차장에 도착하면 페달 밟느라 힘든 다리를 좀 쉬어가도 돼요. 이어서 포토존, 스피드존을 지나면 사방에서 고운 입자의 물을 뿌리는 미스트존에 다다릅니다. 100% 수돗물을 정제해 사용한다니 그저 구름 속을 통과하는 듯한 기분을 즐기면 되겠네요. 일몰 때는 더욱 아름다운 풍경을 볼 수 있답니다. 근처에 철도박물관, 조류생태과학관, 자연학습공원이 있으니 함께 방문해도 좋겠어요.

📍 경기도 의왕시 왕송못동로 209　OPEN 평일 10:30~20:00, 주말 09:00~18:30　💰 평일 2인 2만8000원, 평일 3·4인 3만6000원 / 주말 2인 3만 원, 주말 3·4인 4만 원　☎ 031-462-3001　🏠 www.uwrailpark.co.kr

4~10세 | 098 | 실외

물놀이 핫스팟 등극
한울공원 해수체험장

시흥의 떠오르는 핫 플레이스, 한울공원이 유명해진 것은 바로 해수체험장 때문인데요, 마치 해외의 어느 섬나라를 연상케 하듯 풀장 너머로 서해 바다와 오이도 풍경이 펼쳐져서 물놀이를 즐기면서 경치까지 감상할 수 있어요. 2018년 여름에 첫 시범 운영을 시작했는데 순식간에 입소문이 나면서 아이들과 가기 좋은 물놀이 명소로 등극했어요. 물 깊이는 90cm 정도로 바닷물과 상수가 혼합된 물을 사용하고요, 남·여 탈의실과 샤워실도 갖춰져 있어요. 그늘막 설치나 취사는 허용되지 않고, 돗자리나 음식물 반입은 가능합니다. 해수체험장 오픈 시기나 운영 방침 등은 시흥시 공식 블로그에 공지할 예정이니 물놀이 시즌이 되면 주시하세요. 서해와 접한 한울공원은 멋진 낙조로도 유명하니 일몰 시간에 맞춰 아이들과 산책해도 좋겠어요.

📍 경기도 시흥시 해송십리로 61 OPEN 7~8월 중 10:00~17:00(주말은 19:00까지, 50분 운영·10분 휴식) ※ 시흥시 공식 블로그 또는 홈페이지 공지 예정 CLOSE 월요일, 우천 시 ☎ 031-310-3863(시흥시 공원관리과) 🌐 blog.naver.com/siheungblog

ⓒ시흥시

Best Course

1day   10:00 경기도어린이박물관 ▶ 12:30 한국민속촌(민속마을 내 식당에서 점심) ▶ 17:00 카라반베이

2day   10:00 다이노스타 ▶ 13:30 한국잡월드(내부 식당에서 점심)

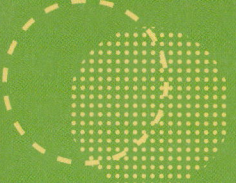

06 KIDS ZONE
용인·화성 부근

4~10세 실내

099

아이 직업을 미리 체험해요
한국잡월드

아이가 다양한 직업을 재미있게 체험해볼 수 있는 테마파크예요. 연령에 따라 어린이체험관과 청소년체험관으로 나뉘어 있는데요. 어린이체험관은 만 4세부터 초등 4학년까지, 청소년체험관은 초등 5학년부터 고등 3학년까지를 대상으로 해요. 해당 직업 전문가와 교육 전문가의 자문에 따라 선별한 총 54개 직종을 체험해볼 수 있어요. 택배사, 패션스튜디오, 의상실, 디자인카페, 한식요리연구소, 로봇공학연구소 등 다양하게 체험해보니 아이 어떤 성향의 아이인지, 어떤 직업이 잘 맞을지 조금씩 힌트가 보이더라고요. 입장할 때는 체험관 안에서 쓸 수 있는 화폐로 '50조이'를 주는데요. 조이를 버는 체험도 있고, 쓰는 체험도 있으니 참고하세요. 각 체험은 정해진 시간 단위로 운영해서 대기 시간이 생길 수 있어요. 처음 입장할 때 예약 시간보다 일찍 가서 번호표를 빨리 받아야 가장 붐비는 체험을 기다리지 않고 시작할 수 있답니다.

📍 경기도 성남시 분당구 분당수서로 501 OPEN 1부 09:30~13:30, 2부 14:30~18:30 CLOSE 월요일, 1월 1일, 설·추석 연휴 🏠 어린이체험관 어린이 : 평일 1만 6000원, 주말 1만 8000원 / 보호자 : 평일 8000원, 주말 9000원 ☎ 1644-1333 🏠 www.koreajobworld.or.kr

😊 4~8세   실내 🏠

100
키즈 쿠킹 전문 클래스
아이키친(판교점)

키즈 쿠킹 클래스를 전문으로 하는 아이키친은 몇 가지 운영 원칙이 있다고 해요. 바로 친환경 인테리어, 요리 전문가의 메뉴 개발, 아동 전문가의 운영 그리고 중복되지 않는 메뉴랍니다. 덕분에 여러 번 방문해도 항상 새로운 메뉴를 체험할 수 있는 게 장점이에요. 핑크오로라케이크, 블루베리크램블, 몬테크리스토, 케이크팝, 산딸기잼쿠키 등 이름만 들어도 침이 고이는 맛있는 간식을 직접 만들어볼 수 있어요. 베이킹하는 전 과정에 걸쳐 선생님이 아이를 잘 이끌어주기 때문에 엄마·아빠는 밖에서 책 보면서 쉴 수 있어요. 또 오븐에서 구워지는 동안에도 아이들이 색칠공부를 할 수 있게 준비해줘서 기다리는 시간도 지루하지 않아요. 저희가 방문했던 판교점을 비롯해 동탄점, 천안점, 울산점, 안산점, 하남점, 광교점, 군산점, 광명점, 보령점, 창원점 등 지점이 속속 생겨나고 있으니 가까운 곳으로 방문해보세요. 5회, 10회 이용권을 구매하면 좀 더 저렴하게 이용할 수 있답니다.

📍 경기도 성남시 분당구 운중로166번길 4-3　OPEN 10:00~18:00　CLOSE 연중무휴　💰 1회 2만2000원　📞 010-9188-9934　🏠 www.ikitchencafe.com

4~8세 · 101 · 실내

책 좋아하는 아이라면 꼭!
현대어린이책미술관

책이 있는 곳은 당연히 '도서관'이라고 생각했는데요, 이곳은 '책미술관'이라니 궁금하기도 하고 기대도 컸어요. 그 이름처럼 곳곳에 책과 관련된 미술 작품들이 가득했어요. 전시된 동화책 속 삽화들이 색안경을 쓰거나 빛을 비추면 다른 의미로 읽히는 것을 직접 체험해봤어요. 또 색색의 천을 엮어서 큰 그림을 만들어보면서 삽화를 얼마나 다양한 재료와 방법으로 표현해낼 수 있는지 배웠답니다. 마음에 드는 색깔의 헤드폰을 골라 음악을 감상하면서 그 느낌을 선으로 표현해보는 체험도 유익했어요. 위층으로 올라가면 자유롭게 빈백이나 계단에 앉아서 책을 볼 수 있는 공간이 있는데요, 어른, 아이 모두를 위한 동화책이 다양하게 준비돼 있어서 독특하고 새로운 책을 골라 보는 재미가 있었답니다. 무엇보다 책과 미술을 아이의 시각에서 체험할 수 있는 전시와 시설이 신선하게 느껴졌어요. 현대백화점 판교점 5층에 위치하니 쇼핑과 더불어 문화 생활을 함께 즐겨보세요.

📍 경기도 성남시 분당구 판교역로146번길 20(현대백화점 판교점 5층)
OPEN 10:00~19:00 CLOSE 월요일, 1월 1일, 설날·추석 ₩ 6000원
031-5170-3700 🏠 www.hmoka.org

2~10세 　　　　　102　　　　　실내

건물이 통째로 어린이를 위한
경기도어린이박물관

건물이 통째로 어린이를 위한 체험과 전시의 공간, 그래서 어린이가 좋아할 수밖에 없는 박물관이에요. 어린이의 꿈, 호기심, 상상력을 쑥쑥 키워주는 자연놀이터, 튼튼놀이터, 아기둥지 등이 있는데요. 자연놀이터에서 밭에 심어진 모형 채소를 뽑아보고, 사과 열매도 따보면서 자연의 원리와 법칙을 자연스레 인식하게 돼요. 튼튼놀이터에서는 자전거를 돌려서 꽃바람개비를 움직여보고, 펌프질해서 로켓 공을 쏘아 올리고, 잭과 콩나무를 오르내리며 신체 원리도 이해할 수 있어요. 특히 클라이머 조형물인 잭과 콩나무는 나뭇잎을 한 계단, 한 계단 오를 때마다 고도가 아찔할 만큼 높아지는데 자신감 있게 올라가는 모습이 대견하더라고요. 36개월 이하 아이라면 아기둥지로 가면 됩니다. 안전하게 쿠션 처리된 놀이터에서 촉감, 모양, 크기, 색이 각기 다른 교구로 다양하게 놀아볼 수 있어요. 특히 벽에 물 그림을 그려보는 체험을 아이가 좋아했답니다.

📍 경기도 용인시 기흥구 상갈로 6　OPEN 10:00~18:00　CLOSE 월요일, 1월 1일, 설날 · 추석　💰 입장료 4000원(12개월 이하 무료) / 주차료 승용차 1시간 1000원　☎ 031-270-8600　🏠 gcm.ggcf.kr

용인 · 화성 부근

😊 4~10세　　　　　　　　　　　　　　　　　　　실내·실외 🏠🌳

103

공룡 마니아들의 천국
다이노스타

공룡 마니아들의 눈이 번쩍 뜨일 테마파크예요. 공룡과 관련된 모든 체험을 해볼 수 있다고 해도 과언이 아니거든요. 다이노스타는 야외 공간인 다이노 포레스트와 실내 공간인 다이노 어드벤처로 이루어져 있는데요, 다이노 포레스트에는 공룡 발자국을 딛고 오르는 다이노 클라이밍, 거대한 공룡 뼈를 발굴하는 공룡 뼈 발굴터를 비롯해 다이노 패밀리 골프, 다이노 네트 등 다양한 체험이 기다리고 있어요. 다이노 어드벤처에는 1~3층에 걸쳐서 다이노 어메이징 전시관, 다이노 키즈 범퍼카, 다이노 눈썰매를 비롯해 미니 포크레인 체험장, 낚시 놀이터, 촉촉 모래놀이존까지 실내 놀 거리가 꽤 많아 날씨가 안 좋아도 걱정 없답니다. 곳곳에 전시된 공룡 알에서 사진도 찍고, 실제 사이즈 공룡 모형이 움직이는 걸 구경하기도 했어요. 참, 야외 공간을 다닐 때는 계단이 많아 울퉁불퉁 위험하고 불편하니 유모차는 차에 두고 가세요. 레스토랑이 딸려 있어 돈가스, 피자 등으로 식사를 해결할 수 있어서 편했어요.

📍 경기도 용인시 수지구 동천로 593　OPEN 10:00~18:00
CLOSE 월요일　💰 24개월~13세 2만 원, 성인 1만 원　☎
1661-2050　🏠 www.dinostar.co.kr

아이가 체험하는 미술관
벗이미술관

벗이미술관은 한글로는 소중한 친구인 '벗'이라는 뜻을 담고 있고요, 영문으로는 다양성이라는 뜻을 나타내는 'Diversity'에서 'Versi'라는 키워드를 가져왔다고 해요. 가공하지 않은 순수한 예술을 뜻하는 '아르브뤼' 전문 미술관이기도 한데, 그런 만큼 작가의 소속이나 작품의 틀에 대한 제한이 적어 표현 방식도 자유롭고 관람객도 부담 없이 작품을 감상할 수 있어요. 어린아이부터 일반인까지 미술에 조예가 깊지 않은 사람이라도 이해하기 쉬운 콘텐츠를 선보이려고 노력한답니다. 덕분에 아이들이 좋아할 만한 미술 작품도 많고, 자유롭게 체험해볼 수 있는 작품도 다양했어요. 미술관 옆 야외 잔디마당에도 예술적 감성이 듬뿍 배어 있는 아담한 놀이터가 있어서 아이들이 뛰놀기 좋았어요. 어린이 관람객과 가족을 위한 아트 클래스를 별도로 운영해서 미리 예약하면 체험 프로그램에 참여해볼 수 있답니다.

📍 경기도 용인시 처인구 양지면 학촌로53번길 4 OPEN 10:00~18:00
CLOSE 월요일, 1월 1일, 설날·추석, 작품 교체 시 ₩ 입장료 성인 7000원, 학생 3000원 ☎ 031-333-2114 🏠 www.versi.co.kr

> 4~10세

105

실외

할로윈 캠핑은 이곳에서
별아래 캠핑장

할로윈 데이를 특별하게 보내고 싶어서 찾은 캠핑장이에요. 별아래 캠핑장은 화장실, 샤워실이 깨끗하게 관리되고, 개수대 시설도 잘 갖춰져 있어서 가족 캠퍼들에게 꽤 인기 있는 곳인데요. 할로윈 데이에 특별한 이벤트를 열어서 아이들과 한껏 분위기 내기 좋았답니다. 할로윈 코스튬 파티가 열려서 온 가족이 복고풍 교복 컨셉으로 맞춰 입었어요. 간식을 맘껏 먹고, 보물찾기도 하고, 공연도 볼 수 있었어요. 누군가에게 유용하게 쓰일 생활용품들을 챙겨 가서 벼룩시장에도 참여했어요. 저녁에는 "Trick or Treat!"하면서 사탕을 얻으려 다녔답니다. 할로윈 데이 이벤트는 매년 변동될 수 있으니 공지를 참고하거나 반드시 미리 문의하세요. 보통 일반 캠핑 요금에 할로윈 추가 요금을 내고 이용할 수 있어요. 전체적으로 시설이 깨끗하고 이벤트도 즐거웠지만, 사이트 간격이 다소 아쉬웠어요. 여름엔 수영장을 운영해서 자연 속에서 물놀이할 수 있답니다.

경기도 용인시 처인구 양지면 한터로662번길 34-34 OPEN 입실 12:00, 퇴실 12:00(금·토요일), 14:00(일요일) CLOSE 연중무휴 1박 4만 원, 2박 7만 원 031-332-5501 http://별아래캠핑장.com

| 4~7세 | 106 | 실외 |

서울 근교에서 알찬 낙농 체험
청계목장

청정 자연 속에 자리한 깨끗하고 평화로운 목장이에요. 서울 근교에서 멀지 않은 거리라 부담 없고, 7가지 체험을 묶은 패키지 프로그램으로 알찬 하루를 보낼 수 있어요. 저희는 실내 코스를 먼저 체험했는데요. 단단한 치즈 덩어리를 늘려 스트링 치즈를 만들고, 초콜릿 가루를 넣어 아이스크림 만들기를 했어요. 이후 송아지에게 우유병으로 우유를 먹여보고, 엄마 소의 젖을 손으로 직접 짜보았어요. 따뜻한 우유를 아이 손으로 쭉쭉 짜는 감촉이 꽤나 신기했나 봐요. 토끼, 사슴, 염소 등의 초식 동물들에게 당근 먹이는 체험도 해봤고요. 덜컹덜컹 시원한 바람을 맞으며 목장의 곳곳을 관람하는 트랙터 타기도 신났답니다. 체험 코스 중에 점심시간이 주어지므로 미리 도시락을 준비하는 게 좋을 것 같아요. 작은 매점이 있지만 식사를 해결하기는 어렵거든요. 야외 데크에서 도시락을 먹고 잔디밭에서 뛰놀며 소풍 온 기분을 한껏 즐겨보세요.

📍 경기도 용인시 처인구 백암면 청계로104번길 20 OPEN 10:30~14:30(목장 개방은 16:30까지) ※개인 체험 가능한 주말 일정 홈페이지 확인 🌳 A코스(치즈·아이스크림 만들기 + 한우 건초 주기 + 젖소 젖 짜기 + 동물농장 먹이 주기 + 트랙터 타기) 2만5000원, 미취학 아동 2만3000원 ☎ 031-322-5200 🏠 www.cheonggyefarm.com

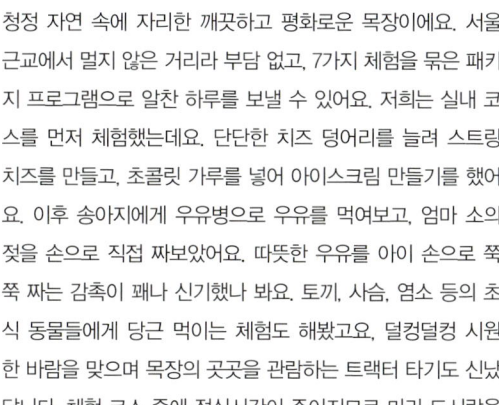

1~7세   107   실외

농촌 문화 엿보고, 곤충 체험하는
용인농촌테마파크

농촌 문화를 체험하고, 철마다 꽃놀이를 즐기고, 곤충 체험도 하는 널찍한 공원이에요. 기본적으로 농경 문화와 전원생활을 보여주고 체험하는 테마 단지라 푸근하고 정겨운 분위기가 느껴집니다. 농촌의 옛 생활상을 알 수 있는 농기구와 생활 도구가 전시돼 있어서 직접 아이가 맷돌을 돌려보고, 방아도 찧어 봤어요. 정원에는 철마다 다른 꽃이 피어서 봄에는 철쭉, 가을엔 국화를 보며 산책할 수 있답니다. 2018년에는 기존의 나비관을 증축해 곤충체험관을 새로 개장했는데요, 곤충을 만지고 체험할 수 있는 공간이 있어서 아이들에게 인기랍니다. 장수풍뎅이, 사슴벌레, 꽃무지 애벌레 등을 직접 만져보고 관찰해볼 수 있어요. 장구애비 등의 수서 동물을 만질 수 있는 수조가 있고, 전갈을 비롯해 거미, 지네 등이 살고 있는 절지동물아파트도 꼭 구경해보세요. 야외 곳곳에 원두막 평상이 있어 그늘에서 쉬기 좋고, 코끼리 미끄럼틀이 있는 놀이터에서 뛰놀기도 좋아요. 내부에 있는 식당에서 간단히 식사를 해결할 수도 있지만, 날씨가 좋다면 평상에 둘러앉아 도시락 먹는 것도 좋을 거예요.

📍 경기도 용인시 처인구 원삼면 농촌파크로 80-1 [OPEN] 3~10월 09:30~17:30, 11~2월 09:30~16:30 [CLOSE] 월요일, 1월 1일, 설날·추석 💰 성인 3000원, 어린이 1000원 ☎ 031-324-4081

108

수영장에서 놀고, 캐러밴도 즐기는
캐리비안캠프

캠핑의 낭만은 즐기면서 편의성은 극대화한 캐러밴에서 아이들과 낭만의 하룻밤을 보내기 좋았어요. 캐러밴과 글램핑장을 모두 갖춘 캐리비안캠프는 용인 에버랜드와 멀지 않아 접근성이 괜찮고, 수영장 시설도 잘 갖춰져 있어 여름 물놀이와 함께 하기에도 좋았어요. 물놀이 풀이 두 곳으로 나뉘어 있는데, 물이 계속 순환하는 방식이라 수질이 깨끗하게 유지돼 만족스러웠어요. 캐러밴 앞 나무 그늘이 드리워진 테이블에 앉아 쉴 수 있고, 캐러밴 내 화장실, 샤워실도 잘 갖춰져 있어 수영하고 나온 아이들이 샤워하기도 편했어요. 캐러밴 내부가 널찍한 편이고 냉장고, 가스레인지, 전자레인지, 밥솥 등의 주방 가전과 소파, 침대 등의 가구까지 없는 게 없답니다. 기본적으로 냉·난방 시설도 잘 되어 있어서 한여름 무더위에도 시원하게 잘 수 있었어요.

경기도 용인시 처인구 포곡읍 전대리 457-2 [OPEN] 입실 15:00, 퇴실 11:00 / 17만 원~ (비수기 주중 기준) / 010-9900-1600
www.캐리비안캠프.com

🧒 1~10세 　　　　　　　　**109**　　　　　　　　실내·실외 🏠🌳

에버랜드 간다면 여기서 숙박을
카라반베이

'캐러밴'이라는 공통된 특징이 있어서 앞서 소개한 '캐리비안캠프'와 헷갈릴 수도 있는데요. 서로 멀지 않은 곳에 위치해 있긴 하지만 둘은 엄연히 다른 곳이에요. 무엇보다 에버랜드, 캐리비안베이에서 5분 거리라서 저희도 캐리비안베이에서 온종일 놀고 나서 이곳에서 숙박했어요. 놀이공원이나 워터파크가 엄청난 에너지를 소모하는 곳이라 숙소에 돌아와서는 요리하기보다는 푹 쉬고 싶었는데요. 다행히 주변에 먹거리가 다양하게 포진해 있어서 배달 앱으로 간편하게 주문해 먹었어요. 숙소는 캐러밴과 글램핑, 펜션으로 나뉘어 있는데요. 각각의 매력을 모두 잘 살려 운영하고 있어서 어느 것을 선택해도 만족도가 높은 편이에요. 저희는 캐러밴에서 묵었는데 시설이 워낙 잘 갖춰져 있어서 '여기가 캐러밴이야? 펜션이야?' 놀라면서 여러모로 편안하고 만족스러웠어요. 숙소 앞에는 그네와 해먹 그리고 작은 트램펄린도 있어서 아이들이 놀기에 좋았어요. 아이들이랑 다시 가자고 약속했던 숙소 중의 한 곳이랍니다.

📍 경기도 용인시 처인구 포곡읍 전대로 62 `OPEN` 입실 15:00, 퇴실 11:00 💵 15만 원~(비수기 주중 기준) ☎ 031-323-5511 🏠 www.caravanbay.co.kr

> 2~10세

> 실외

110

지루할 틈 없는 민속마을 + 놀이마을
한국민속촌

'민속촌' 하면 예스러운 이미지가 먼저 떠올라 아이가 좋아하는 놀 거리가 있을까 염려할 수도 있는데요. 널찍한 규모에 체험 거리도 다양하고, 심지어 놀이마을까지 함께 있어서 기대보다 훨씬 좋았어요. 고즈넉한 민속마을은 유모차를 끌고 산책하기 좋게 길을 잘 다듬어 놓았고, 평상이나 정자 등 그늘이 많은 편이라 중간중간 쉬기도 편했어요. 체험할 것도 풍성해서 솟대, 향낭, 마패, 옹기 등을 만들고 페이스 페인팅도 해봤어요. 특히 말 타기 체험은 기수가 동승해 박진감 있게 달려서 아이가 정말 좋아했답니다. 민속마을 옆에 있는 놀이마을에는 바이킹, 범퍼카, 뮤직익스프레스, 패밀리코스타, 회전목마, 보트라이드 등 약 15종의 놀이기구가 있어서 다이내믹하게 놀 수 있어요. 민속마을 안에 만둣국, 수제비, 순두부찌개 등을 판매하는 장터와 토속음식을 주로 하는 상가마을이 있어서 먹거리도 걱정 없어요. 자유이용권을 구매하면 민속마을과 놀이마을 둘 다 이용할 수 있답니다.

📍 경기도 용인시 기흥구 민속촌로 90
OPEN 2~4월 09:30~18:00, 5~9월 09:30~18:30, 10월 09:30~18:00, 11~1월 09:30~17:30 ※ 주말에는 30분 연장 운영 CLOSE 연중무휴 🌿 입장권 성인 2만 원, 아동 1만5000원 / 자유이용권 성인 2만8000원, 아동 2만2000원(36개월 이하 무료) ☎ 031-280-0000 🏠 www.koreanfolk.co.kr

🙂 3~7세   실외 🌲

조랑말 타고, 농촌 체험도 하는
한터조랑말농장

미끈한 조랑말도 타고 농촌 체험도 하는 농장, 한터조랑말농장이에요. 역시 아이들에게 인기 체험은 조랑말 타기인데요. 아이가 말에 올라탈 때나 승마 체험하는 동안 조련사가 옆에서 살펴줘서 안심되더라고요. 잘 다듬어진 산책 코스를 도는 것이라 아이들이 어렵지 않게 말을 타볼 수 있답니다. 덜컹덜컹 소가 끌어주는 달구지도 타볼 수 있는데, 느릿느릿 움직이는 소를 따라 엉덩이가 들썩들썩! 이렇게 흙길을 누비는 것도 색다른 경험입니다. 달팽이와 귀뚜라미를 만져보고 이제는 보기 힘든 올챙이와 도롱뇽도 관찰해보았어요. 말, 소, 염소, 토끼들에게 먹이를 주고 감자, 상추, 보리수, 고구마, 고추 등 계절에 맞는 농작물도 수확해볼 수 있어요. 주중에는 단체 관람객 위주로 운영해서 가족 단위는 주말에만 방문할 수 있어요. 동계 시즌에는 운영하지 않으니 반드시 미리 확인하고 사전 예약 후에 방문하세요.

📍 경기도 용인시 처인구 양지면 대대리 96-1 OPEN 주말 10:00~17:00(예약 필수) CLOSE 설·추석 연휴, 동계 시즌 🎁 패키지 1 : 어린이(입장료 + 선택 2개 + 동물 먹이) 2만3000원, 성인(입장료 + 소달구지 타기) 1만 원 / 선택 : 소달구지 타기 5000원, 말 타기 5000원, 동물 먹이 3000원 ☎ 031-332-3695 🏠 www.gohanter.com

1~6세 | 112 | 실내

뽀로로 좋아하는 아이에게 딱!
한화리조트 용인베잔송 뽀로로룸

한화리조트 용인 베잔송은 사실 실내 키즈존이나 야외 놀이터 등 아이를 위한 부대시설이 갖춰진 리조트는 아닌데요. 객실 내 모든 것이 뽀로로로 꾸며진 뽀로로룸 때문에 꾸준한 인기를 얻고 있어요. 뽀로로룸은 네 가지 타입으로 나뉘어요. 먼저 드로잉룸은 널찍한 칠판에서 자유롭게 그림을 그리고, 빈백 소파에 누워 편히 쉴 수도 있어요. 리딩룸은 쿠션 처리된 벽면의 홈에서 책을 읽고, 스토리빔을 쏘아 영상도 볼 수 있어요. 롤플레잉룸에서는 블라인드를 내려 무대를 만들고, 마치 아이가 뽀로로가 된 듯 한껏 무대를 즐겨볼 수 있어요. 메이킹룸은 큼직한 블록을 꺼내서 마음대로 쌓고 놀 수 있어서 활동적인 아이에게 가장 적합해요. 거실, 방, 화장실, 주방은 물론 식기, 수저 등 작은 소품에 이르기까지 모두 뽀로로 콘셉트라 뽀로로를 좋아하는 아이에게 딱이랍니다. 단, 뽀로로에 큰 감흥이 없는 아이에게는 시시할 수 있으니 잘 고려해서 선택하세요.

📍 경기도 용인시 처인구 남사면 봉무로 153번길 79 OPEN
입실 15:00, 퇴실 11:00 💰 20만 원 ~ (비수기 주중 기준)
☎ 031-332-1122 🏠 http://www.hanwharesort.co.kr

👤 4~10세　　　　　　　　　113　　　　　　　　실외 🌲

달고 맛있는 체리 따기 체험
별농장

우리나라에 체리 농장이 있는 줄 몰랐는데, 체리가 별처럼 총총 박혀 있는 풍경이 어찌나 신기하던지요. 체리 체험은 1년에 한 달 남짓, 체리 수확이 가능한 6월경에만 가능해요. 30분 동안 농장에서 자유롭게 체리를 맛보면서 400~500g 정도를 직접 수확해서 가져올 수 있어요. 체리나무는 아래쪽부터 열매가 달려서 24개월 아이도 스스로 따서 먹을 수 있어요. 마트에서 보던 진한 자주색의 수입 체리와 달리 노란빛과 선홍빛이 섞여 있는 과육이 정말 달고 맛있었어요. 체리를 딸 때는 꼭지까지 같이 따야 더 오랫동안 신선한 상태로 먹을 수 있다고 하네요. 싱그러운 초록 잎의 체리 나무를 배경으로 아이 사진 찍어주기도 좋았어요. 그늘막이 설치돼 있어서 돗자리를 깔고 앉아서 야외로 소풍 온 기분을 한껏 즐겨보았답니다. 따로 텐트나 타프를 설치하는 건 허용되지 않으니 참고세요. 매년 체리 체험 기간과 운영 방침 등이 달라질 수 있으니 꼭 미리 문의하고 가야 해요.

📍 경기도 평택시 팽성읍 팽성남길 4길 45-46　OPEN 매년 6월경 체리 수확 시기(정확한 체험 시기는 블로그에 공지)　어린이(24개월~미취학 아동) 1만 5000원, 어른 2만 원　📞 010-8830-9940　🏠 blog.naver.com/wlgusrud81, cherryfarm.modoo.at

1~7세   실내

114

피톤치드 뿜뿜~ 건강한 편백 체험
소풍정원 편백체험장

평택 바람새마을 소풍정원 안에 위치한 편백체험장이에요. '숲 속의 의사'라고 불릴 만큼 건강에 좋은 편백나무를 다양하게 체험해볼 수 있어요. 체험장 안에 들어서면 상쾌한 편백 향이 훅 끼쳐와 절로 건강해지는 기분이에요. 편백이 일반 나무에 비해 월등히 많은 양의 피톤치드를 내뿜는다니 아이들과 심호흡하며 체험을 했답니다. 편백나무로 보석함, 동물, 자동차, 연필꽂이, 문패 등을 만들어볼 수 있는데요, 저희 아이들은 보석함 만들기를 해봤어요. 쓱싹쓱싹 사포질해서 표면을 매끈하게 만들고, 냅킨 아트로 예쁘게 꾸며주었어요. 선생님이 만들기 수업을 진행해주는 동안 어른들은 목공 장인이 만든 편백 목침, 편백 등받이 제품을 체험해보며 피로를 풀어보았어요. 온통 편백으로 채워진 놀이 체험장에서는 미끄럼틀을 타고, 자동차 장난감도 가지고 놀 수 있답니다. 이밖에도 편백체험장이 자리한 소풍정원은 캠핑장, 산책로 등을 갖춘 널찍한 공원이라 즐길 게 많아요. 봄이면 유채꽃 축제가 열리고, 여름엔 물놀이터도 운영되니 함께 즐겨봐도 좋겠지요?

경기도 평택시 고덕면 새악길 18 OPEN 전화 문의 편백놀이 체험 5000원, 만들기 체험 문의 010-9331-4283 blog.naver.com/ccg4283

😊 4~10세　　　　　115　　　　　실내 🏠

폐교를 개조한 문화 체험 공간
웃다리문화촌

웃다리문화촌은 지금은 폐교된 서탄초등학교 금각분교를 새롭게 단장해서 만든 문화예술 체험장이에요. 평택의 중요 무형문화재로 꼽히는 웃다리 농악에서 그 이름을 따온 것이라고 해요. 학교 운동장에는 주차장을 비롯해 돼지, 닭, 고라니 등이 모여 있는 동물농장이 있고, 1박을 위한 캠핑장도 마련돼 있어요. 각 교실은 웃다리 박물관, 웃다리 갤러리, 트릭아트존을 등으로 변신해서 전시물을 관람하거나 자유롭게 체험해보며 놀 수 있어요. 특히 웃다리 갤러리는 옛날 칠판, 풍금, 책상, 교복 등이 놓여 있는 '추억의 교실'로 꾸며져 있어서 엄마·아빠가 한참이나 옛 학창 시절을 떠올려 보았네요. 교실을 비롯한 별도의 체험장에서는 도예와 클레이아트, 금속, 가죽 체험 등 일일 가족 체험 프로그램을 운영하고 있어요. 캐릭터 쿠키 만들기, 라이스 머핀 만들기, 가죽 필통 만들기 등 아이들이 좋아할 만한 체험이 다양하니 방문을 희망하는 날에 진행 가능한지 꼭 미리 문의해보세요.

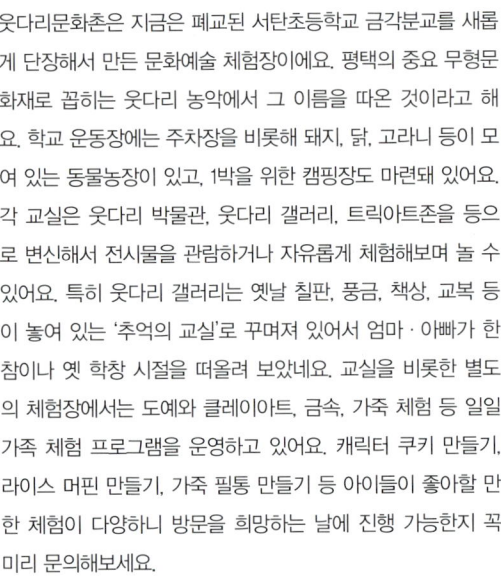

📍 경기도 평택시 서탄면 용소금각로 438-14　OPEN 10:00~17:00(가족 체험은 주말 운영, 체험 시간은 홈페이지 참고)　🍴 캐릭터 쿠키 만들기 1만 원, 초콜릿 & 블루베리 라테 만들기 5000원, 라이스 머핀 만들기 1만2000원, 가죽 필통 만들기 1만8000원　☎ 031-667-0011, 031-667-1611
🏠 www.wootdali.or.kr

○ 1~10세   116   실내·실외

아이랑 놀기에 최적화된 호텔
롤링힐스호텔

서울 근교에서 아이랑 묵기에 최적화된 호텔로 꼽히는 곳이에요. 객실 컨디션도 좋고, 조경도 예쁘고, 아이랑 놀 거리도 풍성해요. 지하 1층의 키즈존은 에어포켓, 미끄럼틀, 클라이밍, 볼풀장까지 깔끔하고 감각적인 디자인에 안전한 쿠션 처리까지 되어 있어 아이가 안심하고 놀 수 있어요. 최적의 정수 시스템을 갖춰 수질이 깨끗한 실내 수영장은 전면 유리를 통해 자연 채광과 야외 풍경을 오롯이 즐길 수 있어요. 물 온도도 따뜻한 편이고 구명조끼까지 비치돼 있어서 아주 편안하게 물놀이를 즐겼어요. 참, 어른·아이 모두 캡 모자가 허용되지 않으니 수영모를 꼭 준비하세요. 뷔페 레스토랑도 아이가 먹기 좋은 메뉴가 많고, 야외 놀이터와 잔디밭에서 맘껏 뛰놀기도 좋아요. 별도로 생태 체험, 나무 퍼즐 만들기 등의 키즈 프로그램이 운영되기도 하니 미리 예약해서 즐겨봐도 좋겠어요. 두루두루 만족스러워서 아이랑 호캉스 즐긴다면 1순위로 고려할 만한 호텔이에요.

📍 경기도 화성시 남양읍 시청로 290 OPEN 입실 15:00, 퇴실 12:00
패밀리룸 19만 원~(비수기 주중 기준) ☎ 031-268-1000 🏠 www.rollinghills.co.kr

😀 3~10세　　　　　　117　　　　　　실내·실외 🏠🌲

승마와 족욕, 다양한 체험을 즐기는
하내테마파크

식물원, 야외 정원, 승마장, 소금족탕, 석박물관, 곤충박물관, 체험 공방 등으로 이루어진 하내테마파크는 볼거리, 놀거리, 체험할 거리가 정말 다양한 곳이에요. 석장승과 석물, 다양한 분재와 도자기 작품으로 꾸며진 야외 정원과 식물원은 두루 구경하며 산책하기 좋아요. 승마장에는 잘 훈련된 말들이 기다리고 있어서 아이가 말에 올라타 트랙을 따라 돌아보는 승마 체험을 해볼 수 있답니다. 산책로가 다소 경사진 편인데, 소금족탕에서 올라오느라 피로해진 발을 잠시 쉬어주기 좋아요. 체험 프로그램도 다양해서 비누, 양초, 비즈 액세서리 만들기를 비롯해 평소 접하기 힘든 도예, 박공예, 한지공예까지 아이와 함께 체험해볼 수 있어요. 사방에 안전망 처리가 된 트램펄린에서는 실컷 뛰놀 수 있고, 여름에는 널찍한 수영장을 개장하니 물놀이하러 와도 좋겠어요. 계단과 경사로가 많은 편이라 유모차를 가져가는 것은 추천하지 않아요. 평일에는 단체 위주로 운영해서 가족 단위 이용객은 주말에만 입장 가능하니 반드시 미리 문의하고 방문하세요.

📍 경기도 화성시 서신면 당성로 102-31　OPEN 09:00~18:00(가족 입장객은 주말에만 가능)
💰 성인 3000원, 미취학 아동 1000원　☎ 031-357-6151　🏠 www.hane.co.kr

1~10세 | 실내·실외

118
에어 바운스가 있는 캠핑장
대부도 365 캠핑시티

왜 캠핑장이 아니라 '캠핑시티'라고 이름 붙였는지 알 것 같은 대규모예요. 잔디 사이트와 데크 사이트를 선택할 수 있는 오토캠핑장 5개 구역과 침구류, TV, 화장실이 있는 캐러밴 캠핑장을 두루 갖추고 있어요. 하이라이트는 부대시설인데요, 야외 키즈파크와 실내 키즈카페를 각각 운영해서 날씨와 상황에 따라 아이들이 이용할 수 있어요. 야외 키즈파크에는 모래 놀이터와 미끄럼틀, 연령대별로 골라 타는 트램펄린까지 갖춰져 있는데요, 캠핑장 숙박객은 무료로 이용할 수 있어서 더욱 반가워요. 실내 키즈카페에는 쿠션감 좋은 에어바운스를 비롯해 볼풀장, 기차놀이, 주방놀이 등이 있어서 날씨 안 좋을 때 이용하기 딱 좋아요. 단, 숙박객도 유료로 이용해야 하니 참고하세요. 기본적으로 개수대, 화장실, 세면대 등의 편의시설이 잘 갖춰진 편이고, 2018년에는 온수 잘 나오는 여자 샤워실을 신축해서 아이를 씻기는 것도 편해졌어요. 여름에는 에어바운스 미끄럼틀이 있는 널찍한 수영장을 개장해서 물놀이하기에도 좋답니다.

📍 경기도 안산시 단원구 대부황금로 110　OPEN 입실 13:00, 퇴실 11:00
💰 캠핑 사이트 5만 원　☎ 1644-3655　🏠 www.365campingcity.com

Best Course

1day
11:00 플레이즈파크 ▶ 14:00 호텔미란다이천 스파플러스(내부 푸드코트에서 점심 식사 후 물놀이) ▶
19:00 저녁 : *이천옥(이천쌀밥 한정식)

2day
10:00 덕평공룡수목원(내부 식당에서 점심) ▶ 14:00 동키동산

*이천옥 ♀경기도 이천시 중리천로115번길 18 ☎ 031-631-3363

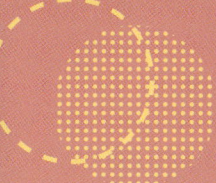

07
KIDS ZONE

이천·여주

3~10세 　　　　119　　　　실내

압도적 스케일의 액티비티 천국
플레이즈파크

일반 키즈카페와는 확연히 다른 압도적인 스케일을 자랑하는 실내 놀이터예요. 에너지 넘치는 아이들의 눈이 휘둥그레질 초대형 놀이시설이 즐비합니다. 벨크로가 붙은 옷을 입고 벽에 붙어보기도 하고, 대형 트램펄린 위에서 방방 뛰어오르거나, 에어바운스 미끄럼틀을 타볼 수도 있어요. 대형 공 안에 들어가서 데굴데굴 굴러보고, 공을 차서 과녁 판에 붙여보기도 하고, 아슬아슬 외나무다리를 건너보기도 했어요. 움직임이 큰 만큼 다칠 수도 있지 않을까 조금은 걱정했는데, 곳곳에 직원이 배치되어 있어 아이들의 안전을 살펴주더라고요. 공간을 넓게 쓰는 만큼 한 건물이 아니라 여러 건물에 놀이시설이 나뉘어 있는데요. 이 때문에 다른 공간으로 이동할 때 야외를 지나야 하는 점은 알아두세요.

📍 경기도 이천시 부발읍 황무로1965번길 110　OPEN 11:00~19:30(시즌별로 다름)　🎫 아이 2만 원(2시간 기준), 성인 9000원　☎ 031-631-6702　🏠 blog.naver.com/visitplayz

😊 1~7세 　　　　　　　　　　　　　　　　　　　　　　　실외 🌳

120

당나귀 체험하고, 잔디밭에서 노는
동키동산

'동키동산'이라는 이름처럼 당나귀를 타고, 당나귀에게 먹이도 주는 체험농장이에요. 아이가 좋아할 만한 놀이시설도 다양하게 준비돼 있어서 두루 즐기기 좋아요. 온순한 당나귀가 워낙 사뿐사뿐 걷는 데다가 조련사가 옆에서 안전하게 살펴주어서 어린아이도 거뜬히 당나귀를 타볼 수 있어요. 배고픈 당나귀들에게 먹이를 주는 체험은 언제나 신이 납니다. 야외 잔디밭에 유아용 미끄럼틀과 각종 탈것이 있어서 자유롭게 놀 수 있고, 실내 놀이터에서 트램펄린, 에어바운스를 즐기고 모래놀이도 해보았어요. 카페에서는 핫도그, 만두, 컵라면 등의 간식을 판매해서 간단히 요기하거나 음료를 마시며 쉴 수 있어요. 뿐만 아니라 반려견 운동장이 있어서 아이와 더불어 강아지도 뛰놀기 좋답니다. 단, 주로 아이들이 이용하는 공간이라 대형견은 입장할 수 없으니 참고하세요.

📍 경기도 이천시 호법면 동산로 154
[OPEN] 4~10월 10:00~18:00, 11~3월 11:00~17:00 [CLOSE] 월요일 ₩ 어른 3000원, 어린이 6000원(12개월 미만 무료), 당나귀 승마 6000원, 반려견 운동장 이용 6000원 ☎ 031-638-4578 🏠 www.facebook.com/whydonkey

😊 1~10세   실외 🌲

121

움직이는 공룡 모형이 실감 나는
덕평공룡수목원

나무숲 사이에 공룡 모형이 숨어 있는 덕평공룡수목원은 쉽게 말해 공룡 테마파크에 수목원이 더해진 공간이에요. 숲길 중간에 만나는 공룡들이 움직이면서 소리를 내기 때문에 아이들이 겁내기도 하고, 좋아하기도 했어요. 전나무, 밤나무, 잣나무가 울창하고 야생화도 많이 피어서 봄·가을엔 산책하기 더욱 좋습니다. 야외 공룡 빌리지 외에 실내 공룡 테마 전시관도 있어요. 역시 육중한 공룡 모형이 움직이는 데다가 조명까지 다소 어두워서 꽤 실감 났는데, 저희 둘째 아이는 무서워서 얼굴도 못 들더라고요. 움직이는 곤충 모형이 전시된 곤충테마전시관과 먹이 주기 체험을 할 수 있는 동물가족빌리지까지 다양하게 즐겨보세요. 열대식물과 다육식물, 갖가지 허브가 심어진 온실 정원도 구경해보세요. 레스토랑과 카페가 딸려 있어서 간단히 요기하거나 차 한잔하기에도 좋습니다.

📍 경기도 이천시 마장면 작촌로 282 OPEN 평일 10:00~18:00, 주말·공휴일 09:00~21:00
💰 평일 어른 9000원, 어린이 6000원, 주말 어른 1만 원, 어린이 7000원(36개월 미만 무료) ☎ 031-633-5029 🌐 www.dinovill.com

스파 물놀이와 키즈룸 모두 즐기는
호텔미란다이천 스파플러스

온수 스파에서 물놀이를 즐기고, 아이를 위한 키즈룸에서 묵을 수 있는 호텔이에요. 키즈룸은 타요, 헬로카봇, 소피루비, 레이싱, 인어공주 등 다양한 콘셉트 중에 아이 취향에 따라 고를 수 있어요. 주방놀이, 미끄럼틀, 캐릭터 장난감 등이 준비된 객실도 있고, 유아용 침대가 별도로 있어서 잠자리도 편안했어요. 100% 천연 온천수를 사용하는 스파플러스는 아이랑 물놀이하기에 최적의 환경이에요. 실내 수영장은 33℃, 유아풀은 36℃, 아쿠아풀은 34℃를 유지해 따듯하게 물놀이할 수 있고, 특히 유아풀 수심이 무릎 정도 높이라 어린아이를 데려가도 안심이에요. 여름에는 야외 파도풀과 슬라이드, 유수풀까지 개장하니 더욱 다이내믹하게 놀아보세요. 호텔 안에 큼지막한 타요 버스가 반겨주는 타요카페와 아침·저녁을 먹는 더 테라스 레스토랑이 있어서 편리해요. 객실, 스파플러스, 조식을 함께 묶은 패키지 상품을 선택하면 더욱 합리적인 가격에 이용할 수 있답니다.

📍 경기도 이천시 중리천로115번길 45　OPEN 입실 15:00, 퇴실 11:00 / 스파플러스 07:00~21:00　💰 객실 + 스파플러스 + 조식 패키지 22만9000원~(비수기 주중 기준, 시즌별로 다름)　📞 031-639-5118　🏠 www.mirandahotel.com

● 3~10세　　　　　　　　　　　123　　　　　　　　　　　실외 🌲

자연 속 모험 놀이터
예크생물원

하루 2시간 바깥바람 쐬는 것을 육아 노하우로 여기는 핀란드, 숲에서 놀며 자연과 공존하는 법을 알아가는 독일, 뒷마당 놀이 문화가 있는 호주…. 예크생물원은 교육 선진국에서 찾은 이상을 반영해 만든 야외 놀이터예요. '햇살과 바람이 가장 좋은 교과서', '자연 속 모험을 만나는 놀이터'를 모토로 자연 구석구석에 놀 거리를 풍성하게 채워놓았어요. 동물농장에서 당나귀, 염소, 토끼에게 당근 먹이를 주고, 모래놀이터와 아웃도어 키친하우스에서 소꿉놀이도 해봤어요. 클라이밍과 미끄럼틀을 조합한 해적선 놀이터에선 신나게 뛰놀고, 속도감을 즐기며 야외 썰매와 짚라인도 타봤어요. 큼지막한 깡통 속에 아이 몸을 쏙 집어넣고 꽤 긴 거리를 달리는 깡통기차도 대형 놀이공원의 열차와는 비교할 수 없는 감성이 묻어나요. 주중에는 3시간, 주말에는 2시간 동안 이용할 수 있는데, 워낙 재미있는 아이템이 많아서 시간이 부족할 정도로 알차게 잘 놀았답니다.

📍 경기도 여주시 흥천면 신근안터길 48 OPEN 3~10월 10:30~19:00, 11~2월 10:30~18:00 CLOSE 월요일, 1월 1일, 설·추석 연휴, 우천 시(혹한기 등 시즌 휴무 있으니 반드시 홈페이지 확인) ₩ 주중(3시간 기준) 어린이 1만2000원, 주말(2시간 기준) 어린이 1만5000원, 어른 7000원 ☎ 031-885-3048 🏠 www.yekeco.co.kr

1~10세 · 실외

124 자연 친화적 동물 체험 농장
주주팜

동물들이 편안하게 머물 수 있는 환경을 조성해놓은 자연 친화적 동물농장이에요. 작은 공간에 갇혀 스트레스받지 않고, 최대한 여유로운 공간에서 자유롭게 놀고 있는 동물들을 만날 수 있어요. 기니피크, 스컹크, 닭 그리고 갓 부화한 병아리를 만나보고, 캣타워에서 자유롭게 놀고 있는 고양이 방에 들어가 교감해보았어요. 야외 농장에서는 토끼, 염소, 돼지, 타조에게 당근 먹이를 주며 귀여운 동물들의 배를 채워주었어요. 트램펄린에서 실컷 뛰놀고 전통 놀이도 하다가 만들기 체험장으로 고고! 예쁜 색을 넣은 쿠키를 토끼, 쥐, 다람쥐, 고양이 등 다양한 동물 모양으로 빚어 구워놓으니 어찌나 귀여운지요. 금속 공예도 해봤는데, 아이가 직접 금속판에 에칭 기법으로 그림 그리고 못을 박아서 펜던트 완성! 단, 체험 프로그램은 반드시 예약해주세요. 저녁에는 바비큐 체험도 해볼 수 있으니 미리 문의하고 방문하세요.

📍 경기도 여주시 능현1길 73 OPEN 3~11월 10:00~22:00, 12~2월 10:00~18:00(1시간 전 입장 마감) 💰 일반 체험 아이 1만 원, 어른 5000원, 바비큐 체험 1만4000(18:00 이후) ☎ 010-3308-7646 🏠 zoozoofarm.co.kr

🧒 1~10세 실내·실외 🏠🌳

125

워터파크 있는 가성비 좋은 호텔
썬밸리호텔 워터파크

어린아이랑 물놀이하기 편한 가성비 좋은 호텔이에요. 바로 앞에 멋진 남한강 뷰가 펼쳐지고, 무엇보다 사계절 이용 가능한 워터파크가 함께 있어서 편리해요. 호텔에 짐 풀자마자 먼저 워터파크로 달려갔는데요, 수심 25cm의 베이비풀은 어린아이도 안심하고 놀 수 있고, 수심 90cm 주니어풀은 취학 아동까지 커버 가능해요. 수심 30cm의 실내 어드벤처는 해적선 모양의 키즈 슬라이드가 있어서 더 흥미로워요. 여름에 개장하는 실외 워터파크에는 파도풀, 유수풀, 키즈풀, 슬라이드 등이 갖춰져 있어서 더욱 다이내믹하게 놀 수 있어요. 간단히 요기할 수 있는 스낵바와 푸드코트를 비롯해 탁 트인 야외공간에서 맥주 한잔의 여유를 즐기는 스카이가든도 있답니다. 요목조목 놀 거리가 잘 갖춰져 있는 1층 키즈카페도 아이랑 시간 보내야 할 때 유용해요. 객실과 워터파크 요금을 묶은 패키지 상품이 좀 더 저렴하니 먼저 소셜커머스에 꼭 검색해보세요.

📍 경기도 여주시 강변유원지길 45 [OPEN] 10:00~18:00(시즌별로 다름) [CLOSE] 홈페이지 참고 🛏 객실 + 조식 + 워터파크 22만 8000원~(비수기 주말 2인 기준) ☎ 031-880-3889 🖱 www.sunvalleyhotel.co.kr

👶 4~7세 🏠 실내

126
관람하고, 만지고, 체험하는
여주곤충박물관

곤충학자가 되고 싶은 아들의 꿈을 좇아 온 가족이 함께 운영하게 된 박물관이라고 해요. 다양한 곤충과 파충류, 양서류, 앵무새까지 만지고 체험할 수 있어서 그냥 관람하는 것보다 훨씬 더 흥미로웠어요. 총 4개의 전시관이 있는데요. 먼저 1관에서는 국내·외 희귀 곤충을 표본으로 만나고, '숲속의 밤'을 연출한 2관에서는 플래시로 빛을 비춰 고슴도치, 팬더마우스, 귀뚜라미 등을 찾아보았어요. 3관에서는 30여 종의 다양한 파충류를 만나보았고, 4관에서는 장수풍뎅이, 넓적사슴벌레, 왕사슴벌레를 직접 만져보고 관찰하며 각각의 생김새와 습성도 배울 수 있었어요. 표본을 본 다음에 실제 곤충을 만나는 순서라 아이가 흥미를 갖고 더 집중할 수 있었던 것 같아요. 관람료에 나무 곤충목걸이 만들기나 장수풍뎅이 애벌레 담아가기 등의 체험을 더한 패키지 프로그램을 이용하면 더 합리적일 거예요. 여주프리미엄아울렛과 매우 가까이에 위치해 함께 들르기 편하답니다.

📍 경기도 여주시 명품로 308-28 OPEN 4~10월 09:00~18:00, 11~3월 10:00~17:00 CLOSE 월요일 ₩ 입장료 7000원, 관람 + 나무 곤충목걸이 만들기 1만1000원, 관람 + 장수풍뎅이 애벌레 담아가기 1만3000원 ☎ 031-885-1400 🏠 www.여주곤충박물관.kr

Best Course

1day　10:00 허브나라농원(내부 식당에서 허브비빔밥 점심) ▶ 14:00 평창무이예술관 ▶ 16:00 키즈캐빈(체크인 후 펜션 내 놀이시설 즐기기) ▶ 19:00 저녁 : *정강원(식객 촬영지 전통 한정식)

2day　10:00 의야지바람마을(체험 후 치즈·감자전 시식) ▶ 13:00 청태산자연휴양림 ▶ 15:30 뮤지엄 산

*정강원　강원도 평창군 용평면 금당계곡로 2010-13 ☎ 033-333-1011

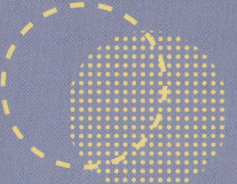

08
KIDS ZONE

원주·평창 부근

1~10세   127   실내·실외

멋진 경치와 실크스크린 체험
뮤지엄 산

산으로 둘러싸인 아늑한 풍경이 일품인 뮤지엄이에요. 자연과 건축물의 조화를 중시하는 유명 건축가 안도 다다오의 작품으로 플라워가든, 워터가든, 본관, 명상관, 스톤가든까지 고유의 지형에 맞게 잘 어우러져 있어요. 테라스에서 산을 바라보는 뷰가 압권인 데다가 공기도 좋고, 조각상도 아름답고, 무엇 하나 흠잡을 곳 없이 완벽했던 곳이에요. 한솔문화재단에서 건립한 만큼 종이와 관련된 작품들이 많았는데요, 종이 만드는 과정을 살펴보고, 종이로 만든 작품을 직접 손으로 만져볼 수 있어서 유익했어요. 판화공방에서는 판화와 관련된 몇 가지 체험을 운영하고 있어요. 그중 평소 접하기 어려운 실크스크린 기법으로 패브릭 아이템을 만드는 체험을 해봤는데요, 아이가 직접 도안을 고른 후에 패브릭 제품에 판화를 찍어볼 수 있어서 꽤 흥미로웠어요. 완성된 작품이 워낙 디자인도 예쁘고 색감도 세련돼서 집에 돌아온 후에도 주방에 걸어놓았답니다. 사악한 입장료가 흠이긴 하지만 또 가고 싶을 만큼 만족스러웠어요. 오크밸리 내에 있으니 숙박과 함께 해도 좋을 거예요.

📍 강원도 원주시 지정면 오크밸리2길 260 OPEN 10:00~18:00 CLOSE 월요일 🛒 뮤지엄권 성인 1만8000원, 소인 1만 원 / 판화공방 체험료 별도 ☎ 033-730-9000 🏠 www.museumsan.org

숲속에서 잠드는 기분
오크밸리 두다다쿵룸

오크밸리는 골프장, 스키장, 뮤지엄 산 등과 함께 즐기기 좋은 리조트예요. EBS에서 방영하는 '두다다쿵'과 '번개맨' 캐릭터 룸을 선보이면서 더욱 아이들의 취향을 저격하고 있어요. 저희는 두다다쿵룸에 묵었는데요, 커다란 나무와 인디언텐트, 캠핑 의자 등이 놓여 있어 마치 깊은 숲속에서 캠핑하는 듯한 느낌이 들었어요. 구석 자리를 차지한 나무 조형물 안쪽으로 구멍이 뚫려 있어서 아이들이 나무 구멍을 들락날락하면서 놀았어요. 나무에 붙은 무당벌레 스탠드에 불이 들어오는 것도 귀엽고, 전체적으로 세련되진 않지만 아기자기한 인테리어가 아이 맘에 쏙 들었어요. 침구도 두다다쿵 콘셉트라 아이들이 기분 좋게 잠들 수 있었답니다. 야외에는 미니 바이킹, 우주선, 꼬마기차 등의 간단한 놀이기구가 있고, 미끄럼틀 등의 놀이시설을 갖춘 모래 놀이터에서도 실컷 놀았어요. 오크밸리는 회원제를 우선으로 하지만 숙박 예약 사이트를 이용하면 누구나 예약할 수 있답니다.

📍 강원도 원주시 지정면 오크밸리1길 66
OPEN 입실 15:00, 퇴실 11:00 💰 13만 2000원~(비수기 주중 기준) ☎ 033-730-3500 🌐 www.oakvalley.co.kr

129

지구를 아껴주기 위해 작은 것부터

기후변화홍보관

전 지구적인 기후 변화는 우리 모두가 고민해야 할 과제인데요. 기후변화홍보관은 직접 손으로 만지고 눈으로 보며 지구의 환경과 물, 지구 온난화 등 여러 기후 문제를 깨닫고 작은 것부터 실천할 수 있도록 돕는 박물관이에요. 체험관에서는 분리 수거하는 방법, 그린 드라이빙 등 에너지를 절약하고 나아가 지구의 환경 문제를 직접 해결할 수 있는 방법을 생생하게 배워봤어요. 로비에서는 저렴한 가격에 책갈피 만들기, 에코백 만들기 등의 미술 체험을 해볼 수 있답니다. 지하로 내려가면 샌드 아트 테이블을 비롯해 블록 놀이할 수 있는 공간도 있고, 전담 선생님과 만들기 체험을 할 수도 있어요. 천연 가습기를 만들고, 퍼즐도 맞추고, 기상 캐스터도 되어보면서 알차게 즐겼답니다. 자가 동력을 이용한 자전거와 그네가 있는 야외 놀이터에서도 한참 뛰놀았어요. 입장료가 무료인데 볼거리, 체험할 거리가 알차서 더욱 반가웠던 박물관이에요.

강원도 원주시 행구로 362 OPEN 09:00~17:00 CLOSE 월요일 입장료 무료, 체험비 별도 033-747-8400
ccec.wonju.go.kr/wjclm/main.do

가까이서 보고 만지는 곤충 천국
원주곤충마을

규모는 아담하지만 요모조모 잘 갖춰져 있어 아이가 관람하고 체험하기 딱 좋은 곤충 박물관이에요. 곤충에 관심 없던 아이들도 어느덧 푹 빠져들게 하는 곤충 체험 패키지 프로그램이 매력인데요, 주인장이 아이와 함께 관람하며 곤충 하나하나 생태를 설명하고 만져볼 수 있게 해주어서 만족스러웠어요. 살아있는 곤충을 만나는 곤충숲을 비롯해 곤충사육실, 곤충표본전시장, 실내체험학습장 등을 오가며 체험했는데요, 가까이서 관찰하면서 직접 만져보니 아이가 훨씬 흥미를 느끼고 집중하더라고요. 관람 후에는 나무 곤충 목걸이를 만들고, 폴라로이드로 가족사진을 찍어서 액자로 만들어봤어요. 작은 동물농장이 있어서 토끼와 산양에게 먹이를 주면서 놀기도 했답니다. 장수풍뎅이, 왕사슴벌레 등 집에서 기를 수 있는 곤충도 판매하고 있어요. 모차렐라 치즈 만들기, 아이스크림 만들기 등이 포함된 낙농 체험 패키지 프로그램도 운영하고 있으니 참고하세요.

📍 강원도 원주시 지정면 간현로 8 OPEN 하절기 10:00~18:00, 동절기 10:00~17:00(사전 예약제, 패키지 진행 1타임 10:00~11:30, 2타임 14:00~15:30) 💰 곤충 체험 패키지(관람 + 나무 곤충 만들기 + 장수풍뎅이 애벌레 담아가기 등) 대인 2만 원, 소인 2만6000원 / 낙농 체험 패키지(모차렐라 치즈 만들기 + 아이스크림 만들기 + 치즈피자 만들기) 2만5000원 ※ 가족 체험은 3~4인 이상 진행 가능 ☎ 033-731-8645 🏠 www.bugsvill.co.kr

4~10세 · 131 · 실내·실외

돼지 쇼 보고, 돼지고기 맛보는
돼지문화원

돼지 쇼를 보고, 돼지고기도 맛보는 일석이조의 돼지 테마파크예요. 여러 체험이 준비돼 있지만 그중에서도 최고의 하이라이트는 피그 레이싱! 아기 돼지 6남매들이 열심히 달려서 미끄럼틀을 타고 쭉 내려오는 쇼인데요, 아이는 물론 어른들도 넋을 잃고 관람했답니다. 체험교실에서는 쿠키나 머핀 만들기 체험을 할 수 있고, 별도로 가공장에 들어가 소시지, 떡갈비를 만들어볼 수도 있어요. 저희는 아이들이 좋아하는 초콜릿 쿠키 만들기 체험을 했지만, 흔하지 않은 소시지 만들기를 해보는 것도 좋겠어요. 모노레일을 타고 2분가량 올라가면 토끼, 말, 돼지들이 있는 우리가 있어요. 먹이를 구매해서 하나씩 주니 '찹찹찹' 맛있게 받아먹는 모습이 참 복스럽네요. 작은 트램펄린에서 뛰놀고, 승마 체험도 하다가 출출해지면 돼지고기로 배를 채워보세요. 돼지 생갈비와 삼겹살을 판매하는 금돈구이식당을 비롯해 돼지 숯불 바비큐를 즐기는 꿀꿀 바비큐 빌리지까지 돼지문화원 안에 있으니 입맛 따라 즐겨보세요.

📍 강원도 원주시 지정면 송정로 130 OPEN 10:00~22:00(동절기는 21:30까지) CLOSE 연중무휴 ※ 입장료 무료, 동물 먹이 1000원, 어린이 승마 체험 1만 원, 가공장 체험(소시지, 떡갈비 만들기) 2만 원, 쿠키 만들기 1만2000원 ※ 체험 프로그램 사전 예약 필수 ☎ 1544-9266
🏠 www.돼지문화원.com

👶 1~10세　　　132　　　실외 🌳

하루 140명만 허락된 청정 숲길
국립횡성숲체원

청태산자연휴양림과 멀지 않은 청태산 자락에 위치하는데요, 하루에 딱 140명만 방문 가능한 '예약 필수'인 청정 숲이에요. 자연을 더 오래 아껴주고 싶은 마음에 인원을 제한하는 터라 아이랑 여유롭게 자연을 즐길 수 있어요. 자작나무숲과 잣나무숲이 울창하게 우거져 있는 풍경이 참 멋지더라고요. 산 정상까지 완만한 경사로 약 1km의 데크 산책로가 조성돼 있는데, 휠체어나 유모차가 불편함 없이 오를 만큼 세심하게 설계됐어요. 아이와 산에 오르기엔 아직 위험하다고 생각했는데 이렇게 함께 산을 즐길 수 있다는 게 참 좋더라고요. 그간 미세먼지에 찌들었던 몸속이 피톤치드 가득한 산 공기에 씻기는 기분이었어요. '편안한 숲길' 입구에서 오른쪽으로 내려가면 아이들이 놀기 좋은 수심 얕은 물가도 있어서 물장난하면서 놀기도 했답니다. 한여름에도 데크 산책로에 나무 그늘이 드리워져 있어 시원하고 쾌적했어요. 조금 싸늘한 날씨엔 생각보다 추울 수 있으니 점퍼 등 여벌 옷을 챙겨 가세요.

📍 강원도 횡성군 둔내면 청태산로 777
OPEN 4~10월 09:00~17:00, 11~3월 09:00~16:00 💰 무료 ☎ 033-340-6300 🏠 hoengseong.fowi.or.kr(예약 필수)

😊 1~10세 　　　　　　　　133　　　　　　　　실외 🌲

안전한 데크 길 따라 아이랑 숲 산책
청태산자연휴양림

아이를 위해 만들었나 싶을 정도로 곳곳의 배려가 돋보이는 '강추' 휴양림이에요. 하늘을 찌를 듯 울창한 숲 사이로 경사가 완만하고 안전한 데크 산책로가 놓여있는데, 유모차를 끌고 오르기도 좋고, 아이가 마구 걸어도 위험하지 않아요. 산책로 중간중간에는 아이들이 좋아할 만한 나무로 만든 놀이시설이 깨알같이 준비돼 있어서 오르는 길이 절대 지루하지 않아요. 산책로 옆에는 맑은 물이 흐르는 계곡이 있거나 숲속 공연이 열려도 좋을 것 같은 호젓한 쉼터가 나와요. 가끔은 청설모와 다람쥐가 눈에 띄어서 어른·아이 할 것 없이 호들갑 떨게 됩니다. 산책로 끝까지 오르는 데 30~40분 정도 걸리는데 중간중간 나무 그늘에서 쉬어도 되고, 완주가 힘들다면 중간에 방향을 돌려서 내려와도 됩니다. 숲 산책을 마친 후에는 휴양림 입구에 넓게 펼쳐진 잔디밭에서 쉬어도 좋아요. 도시락을 먹을 수 있는 정자와 평상도 있답니다. 나무를 활용한 각종 만들기 체험도 가능하니 미리 시간표를 확인하고 예약해두세요.

📍 강원도 횡성군 둔내면 청태산로 610　OPEN 09:00~18:00　₩ 입장료 어른 1000원, 어린이 300원 / 주차료 경형 1500원, 중소형 3000원, 대형 5000원 / 목걸이 만들기 1500원, 열쇠고리 만들기 1500원, 나무곤충 만들기 3000원　☎ 033-343-9707　🏠 www.huyang.go.kr(국립자연휴양림관리소)

2~8세 실내

놀이와 체험, 운동과 학습을 한곳에서
토탈쌤체험박물관

최대한 많은 놀이와 체험이 한 곳에서 이뤄질 수 있게끔 구성한 박물관이에요. 1층은 운동 중심 체험관, 2층은 학습 중심 체험관으로 이루어져 있는데요. 운동 중심 체험관에는 에어바운스, 키즈놀이방, 다트놀이방, 공굴리기방, 가족오락관방 등이 있고, 학습 중심 체험관에는 다양한 퍼즐을 비롯해 그림자놀이, 샌드아트, 과학전시 등이 마련돼 있어요. 특히 영유아부터 초등학생까지 연령별 수준에 맞는 다양한 퍼즐이 있어서 퍼즐을 좋아하는 첫째 아이는 여기서 2시간 가까이 집중하며 놀았답니다. 둘째 아이는 역시 1층에서 잘 놀았는데요, 영유아를 위한 장난감과 블록, 주방놀이, 탈것 등이 알차게 준비돼 있고, 안전하게 놀 수 있게 바닥에 장판도 깔려 있었어요. 정해진 시간마다 마술쇼를 진행하니 아이들과 꼭 관람하세요. 모든 입장객의 체험 사진을 직소 퍼즐로 제작해주는 것도 색다른 추억이 될 거예요. 이곳만을 위해 멀리서 오기엔 규모가 좀 작다고 느낄 수 있으니 홍천 부근을 여행할 때 함께 들러보세요.

📍 강원도 홍천군 화촌면 설악로 2688 OPEN 10:00~17:00 CLOSE 월요일 ₩ 주중 입장료(마술 공연 별도 선택) 성인 4000원, 아동 6000원 / 주말 입장료(마술 공연 포함) 성인 8000원, 아동 1만 원 ☎ 033-435-4600, 070-4158-4602 🏠 www.total-cem.co.kr

1~10세 　　　　　　　　　135　　　　　　　　　실내·실외

아이를 위한 모든 게 준비된
곰펜션

놀잇감부터 유아용품까지 모든 게 준비된 키즈펜션이에요. 차로 5분 정도 떨어진 곰펜션 1st와 곰펜션 2nd로 나뉘어 있는데요. 곰펜션 1st 객실이 테디, 팬더, 푸우를 콘셉트로 전체적으로 아늑한 느낌이라면, 2nd 객실은 블랙, 블루, 레드 콘셉트의 좀 더 모던한 느낌이에요. 저희는 2nd 블랙룸에서 숙박했는데요. 아이들의 로망인 2층 침대와 다락 놀이방, 개별 스파가 있어서 좋았어요. 범보의자, 부스터, 유아용 식탁 의자도 준비되어 있고, 욕실엔 유아용 욕조·치약·보디 워시도 있어서 따로 챙겨 가지 않아도 돼요. 특히 다락 놀이방에는 걸음마 보조기부터 러닝홈, 주방놀이, 기차놀이, 각종 로봇까지 다양한 연령대가 놀 수 있는 장난감이 잘 갖춰져 있습니다. 다락 올라가는 계단도 안전하게 처리돼 있어요. 실내 스위밍 스파는 계절에 상관없이 아이들이 물놀이를 즐길 수 있고, 유아용 튜브, 구명조끼 같은 물놀이용품도 모두 준비돼 있어 편했어요. 야외에도 큼지막한 트램펄린과 각종 탈것이 있어서 신나게 뛰놀 수 있답니다. 아무것도 챙겨 가지 않아도 아이랑 잘 놀고, 푹 쉬다 올 수 있는 펜션이랍니다.

- **곰펜션 1st** 📍 강원도 홍천군 서면 팔봉산로 1047-4 ☎ 033-435-8588, 010-8331-4222 ・ **곰펜션 2nd** 📍 강원도 홍천군 서면 한치골길813번길 22-5 ☎ 033-436-8588, 010-8806-8858 ・ **공통** [OPEN] 입실 15:00, 퇴실 11:00 💰 2nd 블루룸 15만 원~(비수기 주중 기준) 🏠 gompension.com

1~10세 | 136 | 실내·실외

깔끔한 객실, 아이를 위한 부대시설
비발디파크 더파크호텔

비발디파크 리조트 단지 안에 새로 오픈한 호텔로 깔끔한 시설, 고급스러운 어메니티, 아이가 좋아하는 부대시설을 갖추고 있어요. 비발디파크는 기본적으로 회원제로 이용할 수 있는데, 더파크호텔은 특별히 제약 없이 예약할 수 있고요. 전 객실이 더블 침대와 싱글 침대가 함께 들어간 트윈룸으로 구성되어 있어서 가족 여행자들이 이용하기 편해요. 객실 컨디션도 최상이고, 아베다 브랜드 어메니티가 비치되어 있는 것도 만족스러워요. 지하에는 널찍한 놀이공간인 앤트월드가 있는데요. 이름처럼 개미굴 콘셉트라 아이들의 호기심을 자극하는 놀이시설이 아주 다양해요. 앤트500 레이스웨이, 앤트미로, 레인보우슬라이드, 터브슬라이드, 슈팅캐논 등 7가지 존으로 나뉘어 있고, 유아들은 별도로 마련된 유아놀이터에서 안전하게 놀 수 있답니다. 가까이에서 비발디파크 리조트의 부대시설을 이용할 수 있는 것도 장점이에요. 여름에는 오션월드에서 물놀이할 수 있고, 겨울에는 스노위랜드에서 튜브썰매, 래프팅썰매, 전통썰매 등을 함께 즐길 수 있답니다.

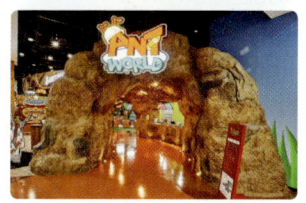

📍 강원도 홍천군 서면 한치골길 262 OPEN 입실 15:00, 퇴실 11:00 💰 슈페리어 36만 원~ / 앤트월드 : 어린이~10세 2만6000원, 보호자 3000원 ☎ 033-439-4703 🌐 http://www.daemyungresort.com

앤틱 침실과 자연 놀이터
프린세스 키즈펜션

'프린세스'라는 펜션 이름에 어울리게 객실 콘셉트가 앤틱하고 고풍스러워요. 숲에 둘러싸여 자연을 온전히 누릴 수 있는 분위기도 좋았는데, 실내 놀잇감과 실외 놀이터 모두 만족스러워서 다시 찾고 싶은 키즈펜션이에요. 주소는 홍천이지만 양평과 가까워서 수도권에서 접근하기 편리하고, 객실이 원룸형이지만 각각 43㎡, 66㎡로 공간이 널찍한 편이라 아이들과 함께라도 답답하지 않았어요. 어린아이들이 침대에서 떨어질 염려 없이 바닥에서 잘 수 있게 유아용 침구가 준비되어 있고, 제주도에서 아이를 재울 때 사용한다는 '구덕'이라는 것도 있어서 둘째 아이 신생아 때 아주 잘 썼어요. 유아용 식탁 의자와 범보의자를 비롯해 젖병 세정제·세척솔, 유아용 식기·칫솔·치약, 변기 커버, 욕조, 발 디딤대까지 웬만한 유아용품이 빠짐없이 준비돼 있어 아이 짐을 거의 챙겨 가지 않아도 돼요. 객실 내 놀잇감도 다양하게 갖춰져 있고, 야외 놀이터에는 각종 탈것과 미끄럼틀, 시소 등이 준비돼 있어서 아이가 맑은 공기 속에서 잘 놀았답니다. 펜션 앞에 작은 계곡이 있어서 여름에 방문한다면 시원한 물놀이를 즐겨도 좋겠어요.

📍 강원도 홍천군 고루개길 37-24 OPEN 입실 15:00, 퇴실 11:00 💰 11만 원~(비수기 주중 기준) ☎ 033-434-8670 🏠 www.princesspension.co.kr

☺ 1~10세　　　　　　　　　　　138　　　　　　　　　　　실내 🏠

국내 유일의 거북 테마 농장
터틀랜드

국내에서 거의 유일한 거북 테마 농장으로 수십 종의 수생거북, 반수생거북, 육지거북을 보고 만지고 체험할 수 있어요. 입장료가 좀 비싼 게 아닌가 싶었는데, 내부가 알차게 채워져 있어서 본전 생각나진 않았어요. 무엇보다 각 관마다 배치된 담당자가 평소 잘 몰랐던 거북의 생태에 대한 전문 지식을 귀에 쏙쏙 들어오게 설명해주어서 좋았어요. 처음엔 거북의 등껍질 만져보는 것도 낯설어하던 첫째 아이가 터틀랜드를 한 바퀴 돌고 나서 거북을 머리에 올려보고 안아보고 교감하는 모습에 깜짝 놀랐답니다. 거북의 힘이 얼마나 센지 알려준다며 덩치 큰 거북 등에 아이들을 태워주기도 했는데요. 과연 괜찮을까 하는 우려와는 다르게 거뜬한 거북을 보니 생각보다 훨씬 튼튼한 동물이구나 싶었어요. 이렇게 직관적으로 설명하고 바로 체험하게 해주니 아이들의 집중력과 호감도 급상승! 거북뿐만 아니라 악어, 뱀, 새, 토끼 등의 동물과도 거부감 없이 교감할 수 있는 체험장이랍니다.

📍 강원도 춘천시 남산면 문의골길 118　OPEN 평일·토요일·공휴일 10:00~17:00, 일요일 11:00~17:00　CLOSE 구정·추석 당일　₩ 성인 8000원, 어린이 1만1000원(36개월 이하 무료)　☎ 033-261-1551　🏠 turtleland.kr

👶 1~10세　　　　　　　　　139　　　　　　실내·실외 🏠🌳

메밀꽃 목걸이를 만들어보는
평창무이예술관

폐교를 개조한 평창의 문화·예술 공간이에요. 곳곳에 전시된 작품들이 예쁘고, 분위기도 고즈넉해서 아이들과 힐링하는 기분으로 관람했어요. 전시실에는 30년간 메밀꽃을 그려온 정연서 화백의 작품을 비롯해 글씨체 '소하체'를 개발한 소하 이천섭의 서예 작품 등이 전시돼 있어요. 특히 하얀 소금이 뿌려진 듯 메밀꽃이 흐드러지게 피어 있는 메밀꽃 그림은 집에 걸어두고 싶을 만큼 마음에 들었는데요, 이 그림을 그린 정연서 화백이 직접 아이들과 체험을 진행해서 더욱 뜻깊었어요. 압화 액세서리 체험과 메밀꽃 그리기 체험 중에 압화를 이용한 액세서리 체험을 해봤어요. 메밀꽃을 예쁘게 말려 납작하게 누른 압화를 골라서 투명한 목걸이 추 사이에 끼워 넣고 잘 붙여주면 됩니다. 체험 과정이 간단하지만 결과물이 너무 예뻐서 지금도 아이들이 목에 잘 걸고 다닌답니다. 메밀꽃 풍경에 대한 여운이 남아 다음엔 꼭 메밀꽃 필 때 와보기로 아이들과 약속했답니다.

📍 강원도 평창군 봉평면 사리평길 233　OPEN 09:30~22:00　CLOSE 월요일　🎫 5세 이상 3000원　☎ 033-335-4118　🏠 mooee.kr

1~10세 / 실내·실외

140

미취학 아이 입장료가 무료
허브나라농원

허브 테마의 관광농원으로 미취학 아이들의 입장료가 무료라 가벼운 마음으로 방문했는데, 기대보다 훨씬 만족스러웠어요. 팔레트가든, 유리온실, 코티지가든, 락가든, 나비가든, 중세가든 등 정원 콘셉트에 따라 다양한 꽃과 허브를 즐길 수 있어요. 산책로가 잘 정비돼 있어서 유모차를 끌고 다니기도 편하고, 아이랑 허브 향 맡으며 걸어 다니기에도 좋았어요. 아기자기하게 꾸며진 어린이정원과 자연놀이터에서는 미끄럼틀과 탈것을 타며 놀 수 있고, 가족사진 찍어도 예쁘게 나와요. 체험교실에서는 허브주물럭비누, 허브젤리향초, 허브향수, 석고방향제 등을 비롯해 다양한 압화공예가 가능한데요, 허브젤리향초를 바닷속 모양으로 꾸며보는 체험을 하면서 아이가 엄청 집중하고 좋아했어요. 9월에는 봉평메밀꽃축제와 연계해 다녀오는 코스도 추천할 만해요.

📍 강원도 평창군 봉평면 흥정계곡길 225 OPEN 5~10월 09:00~18:30, 11~4월 09:00~17:30(입장 마감은 폐장 1시간 전까지) CLOSE 연중무휴 💰 5~10월 성인 7000원, 초등학생 4000원 / 11~4월 성인 5000원, 초등학생 3000원(미취학 아동 무료) / 허브젤리향초 1만 원, 허브주물럭비누 6000원 ☎ 033-335-2902 🌐 www.herbnara.com

4~10세 · 실내·실외

꽃을 넣어 더 예쁜 생치즈 만들기
의야지바람마을

대관령 청정 고원지대에 자리한 의야지바람마을은 탄탄한 체험 프로그램으로 유명해요. 다양한 체험 중에서도 바람마을 치즈 만들기 체험이 가장 눈에 띄는데요, 당일 아침에 짠 대관령 젖소들의 신선한 우유로 직접 생치즈를 만들어볼 수 있답니다. 원유를 이용해 치즈를 만들면 특히 맛이 뛰어나고, 우리나라 전통 두부 제조법을 응용하면 비교적 짧은 시간에 완성할 수 있어요. 원유를 끓여 간수와 레몬수를 첨가한 다음 순두부처럼 떠오른 치즈 덩어리를 조심스럽게 틀에 옮겨줘요. 맛과 모양을 더해주는 식용 꽃을 비롯해 견과류도 군데군데 넣어 틀에 넣고 눌러줍니다. 백설기처럼 하얗고 뽀얀 치즈가 완성되면 딸기와 콘칩, 주스, 와인 등을 함께 내어주는데 곁들여 먹으니 정말 맛있더라고요. 여기에 감자를 갈아 전을 부쳐 먹는 감자전 만들기 체험을 더하면 더욱 풍성합니다. 체험 프로그램은 사전 예약이 필수라 꼭 전화 예약 후에 방문하세요.

📍 강원도 평창군 대관령면 꽃밭양지길 137 OPEN 09:00~17:00(체험 프로그램 예약 필수) ₩ 바람마을 치즈 만들기 테이블당 5만 원 ☎ 033-336-9812 🏠 windvil.invil.org

👶 1~10세

142

맑은 계곡과 순한 개가 있는 펜션
키즈캐빈

실내·실외

영동고속도로 속사IC에서 5분 거리에 위치해 접근성이 좋고, 오대산국립공원의 청정 자연을 즐기기에도 괜찮은 키즈펜션이에요. 마당에 준비된 미끄럼틀과 그네, 트램펄린, 해먹, 각종 탈 것까지 타고 뛰고 즐기기 좋은 놀이시설이 잘 갖춰져 있어요. 펜션 바로 옆에는 '우금골'이라 불리는 계곡이 있는데요, 계곡 위를 지나는 다리 아래로 그늘이 만들어져 한여름 더위를 피하기 좋고, 수심이 깊지 않은 데다 물고기도 간간이 있어서 아이들과 잘 놀았어요. 독채 객실은 콘셉트에 따라 블랙 캐빈과 화이트 캐빈으로 나뉘는데요, 블랙 캐빈은 북유럽풍 장난감과 2층 침대가 매력이고, 화이트 캐빈은 침대 두 개가 이어져 있어서 편하게 잘 수 있으니 취향에 따라 골라보세요. 구급 약품을 비롯해 유아용 보디워시·치약 등이 준비돼 있어 아이 짐 덜고 편하게 와도 돼요. 그리고 빼놓을 수 없는 키즈캐빈의 마스코트, 순하디순한 개 '우금이'가 아이들과 놀아줘서 더욱 재밌는 펜션이랍니다.

📍 강원도 평창군 용평면 신약수로 263　OPEN 입실 14:00, 퇴실 12:00　💰 화이트 캐빈 7만 원~, 블랙룸 캐빈 10만 원~(비수기 주중 4인 기준)　☎ 010-9503-3770, 033-334-3770　🏠 kidscabin.modoo.at

Best Course

1day   10:00 대관령아기동물농장 ▶ 13:00 점심 : *서지초가뜰(정갈한 한옥에서 한정식) ▶ 15:00 범브로하우스(체크인 후 펜션 내 놀이시설 즐기기)

2day   10:00 바다열차(강릉역 승차, 삼척역 하차) ▶ 14:00 삼척해양레일바이크

*서지초가뜰 📍강원도 강릉시 난곡길76번길 43-9 ☎ 033-646-4430

09
KIDS ZONE

강릉·삼척 부근

😊 3~7세   실내·실외 🏠🌲

143

동물 체험 농장의 원조 격
대관령아기동물농장

동물 체험 농장의 원조 격으로 규모도 크고, 동물 종류도 다양해서 꼭 가보시라고 추천해요. 입장할 때 받은 먹이통을 들고 아기동물들을 찾아가면 되는데요, 칸칸이 분리된 먹이통에 '앵무새·다람쥐·햄스터'처럼 해당 칸의 먹이를 먹는 동물의 이름이 쓰여 있어서 그에 맞게 먹이를 주면 돼요. 동물 우리가 실내·외 구역에 적절히 나뉘어 있어서 생각보다 날씨 영향을 덜 받는 것도 장점이에요. 송아지에게 우유를 먹일 수 있고, 양, 염소 등에 건초를 맘껏 줄 수도 있어요. 때가 잘 맞으면 부화장에서 메추리나 병아리가 알을 깨고 나오는 모습을 볼 수 있어요. 알 속에서 꼬물꼬물 생명이 탄생하는 모습에 어른·아이 할 것 없이 감탄하게 된답니다. 야외로 나가면 우리 안에 직접 들어가 새끼 오리나 돼지들에게 먹이를 줄 수 있어요. 말, 닭, 타조 등 다양한 동물을 만날 수도 있답니다. 이밖에도 피자, 초콜릿, 양초, 천연비누 등을 만드는 체험을 진행하니 현장에서 신청해 보세요. 2017년 기존의 평창에서 현재의 자리인 강릉으로 이전했으니 이용에 참고하세요.

📍 강원도 강릉시 사천면 송암골길 197-13(강릉운전면허시험장 맞은편) OPEN 4~10월 09:00~17:30, 11~3월 09:00~16:30 CLOSE 연중무휴 ₩ 20개월 이상 1인 1만 원(먹이통, 건초 포함), 송아지 우유 주기 1통 2000원 ☎ 033-641-0232 🏠 대관령아기동물농장.kr

1~7세 · 실내·실외

144
하루 한 팀만 오롯이 즐기는 키즈펜션
범브로하우스

하루 한 팀만 오롯이 즐기는 독채 키즈펜션이에요. 범브로하우스에 들어서면 깨끗한 하얀색의 독채 건물과 초록 잔디밭, 모래놀이터가 있는 앞마당이 눈에 들어오는데요, 내 집이라면 정말 좋겠다 싶을 만큼 모던하면서도 고즈넉한 분위기가 마음에 쏙 들었어요. 가족끼리 오손도손 휴식하며 얘기할 수 있는 파라솔이 놓여 있고, 유아용 탈것도 준비돼 있어요. 모래놀이터에는 그늘막을 쳐놓아서 아이들이 햇볕에 타지 않고 놀 수 있고, 모래놀이하고 나서 바로 손 씻을 수 있게 야외에 수돗가가 마련돼 있어요. 유리창을 통해 야외를 보며 수영하는 실내 풀장도 만족도 100%! 아이가 어릴 때 아무래도 바다 물놀이는 부담스러운데, 펜션 안에서 편안하게 물놀이할 수 있어서 만족스러웠답니다. 객실에도 인디언텐트를 비롯해 아기자기한 장난감이 준비돼 있어서 지루할 틈 없이 놀았어요. 재방문하는 가족들이 유독 많은 이유를 알겠더라고요. 아이가 있는 가족 이용객이 필요한 게 무엇인지 정확히 알고 있는 키즈펜션이에요.

📍 강원도 강릉시 성산면 송암리 197-3 [OPEN] 입실 15:00, 퇴실 11:00 ₩ 30만 원~(4인 평일 주중 기준) ☎ 010-2355-6060
🏠 blog.naver.com/bumbrohouse

2~10세 · 145 · 실내

통창 너머로 동해를 감상하는
바다열차

강릉, 정동진, 동해, 삼척을 잇는 동해 해안선을 끼고 달리는 바다열차는 통창 너머로 바다가 일렁이는 풍경이 일품이에요. 2018년 8월부터 기존의 정동진역에서 강릉역으로 출발지 중 한 곳이 변경되어서 현재는 강릉역 혹은 삼척역에서 시간표에 맞춰 관광열차에 오를 수 있어요. 차창 가득한 바다를 바라보며 기차 여행을 한다는 게 확실히 낭만적인데요, 가족석 객차를 선택하면 더욱 오붓한 분위기를 즐겨볼 수 있어요. 바다열차는 객차별로 구성이 다른데, 1호차는 바다를 보고 앉는 개별 좌석, 2호차는 바다를 보고 앉는 커플 좌석, 3호차는 테이블 가족석, 4호차는 바다를 보고 앉는 단체석으로 구성돼 있으니 취향이나 상황에 따라 선택하세요. 달리는 동안 승무원이 지금 지나는 곳이 어디인지 설명해주고, 객차 내 이벤트도 진행해서 즐거워요. 편도로 1시간 20분 정도 소요되니 참고하세요.

📍 강원도 강릉시 용지로 176(강릉역) / 강원도 삼척시 중앙로 13(삼척역)
OPEN 주말아침열차 : 강릉 출발 06:52, 10:10, 13:42, 삼척 도착 08:09, 11:25, 15:03 / 삼척 출발 08:21, 11:37, 15:20, 강릉 도착 09:42, 12:55, 16:44(열차 운행 시간은 현지 사정으로 인해 달라질 수 있으니 반드시 확인)
🛒 일반 1만3000원, 특실 1만6000원, 어린이 할인 ☎ 033-573-5474
🏠 www.seatrain.co.kr

푸른 동해를 끼고 달리는
삼척해양레일바이크

푸른 동해를 끼고 달려서 가슴이 탁 트이는 레일바이크예요. 바다는 물론이고 솔숲, 터널까지 페달을 밟으며 바라보는 풍광이 시시각각 달라지는데요. 소나무가 늘어선 길은 한여름에도 쾌적한 기온을 유지하고, 터널을 통과할 땐 에어컨을 튼 것처럼 시원해요. 터널에는 해양생물 모형이 매달려 있고, 조명도 화려해서 아이들이 감탄사를 연발하며 좋아했어요. 중간에 내리는 휴게소에서는 사악한 가격의 간식도 사 먹고, 포토존에서 사진도 찍을 수 있어요. 반 정도는 오르막길, 반 정도는 내리막길인데 다행히 오르막길엔 전기선이 깔려 있어서 가끔씩만 페달을 밟아주면 앞으로 잘 가요. 궁촌정거장에서 출발해 초곡휴게소, 황영조기념공원, 신비의 터널, 축제의 터널을 지나 용화정거장까지 총 5.4km, 약 1시간 정도 달리고, 도착역에서 무료 셔틀버스를 타고 출발역으로 돌아오는 코스예요. 2·4인승이 있으니 가족 수에 맞게 홈페이지에서 꼭 예약하세요.

📍 강원도 삼척시 근덕면 공양왕길2(궁촌정거장) OPEN 09:00~16:00(회차별 운행, 홈페이지 예약 필수) 💰 2인승 2만 원, 4인승 3만 원 ☎ 033-576-0656~8 🌐 www.oceanrailbike.com

쏠비치호텔&리조트 삼척

지중해 리조트를 그대로 옮겨온 듯

'쏠비치' 하면 그간에는 양양을 떠올렸는데, 삼척에 새로 오픈한 쏠비치가 워낙 화제가 되었죠. 무엇보다 인스타그램에서 사진 한 장만 보고 '어머, 여긴 가야 해!'를 외쳤을 만큼 비주얼이 최강입니다. 그리스 키클라틱 건축 양식을 모티브로 하여 하얀 외벽과 파란 지붕이 조화로운 호텔 & 리조트 건물은 여느 지중해 도시를 떠오르게 하기 충분해요. 역시 지중해의 신비로운 동굴 도시인 카파도키아를 테마로 한 워터파크가 딸려 있는데, 정면으로 삼척 바다를 바라보며 물놀이할 수 있어서 낭만적이에요. 투숙객 전용 해변에서도 여유로운 바다 물놀이를 할 수 있습니다. 무려 10개의 레스토랑과 카페 그리고 플레이존, 상상놀이터까지 부대시설이 매우 잘 갖춰져 있어서 아이와 함께 하는 여행에 최적화되었다고 해도 과언이 아니에요. 객실 내부 또한 새하얀 벽에 파란 가구, 지중해 요트 침대까지 지중해 콘셉트로 통일돼 있어서 마치 그리스를 여행하는 듯한 착각에 빠져든답니다.

📍 강원도 삼척시 수로부인길 453 [OPEN] 입실 15:00, 퇴실 11:00 🛏 16만 원~(비수기 주중 기준) ☎ 1588-4888
www.daemyungresort.com/sb/sc

> 1~10세 148 실내·실외

고급스러운 시설, 붐비지 않는 워터파크
쏠비치호텔&리조트 양양

고급스러운 스페인 건축 미학과 동해를 바라보는 입지까지 '삼척 쏠비치'가 오픈한 지금에도 여전히 존재감이 돋보이는 호텔&리조트예요. 해수를 끌어 올린 사우나와 동해를 마주할 수 있는 야외풀은 '양양 쏠비치'의 매력으로 꼽히는데요. 아쿠아월드의 전체적인 규모는 일부러 찾아가기엔 좀 작다고 느낄 수 있어요. 하지만 오히려 큰 규모는 북적여서 아이랑 가면 피곤하다고 생각하는 분들에겐 적당할 거예요. 따뜻하고 깨끗한 실내 키즈풀에서 아이가 원 없이 미끄럼틀 타며 잘 놀아서 저희는 만족했거든요. 아쿠아월드 앞에 펼쳐진 프라이빗 해변도 모래놀이하면서 조용하게 즐기기 좋아요. 해 질 녘 노천탕에서 동해를 보는 풍경도 무척 예쁘니 꼭 감상해보세요. 참, 호텔과 리조트는 분위기가 조금 다르지만 가장 큰 차이가 취사가 가능하면 리조트, 취사가 불가능하면 호텔로 구분되니 참고해서 객실 예약하세요.

📍 강원도 양양군 손양면 선사유적로 678 [OPEN] 입실 14:00~15:00, 퇴실 11:00~12:00 / 아쿠아월드 09:00~20:00(시즌·요일별로 다름) [CLOSE] 연중무휴 ₩ 호텔 슈페리어 33만 원~, 리조트 패밀리 46만 원~ / 아쿠아월드 대인 3만6000원, 소인 3만1000원(36개월 이하 무료, 시즌·요일별로 다름) ☎ 1588-4888 🏠 www.daemyungresort.com/sb/yy

4~7세　　　　　　　　　　　　　　　　　　　　　　실내

149

국내 유일의 게 생태체험관
테라크랩팜

국내 최초로 대량 양식에 성공한 토종 도둑게의 생태를 관찰하고, 직접 체험해볼 수 있는 생태체험관이에요. 이렇게 많은 게를 한 곳에서 보는 것은 아마도 처음이었던 것 같은데요, 밀짚모자 위에 게 한 마리를 올려놓고 자세히 관찰해보니 왜 '스마일게'라고도 부르는지 알겠더라고요. 바로 이 등딱지에 새겨진 스마일 표시 때문이에요. 게의 먹이가 되는 식용 귀뚜라미를 직접 키우고 있어서 하나씩 줘봤는데요. 도둑게가 먹이를 집게발로 잡아 입에 넣는 모습을 아이가 뚫어져라 관찰하더라고요. 도둑게는 바다에서 태어나 육지로 올라와 살고, 심지어는 나무에도 오르는 유일한 게라고 해요. 도둑게가 무얼 먹고 사는지, 어떻게 집을 짓는지 그 독특한 생태를 하나하나 알아가는 과정이 흥미로웠답니다. 테라크랩팜에는 특이하게도 황토공방이 딸려 있는데요, 주인장이 속초해수욕장의 '하트나무'와 속초 아바이마을의 '아바이상'을 직접 만든 조각가라고 해요. 그가 만든 공예품들도 구경하고, 황토 공예 체험도 해보시길 추천해요.

📍 강원도 속초시 학사평2길 16　OPEN 10:00~18:00　₩ 성인 6000원, 어린이 4000원, 황토 공예 체험 1인 1만 원　☎ 033-636-6363　🏠 terracrab.com

1~10세 | 150 | 실외

설악산 뷰 만끽하며 놀아요~
델피노골프&리조트 키즈파크

수려한 설악산을 배경으로 두른 고성 델피노골프&리조트의 부대시설로 탁 트인 자연 속에서 중장비체험존, 레일썰매장, 놀이기구, 동물농장 등 다양한 시설을 즐겨볼 수 있어요. 특히 미니 포크레인, 기중기, 집게차 등 다양한 중장비를 직접 운전해보는 체험은 다른 곳에서 흔하게 접할 수 없어서 아이들이 유독 좋아했어요. 간단한 조작으로 바닥에 있는 돌을 포크레인으로 퍼 올리는 체험이 무척 재밌더라고요. 설악산을 바라보며 광활한 잔디밭을 쭉 미끄러져 내려가는 레일썰매장에서도 웃음이 끊이지 않았어요. 회전해적선, 회전컵 같은 놀이기구를 타면서도 즐거워했어요. 동물농장에는 염소, 양, 토끼 등이 있어서 건초 먹이를 주며 놀았답니다. 델피노골프&리조트 투숙객은 아무래도 편하게 이용할 수 있지만, 투숙객이 아니라도 키즈파크 출입을 자유롭게 할 수 있어요. 바로 옆에 있는 테디베어뮤지엄과 함께 방문해보는 것도 괜찮을 거예요.

📍 강원도 고성군 토성면 미시령옛길 1153(델피노 진입로 우측, 테디베어뮤지엄 맞은편) OPEN 주중 10:00~18:00, 주말 09:00~18:00 ₩ 동물농장 5000원, 중장비 체험 5000원, 어린이 교통 체험교실 1만3000원, 트램펄린 5000원 ☎ 033-639-3322, 3400(내선 3322) 🏠 www.daemyungresort.com/dp

Best Course

1day
- 10:00 대전솔로몬로파크 ▶ 12:30 국립중앙과학관(내부 식당에서 점심) ▶ 15:30 대전어린이회관 ▶
- 18:00 금산지구별그림책마을(내부 뚜띠쿠치나 레스토랑에서 피자 · 파스타 저녁, 북스테이 숙박)

2day
- 09:30 석장리박물관 ▶ 13:30 로보카폴리 안전체험공원 ▶ 15:30 충청남도안전체험관

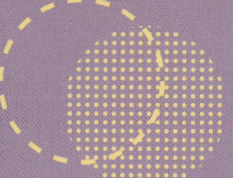

10
KIDS ZONE
천안·대전 부근

1~10세 151 실내·실외

관람하고 체험할 것 가득한
독립기념관

우리나라 자주독립을 위한 투쟁의 역사를 기리는 독립기념관! 예상보다 훨씬 볼 것도 많고, 체험할 것도 많아 만족스러웠어요. 입구에 들어서면 가장 먼저 태극열차가 보이는데요. 알록달록한 열차를 타고 독립기념관에 도착하면, 7개 전시관의 규모에 압도당하게 됩니다. 워낙 방대한지라 아이와 모두 둘러보기엔 어렵고, 몇 개의 관만 골라서 관람했어요. 인력거 위에 타보고, 총도 쏴보고, 독립운동가 한 사람 한 사람에 대한 설명을 들으며 아이와 많은 대화를 나눴어요. "엄마, 나라를 잃은 게 이렇게 슬픈 건지 몰랐어"라고 말하는 아이를 보며 독립기념관에 온 보람이 있구나 생각했답니다. 4D 입체상영관에서 관련 영상을 보고, 태극기가 가득한 태극기 광장도 돌아봤어요. 잉어밥 자판기에서 잉어 먹이를 뽑아 먹이를 주고, 체험공방에서 도자기 만들기도 해봤답니다. 가족 자전거를 타볼 수도 있어서 온종일 즐길 생각으로 방문해도 지루하지 않을 거예요.

📍 충남 천안시 동남구 목천읍 삼방로 95 OPEN 3~10월 09:30~18:00, 11~2월 09:30~17:00 CLOSE 월요일 🎫 무료 ☎ 041-560-0114
www.i815.or.kr/kr

1~10세 | 152 | 실내

재난 체험의 최고봉
충청남도안전체험관

입장료가 무료인 게 선뜻 믿기지 않을 만큼 알찬 체험관이에요. 4~7세를 위한 어린이체험관에서는 생활안전, 화재안전, 교통안전이라는 세 가지 주제로 안전 체험을 해볼 수 있어요. 우리 둘째 아이는 먼저 4D 상영관에서 안전 관련 영상을 보고, 아이에게 노출되기 쉬운 안전사고에 대해 중점적으로 배웠어요. 주방, 거실 등을 아기자기하게 재현해놓아 아이가 즐겁게 놀면서 실생활 속에서 맞닥뜨릴 수 있는 안전사고에 대해 미리 생각해볼 수 있어 유익했어요. 직접 소화기로 불을 꺼보고, 모형 자동차에 탑승해보기도 했답니다. 체험이 끝나면 아이 손등에 스탬프를 찍어주어서 엄청 좋아했어요. 8세부터 성인까지는 사회재난체험, 자연재난체험, 응급처치 실습 등을 해볼 수 있어요. 도시철도 사고나 산불, 지진 등을 직접 체험해보면서 실제 사고 시 어떻게 대응해야 할지 시뮬레이션해보았답니다. 체험 시간이 1일 4~5회에 걸쳐 진행되고, 한 개 팀이 15명 내외로 구성되니 꼭 홈페이지 예약 후 방문하세요. 10세 이하의 어린이 체험 시 꼭 보호자가 동반해야 해요.

📍 충남 천안시 동남구 태조산길 267-17 충남 안전체험관 OPEN 09:30~17:00 CLOSE 월요일, 1월 1일, 설날·추석 연휴 ₩ 무료 ☎ 041-559-9700

> 1~10세   실내·실외

테딘워터파크의 새 이름
대명리조트 천안 오션파크

기존에 알려진 테딘워터파크가 '대명리조트 천안 오션파크'로 다시 태어났어요. 아이가 놀기 좋은 유아풀부터 다양한 길이의 슬라이드까지 두루 갖추고 있어서 온 가족이 만족스럽게 놀 수 있답니다. 실내존에는 비치풀, 바데풀, 레이지리버를 비롯해 블랙홀슬라이드, 바디슬라이드, 웨이브슬라이드 등이 있어 다양하게 물놀이를 즐기기 좋아요. 실외존에는 토네이도풀, 레저풀, 드롭코스터, 온토퍼스레이서, 쓰나미슬라이드 등에서 꽤 익스트림한 물놀이가 가능합니다. 한편, 키디풀은 수심이 얕고 슬라이드 각도도 낮아서 영유아가 안전하게 물놀이하기 좋아요. 참, 입장할 때 코인을 충전해두면 지갑을 따로 휴대하지 않아도 되어 편리해요. 구명조끼와 수영모자를 반드시 착용해야 하는데, 썬캡은 허용되지 않으니 주의하세요.

📍 충남 천안시 동남구 성남면 종합휴양지로 200 OPEN 10:00~18:00(시즌별로 다름) 💰 종일권 주말 대인 4만 원, 소인 3만 원(시즌별로 다름) ☎ 1588-4888 🏠 www.daemyungresort.com/ca

1~10세 | 154 | 실내·실외

숙박, 놀이공원, 워터파크를 한 곳에서
천안상록리조트

세련된 시설은 아니지만 비교적 저렴한 가격에 숙박, 워터파크, 놀이공원까지 한 곳에서 이용할 수 있는 가성비 좋은 종합 휴양단지예요. 놀이공원은 바이킹, 범퍼카, 우주전투기, 미니관람차, 미니바이킹, 회전목마 등 아이들이 만만하게 타기 좋은 놀이시설이 많아서 실컷 태워줬어요. 요금도 대형 놀이공원에 비해 저렴한 편이라 부담 없었네요. 대형 비눗방울 놀이를 할 수 있는 공간도 있어서 한참 잘 놀았어요. 아쿠아피아도 스릴 넘치는 슬라이드부터 유수풀, 유아풀까지 잘 갖춰져 있어서 원 없이 물놀이할 수 있었어요. 숙소는 워낙 오래된 편이라 시설에 대해 큰 기대를 하지 않는다면 하룻밤 지내기 괜찮은 정도예요. 에너지 넘치는 아이를 데리고 이곳저곳 이동하는 게 힘들다면 괜찮은 선택이에요. 참, 겨울에는 눈썰매장도 이용할 수 있으니 참고하세요.

📍 충남 천안시 동남구 수신면 수신로 576 OPEN 아쿠아피아 10:00~18:00(시즌별로 다름) / 놀이공원 10:00~17:00(시즌별로 다름) CLOSE 홈페이지 확인 💰 아쿠아피아 어른 3만 6000원, 어린이 2만 8000원(시즌별로 다름) / 놀이공원 BIG5 1만 5000원 / 숙박 10만 원(비수기 기준) ☎ 041-560-9114 🏠 www.sangnokresort.co.kr

5~10세　　　　　　　　155　　　　　　　　실내

태양의 흑점을 눈으로 관찰하는
천안홍대용과학관

홍대용 선생은 조선시대 최초로 지전설과 지구구형설을 주장한 실학자인데요. 이 분의 업적을 기리고자 만들어진 과학관이 바로 천안홍대용과학관이에요. 1층 달빛마당에는 한국에서 가장 큰 오목해시계와 조상들의 지혜가 담긴 5개의 천문의기가 설치돼 있어요. 천체투영관에서는 입체 안경을 쓰고 3D로 천체와 천문 영상을 관람할 수 있어요. 15m 대형 돔스크린을 통해 가상의 별자리를 실감나게 볼 수 있었답니다. 3층에서는 홍대용 선생의 일대기, 과학사상, 업적 등에 대해 알아보고 탁본 체험도 해보았어요. 우주지질 여행, 무중력 체험, 원심력 자전거 같은 체험 시설은 시간대별 선착순으로 이용할 수 있어요. 4층 보조관측실에서는 천체망원경을 통해 주간에는 태양흑점, 홍점 등을 볼 수 있고, 야간에는 달, 행성, 성단, 성운, 은하, 별자리 등을 관찰할 수 있어요. 시즌별로 체험 프로그램을 운영하니 미리 홈페이지에서 예약 후 방문하세요.

📍 충남 천안시 동남구 수신면 장산서길 113　OPEN 전시관 10:00~18:00, 천체투영관 10:00~21:00　CLOSE 월요일　₩ 입장료 어른 3000원, 초등학생 1500원, 미취학 아동 무료 / 천체투영관 어른 2000원, 초등학생 1000원, 미취학 아동 무료　☎ 041-564-0145　🏠 www.cheonan.go.kr/damheon.do

이름난 약수로 즐기는 스파
파라다이스스파 도고

신라 때부터 약수로 이름날 만큼 효험 있는 도고온천 이 명성을 잇는 현대적인 스파 시설이 파라다이스스파 도고예요. 수질 걱정 없는 좋은 물에서 아이랑 물놀이할 수 있는데요, 기본적으로 아쿠아플레이를 제외한 대부분의 스파 시설을 사계절 이용할 수 있어서 너무 반가워요. 수심이 얕은 키즈랜드에는 미끄럼틀, 컵분수 등이 있어서 아이랑 물놀이하기 좋아요. 유황온천수로 파도를 타보는 파도풀도 호사스럽고, 5가지 슬라이드와 워터 바스켓이 있는 아쿠아 플레이도 익사이팅해요. 실내·외를 연결하는 유수풀은 약 150m 길이로 잔잔하게 흐르고, 물놀이 중간에 가족과 함께 휴식할 수 있는 이벤트탕도 좋았어요. 물속에 발 담그고 음식을 먹을 수 있는 아쿠아바도 특별하고, 푸드코트에서 식사할 수 있는 것도 편했어요. 유아를 위한 작은 놀이방도 있으니 물놀이하다가 쉬고 싶을 때 이용해보세요. 테라피 마사지실에서는 육아로 쌓인 피로를 풀어보세요.

📍 충남 아산시 선장면 신성리 180-1 OPEN 주중 실내 09:00~19:00, 실외 10:00~18:00, 금·토·일요일, 공휴일에 나이트 스파 운영(시즌별로 다름) ₩ 주중 대인 4만4000원, 소인 3만6000원 / 주말·공휴일 대인 4만9000원, 소인 4만2000원(36개월 미만 무료, 시즌별로 다름) ☎ 041-537-7100 🏠 www.paradisespa.co.kr

1~10세 · 실내

다양한 곤충 만나고, 전망도 구경하는
아산환경과학공원 생태곤충원

생태곤충원은 아산환경과학공원 내에 우뚝 솟은 그린타워 1층에 위치해 있어요. 쓰레기 소각장 위에 지은 친환경 공원으로 그린타워 역시 소각장 굴뚝을 활용했다고 하니 자원 재활용의 옳은 예를 보여주는 듯해요. 다양한 허브식물을 비롯해 반딧불이, 타란툴라, 전갈 등 40여 종의 살아있는 곤충을 만날 수 있는데요. 먼저 장수풍뎅이, 무당벌레, 누에 같은 곤충 모형과 사진을 찍은 후에 입장할 때 동물 먹이를 사는 것 잊지 마세요. 토끼, 물고기, 기니피그 등에게 먹일 수 있거든요. 별도로 사막여우, 미어캣에게 먹이를 주는 체험도 무척 신기했어요. 애벌레인 밀웜을 젓가락으로 집어서 미어캣에게 먹이는 체험은 어른이 해봐도 재밌더라고요. 장수풍뎅이, 애벌레, 사슴벌레 등을 가까이서 관찰하고, 나비가 자라는 과정도 자세히 볼 수 있어 유익했어요. 참, 150m 높이에서 시원한 풍광이 펼쳐지는 그린타워 전망대에도 꼭 올라보세요.

📍 충남 아산시 실옥로 216 OPEN 하절기 10:00~18:00, 동절기 10:00~17:00 CLOSE 매주 월요일, 1월 1일, 설 전날·설날, 추석 전날·추석 ₩ 어른 3000원, 청소년·어린이 2000원 ☎ 041-538-1980 🌐 www.asanfmc.or.kr/insect

😊 1~10세

158

실내·실외 🏠🌲

스파 물놀이는 기본! 키즈카페도 즐기는
아산스파비스

깨끗한 온천수 덕에 아이랑 안심하고 물놀이할 수 있는 스파예요. 파도풀은 기본이고, 유수풀과 파도풀을 합친 개념의 익사이팅 리버가 있어서 단순한 유수풀이 시시했던 아이들은 분명히 좋아할 거예요. 아이들에게 가장 인기 많은 아쿠아 플레이는 여러 종류의 미끄럼틀이 있는 물놀이터인데요, 수심이 얕고 따뜻해서 어린아이가 놀기엔 딱 좋아요. 실내에도 유아 미끄럼틀이 있어서 겨울 시즌에 실내 시설만 이용해도 물놀이가 지루하지 않을 거예요. 아산스파비스 내 키즈카페는 2000원의 추가 요금을 내면 이용할 수 있어요. 회전문어·곰돌이 바운스를 비롯해 볼풀장, 편백놀이, 정글짐, 미니기차 등이 갖춰져 있어서 물놀이 후에도 한바탕 놀았답니다. 겨울에는 눈썰매장도 운영하니 근처에서 숙박하면서 하루는 실내 물놀이, 하루는 눈썰매를 즐겨도 좋겠어요.

📍 충남 아산시 음봉면 아산온천로157번길 67 OPEN 실내 바데풀 주중 09:00~19:00, 주말·휴일 08:00~20:00 / 실외 아쿠아 플레이 주중 10:00~17:00, 주말·휴일 10:00~18:00(시즌별로 다름) ₩ 스파 + 온천 : 대인 주중 3만7000원, 주말·휴일 4만4000원, 소인 주중 2만8000원, 주말·휴일 3만3000원 / 키즈파크 : 대인 1000원, 소인 2000원 ☎ 041-539-2000 🏠 www.spavis.co.kr

천안·대전 부근 253

2~7세 | 159 | 실외

반달곰이 있는 수목원
베어트리파크

아름다운 경치에 한 번, 수많은 반달곰에 두 번 놀라는 수목원이에요. 33만㎡ 규모에 40만여 점의 식물이 아름답게 가꿔져 있어서 산책하는 기분이 남달라요. 특히 비단잉어가 연못에서 노니는 풍광은 정말 예술이랍니다. 야트막한 언덕에 오르면 레스토랑 건물인 웰컴하우스가 나오는데, 스테이크, 피자, 파스타 등의 이탈리안 요리를 아이와 함께 맛볼 수 있어요. 계속 이어진 길을 따라 오르면 아기반달곰과 공작, 꽃닭, 원앙 등이 있는 애완동물원이 있고, 조금 더 가면 꽃사슴, 사불상, 엘크를 비롯해 이곳의 하이라이트인 반달곰동산이 나옵니다. 우리나라에서 드물게 무려 150여 마리의 반달곰이 보유하고 있다니 놀라웠어요. 반달곰 우리로 먹이를 던져주면 넙죽 잘 받아먹어서 아이가 정말 좋아했답니다. 아이만을 위한 동물원이 아니라, 어른들도 매최될 만큼 아름다운 수목원이라 찾아가볼 가치가 있어요. 시즌에 따라 물놀이장을 개장하거나 곰 조각전 등 전시회도 개최하니 더욱 다채롭게 즐겨보세요.

📍 충남 세종시 전동면 신송로 217 [OPEN] 3~11월 09:00~일몰 시, 12~2월 09:00~17:00 [CLOSE] 연중무휴 ₩ 소인(만 3세~초등학생) 8000원, 대인 주중 1만3000원, 주말·공휴일 1만 5000원 ☎ 044-866-7766 🏠 beartreepark.com

1~10세 · 실내

160
디지털 놀이터가 있는 동물 체험장
티놀자애니멀파크

동물 체험장에 디지털 놀이터가 더해져 더욱 알차게 놀 수 있는 실내 공간이에요. 애니멀 체험존과 디지털 체험존으로 나뉘는데요. 애니멀 체험존은 아프리카 동물을 만나는 아프리카관을 비롯해 파충류관, 곤충관, 작은바다관, 물고기체험관, 아쿠아리움 등으로 동선이 이어져요. 미어캣의 먹이인 밀웜을 먹여주고, 거북이랑 이구아나도 만져보고, 손가락 위에 새를 올려보며 여러 동물들과 교감해볼 수 있었어요. 곳곳에 동물 인형들이 배치되어 있어서 아직 살아 있는 동물을 만지기에는 용기가 부족한 아이들은 인형을 만지고 놀았어요. 지하로 내려가면 디지털 체험존이 있는데요. 아이들이 가장 좋아했던 건 바로 모션 슬라이드! 슬라이드에 투사된 영상이 미끄러져 내려오는 움직임을 감지해 조금씩 달라지기 때문에 아이들이 굉장히 신기해하더라고요. 귀요미 강아지, 고양이랑 놀 수 있는 공간도 있어서 아이들이 더욱 좋아했어요. 참, 야외 한옥카페에서 여유롭게 차를 마시고, 잔디밭에서 전통놀이도 하며 잠시 쉬어가세요.

📍 대전시 유성구 대덕대로989번길 9-51 OPEN 평일 10:00~18:00, 주말 10:00~19:00 CLOSE 월요일 💰 일반 1만3000원, 영유아 7000원 ☎ 042-863-0055 🏠 t-nolzaanimalpark.co.kr

> 1~10세   161   실내

온종일 놀면서 과학과 친해지는
국립중앙과학관

온종일 과학이랑 놀고, 과학과 친해질 수 있는 과학관이에요. 10여 개의 전시관 중 꿈아띠체험관, 창의나래관, 자기부상열차 등은 유료관으로, 자연사관과 인류관, 생물탐구관 등은 무료관으로 운영하고 있어요. 워낙 방대한 규모라 모두 둘러보긴 어려우므로 홈페이지에 들어가 아이 연령과 소요 시간에 따른 추천 코스를 참고하면 도움이 될 거예요. 7세 이하의 아이라면 꿈아띠체험관에는 꼭 들러야 해요. 인체 기관을 형상화한 미끄럼틀을 오르내리며 자연스럽게 신체 장기를 익힐 수 있어요. 꿈아띠소아과에서 아기 인형으로 병원놀이를 하고, 자동차 수리공이 되어 자동차 바퀴를 갈고, 농부가 되어 배추를 뽑거나 벽돌을 쌓으면서 집도 지어봤어요. 24개월 미만 아이를 위한 영유아존이 별도로 있어서 어린아이와 같이 가기도 편하답니다. 이밖에 자연사관, 생물탐구관, 과학기술관, 미래기술관 등 알찬 전시물과 체험 거리가 준비돼 있으니 아이와 함께 최적의 동선을 짜보세요.

📍 대전시 유성구 대덕대로 481 OPEN 09:30~17:30
CLOSE 월요일, 설날 당일·다음 날, 추석 당일·다음 날 💰 꿈아띠체험관 어른 2000원, 영유아 1000원 / 창의나래관 어른 2000원, 유아 1000원 ☎ 042-601-7979 🏠 www.science.go.kr

😊 2~10세　　　　　　　　　　　162　　　　　　　　　　실내 🏠

국내 최초의 법 테마파크
대전솔로몬로파크

법무부에서 운영하는 국내 최초의 법 교육 테마파크예요. 체험교도소, 모의법정, 과학수사실, 모의국회, 법역사관 등으로 이뤄져 있는데요, 역시 7세 이하 아이를 위한 법짱마을이 돋보여요. 법짱극장에서 해돋이, 해순이를 통해 유괴, 실종, 성추행 등을 예방하는 교육을 받았고요, 안전법짱에서는 위험할 때 112, 불났을 때 119 등 위급상황 시 대처 방법을 배웠어요. 세움법짱에서는 퍼즐을 통해 국회, 정의의 여신을 만들었고, 수호법짱에서는 정글짐 속에서 신나게 뛰놀며 질서와 규칙을 배웠답니다. 이밖에 과학수사실에서는 과학적인 수사 방법을 살펴보고, 체험교도소에서 법을 어기면 어떤 벌을 받는지도 체험해봤어요. 헌법관에서 대통령 선서 체험하는 아이의 모습이 어찌나 의젓하던지 감탄하면서 지켜봤답니다. 무료로 법을 쉽고 재밌게 배우고 체험할 수 있어서 유익했어요. 야외에 넓은 잔디와 놀이터도 있으니 야외놀잇감을 준비해 가도 좋겠어요.

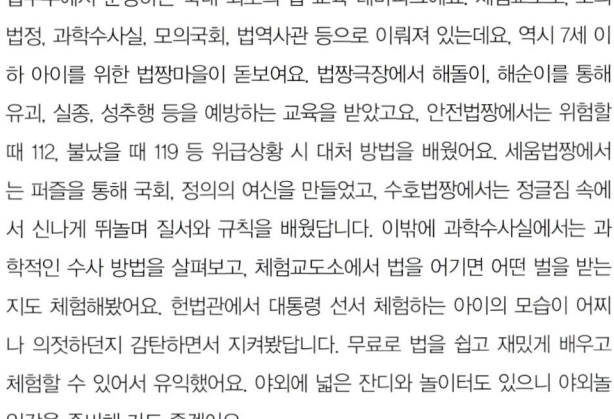

📍 대전시 유성구 엑스포로 219-39　OPEN 10:00~17:30　CLOSE 월요일, 1월 1일, 설·추석 연휴　💰 무료　☎ 042-323-8800　🏠 solomondj.lawnorder.go.kr/index.do

👶 1~10세 　　　　　　　163　　　　　　　실내·실외 🏠

2시간이 부족한 놀 거리 천국
대전어린이회관

대전 여행한다면 여기는 꼭 한 번 가보시라 자신 있게 추천해요. 대전월드컵경기장 내에 위치한 이곳은 크게 체험숲, 사계절상상놀이터, 아뜰리에로 나뉘는데요, 특히 체험숲과 사계절상상놀이터는 각기 다른 회차에, 각각의 이용 요금을 내야 입장할 수 있어요. 반드시 이용 시간을 확인하고, 예약 후에 방문하세요. 체험숲 안에 있는 별난 아지트의 별난 오두막은 클라이머가 설치된 경사면을 따라 오르내리는 놀이공간이에요. 비밀 통로를 통해 지하 세계와 타워트리를 자유롭게 이동할 수도 있답니다. 또 체험숲에는 36개월 미만 아이를 위한 감각놀이터와 숲속의 나무집 미끄럼틀이 있는 야외놀이터도 있어요. 사계절상상놀이터는 봄, 여름, 가을, 겨울을 형상화한 대형 놀이터로 림보, 매달리기, 트램펄린, 파도 미끄럼틀, 공 이동하기, 나무 오르기, 거울 미로 놀이 등 활동적인 체험이 많아서 신체를 충분히 사용하며 놀 수 있어요. 5세 이상 아이를 대상으로 하는 아뜰리에는 도자기공예, 목공예, 북아트 등을 운영하는데, 되도록 가족 여행자에게는 평일 오후 이용을 권장해요.

📍 대전시 유성구 월드컵대로 32　OPEN 1회차 10:00~12:00, 2회차 13:00~15:00, 3회차 15:30~17:30　CLOSE 월요일, 명절 당일　💰 체험숲(2시간 이용) 어린이 3000원, 보호자 1500원 / 사계절상상놀이터(2시간 이용) 어린이 5000원, 보호자 3500원　☎ 042-824-5500　www.djkids.or.kr

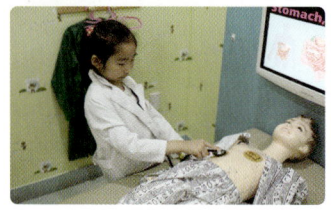

① 1~7세 실내·실외

164

실감 나게 안전을 체험하는
로보카폴리 안전체험공원 (공주시 안전체험공원)

아이들이 좋아하는 폴리와 엠버, 헬리가 반겨주는 이곳, 로보카폴리 안전체험공원이에요. 야외 놀이터부터 아이들의 취향 저격인데요. 폴리 모양의 그물 놀이터와 스피드 좋은 미끄럼틀이 있어서 입장 시간을 기다리며 놀 수 있어요. 각 회차별 입장 시간에 맞춰 내부로 들어가면 선생님께서 안전 교육을 진행해줘요. 시즌별로 물놀이안전, 가정안전, 화재안전 등 주제가 바뀌는데요, 저희는 화재안전에 대해 교육받았아요. 집안에서 일어날 수 있는 위험한 화재의 원인을 알아보고, 실제로 연기를 피워서 화재 시 대피 요령도 실감 나게 배울 수 있었어요. 교통안전을 체험할 때는 횡단보도 건너는 법을 배운 다음, 아이들이 스스로 자동차를 운전해서 도로를 달려보기도 했답니다. 인터넷 예약 40명, 현장 예약 10명으로 인원을 제한하기 때문에 홈페이지를 통한 사전 예약이 필수랍니다.

📍 충남 공주시 월미동길 219 OPEN 평일 10:00, 14:00 / 주말 10:00, 14:00, 15:30 CLOSE 월요일 ₩ 무료 ☎ 041-855-2458 🏠 www.safelife.or.kr/edu/edu_1.php

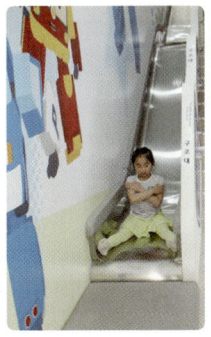

1~10세 | 실내·실외

금강변의 경치 좋은 선사시대 박물관
석장리박물관

우리나라 구석기시대 대표 유적지로 꼽히는 공주 석장리에 위치한 박물관으로 선사인들의 삶을 엿볼 수 있어요. 실내 전시관과 야외 선사공원으로 구성돼 있는데, 야외 선사공원은 금강변의 경치가 아름다워서 두루 구경하기 좋았어요. 선사인들의 대표 주거 형태인 막집이 곳곳에 재현돼 있고, 석기 만드는 사람, 사냥하는 사람 등이 모형으로 만들어져 있어 선사시대를 총체적으로 이해할 수 있었어요. 뿐만 아니라 뒷동산에서 내려오는 긴 미끄럼틀이 있어서 열심히 올라가서 쭉 미끄러져 내려오며 놀았답니다. 실내 전시관에는 석장리에서 출토된 대표 석기 모형을 비롯해 구석기 문화 전반을 아우르는 다양한 전시물이 있어요. 구석기 생활상을 재현한 그림 퍼즐을 맞춰보기도 했답니다. 구석기 동물 모양의 열쇠고리, 조개 장신구 등을 만들어볼 수 있는 체험학습장은 주말 오후에만 운영하니 참고하세요. 야외 선사공원은 오래배 타는 선착장과도 연결돼 있어요. 금강에서 좋은 추억 만들어보세요.

📍 충남 공주시 금벽로 990 석장리박물관 OPEN 09:00~18:00
CLOSE 설날, 추석 당일 💰 어른 1300원, 어린이 600원 ☎ 041-840-8924 🏠 www.sjnmuseum.go.kr

| 1~10세 | 166 | 실내·실외 |

아이와 한 번쯤 북스테이 여행을!
금산지구별그림책마을

온종일 편한 의자에 앉아서 그림책을 맘껏 보며 여유로움을 만끽하는 여행! 책을 좋아하는 아이라면 꼭 한 번 이곳에 가보라 말해주고 싶어요. 아담한 도서관에도, 앙증맞은 노란 버스에도 그림책이 그득그득해 아무것도 하지 않고 책을 실컷 볼 수 있거든요. 심지어 책 읽는 메타길에는 메타세쿼이아 나무가 심어진 길 사이에 의자가 놓여 있어 숲 향기 맡으면서 독서할 수도 있어요. 금산지구별그림책마을은 당일 방문도 가능하지만, 하룻밤 숙박까지 더해진 '북스테이'도 할 수 있어요. 하늘, 별, 바람, 시라는 이름의 방에 묵으면서 도서관에서 책을 볼 수 있고, 다음날 간단한 한식 조식도 제공돼요. 취사나 외부 음식 반입은 허용되지 않으니 저녁에는 뚜띠쿠치나 레스토랑에서 피자, 파스타를 맛보는 것도 좋겠어요. 책과 함께하는 색다른 여행을 꿈꾼다면 단연 이곳, 이름도 예쁜 금산지구별그림책마을이 정답입니다.

📍 충남 금산군 진산면 장대울길 52 OPEN 11:00~19:00(북스테이 이용 시 20:00까지 개방) CLOSE 월요일 💜 입장료 성인 5000원, 아동 2000원, 북스테이 8만 원 (비수기 주중 기준) ☎ 041-753-6576 🏠 grimbook.net

Best Course

1day ▶ 10:00 안면도쥬라기박물관 ▶ 12:30 점심 : *강복순의 안면꽃게(게국지, 간장게장, 양념게장, 새우장 세트) ▶ 14:00 서산버드랜드 ▶ 16:00 숙박 : 클래식티피글램핑(체크인 후 갯벌 체험, 수영장 즐기기)

2day ▶ 10:00 삽교호놀이동산 ▶ 13:00 개화예술공원(허브정원에서 허브 꽃 비빔밥 점심) ▶ 15:30 국립생태원

*강복순의 안면꽃게 ♀충남 태안군 안면읍 방포로 29-4 ☎ 041-674-9977

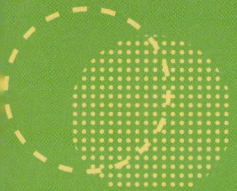

11
KIDS ZONE
태안·서산 부근

😊 1~10세　　　　　　　　　　**167**　　　　　　　실내·실외 🏠🌲

슬라이드가 있는 수영장 펜션
바람아래펜션

무더운 여름에 우리 가족이 자주 찾는 단골 아이템, 바로 수영장 펜션이에요. 두 아이 데리고 워터파크에 가면 아무래도 순식간에 체력이 고갈되고 마는데요. 수영장 펜션은 훨씬 편안하게 물놀이를 즐길 수 있어요. 바람아래펜션은 꽤 길고 구불구불한 슬라이드가 있어서 더욱 스릴 있는 수영장 펜션이에요. 수영장 주변이 데크로 마감돼 있어 아이들이 안전하게 다닐 수 있고, 릴랙스 체어에 앉아서 아이들이 물놀이하는 모습을 지켜볼 수 있는 것도 좋았어요. 수영장 옆의 놀이터에는 그네, 미끄럼틀 등 놀이시설이 있어요. 또 새에게 모이를 줄 수 있는 체험장이 있고, 연꽃 피는 계절엔 펜션 바로 앞 전망대에서 멋진 풍경을 감상할 수 있어요. 미로공원에서 초록이 가득한 나무 미로를 따라 길을 찾아보고, 미션을 완료하면 종을 울릴 수도 있답니다. 즐길 게 워낙 많아서 저희는 다른 곳 안 가고 펜션에서만 2박 3일을 보냈는데 만족스러웠어요.

📍 충남 태안군 고남면 대야로 13-6　OPEN 입실 14:00, 퇴실 12:00(성수기에는 입실 15:00, 퇴실 11:00)　💰 10만 원~ (비수기 주중 4인 기준) / 선상 낚시 1인 5만 원, 새 모이 체험 1인 1000원　☎ 041-673-4101　🏠 www.underwind.co.kr

☺ 1~10세   168   실내·실외 🏠🌲

바다가 보이는 한옥 펜션
별궁

창밖으로 바다가 보이는 한옥 펜션이에요. 조용하고 외딴 해변에 위치해 더없이 편안한 휴식을 취할 수 있답니다. 고즈넉한 한옥 마당의 조경이 너무 예뻐서 곳곳이 한 폭의 그림 같아요. 넓은 대청마루에 누워서 서까래를 바라보니 그 정갈한 자태에 순식간에 매료되네요. 펜션 앞 전용 해변에는 다양한 놀 거리가 기다리고 있어요. 봄·가을에는 물때에 맞춰 조개잡이를 하고, 여름에는 프라이빗한 해수욕을 즐기기 좋아요. 조개잡이 도구는 펜션에서 대여해주니 모래놀이 장난감 정도만 챙겨 가면 된답니다. 한옥 침실은 이불 깔고 자는 온돌방이라 더없이 편하고, 화장실과 주방은 양식이라 불편함이 없어요. 겨울에는 구들로 난방해서 뜨끈뜨끈하니 참 좋더라고요. 펜션과 연계된 횟집에서 저녁과 아침을 먹었는데요, 숙박객 할인으로 가격도 합리적이고, 맛도 좋았어요. 아이 데리고 맛집 찾기가 쉽지 않은데 편하게 이용할 수 있어서 추천해요.

📍 충남 태안군 이원면 원이로 2492 OPEN
입실 15:00, 퇴실 11:00 💰 12만 원~(4인 비수기 주중 기준) ☎ 010-4579-7272 🏠
www.byulgung.com

4~10세 | 169 | 실내·실외

공룡 뼈와 진품 화석을 만나는
안면도쥬라기박물관

진품 공룡 화석을 만날 수 있는 박물관이에요. 입구까지 오르는 계단이 만만치 않아서 숨이 가빠질 즈음에 전시관에 도착해요. 실내 전시물 중에서는 역시 어마어마한 크기의 공룡 뼈가 시선을 압도해요. 대부분 전신 골격을 재현, 전시해놓아 실제 모습을 상상해볼 수 있어요. 무엇보다 모형 화석이 아니라 미국에서 발견된 수우와세아 골격, 세계 최초로 발견한 티타노사우루스의 알 등 진품 화석이라는 게 놀라워요. 움직이는 공룡 모형은 한참이나 쳐다보며 관찰했고요, 약 5분간 상영되는 공룡 3D 영화도 즐겁게 관람했어요. 입구에 비치된 쥬라기박물관 미션지를 아이와 함께 풀어보니 공룡 상식이 쏙쏙 정리되네요. 공룡 모형 뜨기, 공룡 이름표 만들기, 티라노 이빨 발굴하기 등의 체험 프로그램을 운영하니 참여해봐도 좋겠어요. 야외 정원 곳곳에 공룡 조형물이 있으니 가볍게 산책하면서 공룡 친구들을 만나보세요.

📍 충남 태안군 남면 곰섬로 37-20 OPEN 연중 09:30~17:30, 여름 성수기 09:00~18:00 CLOSE 월요일, 설날·추석 당일, 1월 1일 💰 어른 1만 원, 유아 6000원 ☎ 041-674-5660 🏠 www.anmyondojurassic.com

4~10세 　　　170　　　 실내

터치 스크린으로 '전력'을 배워보는
당진전력문화홍보관

우리 생활에 꼭 필요한 전력에 대해 알려주는 전시관이에요. 에너지관, 전기관, 환경관, 지구관에서 전력이 어떻게 생산이 되는지, 에너지의 종류에 어떤 것들이 있는지 배워볼 수 있어요. 에너지 절약 방법이 쓰인 설명판 뚜껑을 하나하나 열어보거나 퍼즐 맞추기 게임을 하며 전기 에너지에 대한 상식을 깨우쳤답니다. 3D 영화도 무료로 볼 수 있어서 아이들과 함께 즐겁게 관람했어요. 리모델링한 지 얼마 되지 않아 전체적으로 시설은 깨끗한데요. 직접 아이가 몸으로 체험하기보다는 스크린으로 터치하는 것들이 많아서 좀 아쉬웠어요. 작은 놀이방도 있어서 트램펄린에서 뛰고 미끄럼틀 타면서 놀기도 했답니다. 규모가 크지 않아서 단독으로 방문하기엔 좀 아쉽고요, 근처를 여행할 때 코스에 끼워 넣는 정도가 적당할 것 같아요. 홍보관 옆에 석문각이라는 정자가 있는데, 바다 경치를 망원경으로 볼 수 있으니 한번 들러보세요.

📍 충남 당진시 석문면 교로길 30　OPEN 09:00~18:00　CLOSE 일요일, 공휴일, 1월 1일, 설날·추석 명절 연휴　💰 무료　☎ 070-5000-2030

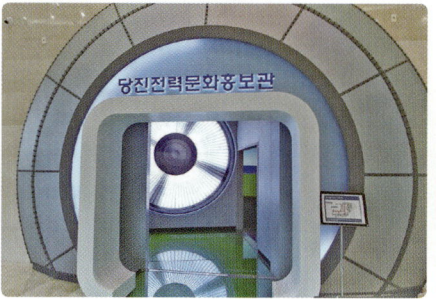

태안·서산 부근　**267**

😊 1~10세

171

실내·실외 🏠🌳

동물 친구를 만나고, 깡통 기차도 타는
개화예술공원

이름만 들어서는 고고한 조각 작품을 관람하는 곳인가 싶었는데, 입장하자마자 그 예상은 보기 좋게 빗나갑니다. 평화로운 잔디밭에 순한 양과 조랑말이 유유히 돌아다니고, 귀여운 오리와 사슴이 반겨주는 공원! 곳곳에 울창한 나무가 있고, 연못에는 잉어 떼가 먹이를 기다리는 공원! 아이들이 뻥튀기를 던져주니 배고픈 오리들이 우르르 몰려들며 진풍경을 연출합니다. 귀여운 탈것들도 아이를 기다리고 있어요. 분홍색, 주황색의 깡통 기차를 타고 공원을 누비고, 널찍한 연못에 동동 띄워진 페달 보트도 놓칠 수 없는 '빅재미'랍니다. 허브정원에서는 아름답고 향기로운 꽃을 구경하고, 허브 꽃 비빔밥도 먹어봤어요. 드라이플라워로 꾸며진 카페는 색감이 너무 예뻐서 쉬지 않고 셔터를 눌렀답니다. 젤리초 만들기 등의 체험 프로그램이 있어서 아이들과 체험해보았어요. 그야말로 상상하는 모든 즐길 거리가 모여 있는 강추 스폿이랍니다.

📍 충남 보령시 성주면 개화리 177-2 OPEN 09:00~18:00 일반 5000원, 어린이 3000원 ☎ 041-931-6789 🏠 www.gaehwaartpark.com

172

아이가 좋아하고, 어른도 신나는
삽교호놀이동산

탁 트인 삽교호를 끼고 있는 놀이동산으로 아이는 물론 어른도 좋아하는 10여 개의 놀이기구가 알차게 모여 있어요. 특히 큰 원을 그리며 도는 대관람차는 삽교호놀이동산의 상징인데요. 해 질 녘 조명이 켜진 대관람차를 사진에 담는 것도 예쁘고, 직접 탑승해 바라보는 서해 풍광도 일품입니다. 이밖에도 미니바이킹, 미니기차, 회전목마, 범퍼카 등 아이가 탈 만한 놀이기구와 타가디스코, 바이킹, 스페이스샷 등 어른도 신나는 놀이기구가 적절히 섞여 있어서 가족 모두가 만족할 만해요. 특히 범퍼카는 탑승 시간이 길고 스피드도 빠른 편이라 아이가 지금껏 타본 것 중에 최고로 꼽는답니다. 주말에 방문했는데도 별로 기다리지 않아서 아이가 좋아하는 놀이기구 5~6개를 너끈히 탈 수 있었어요. 바로 옆에 있는 삽교호 함상공원도 지나치면 아쉬워요. 여름에는 바닥분수를 가동해서 시원한 물놀이를 즐길 수 있고, 잔디밭 놀이터에서도 신나게 뛰놀 수 있답니다.

📍 충남 당진시 신평면 삽교천3길 15　OPEN 10:00~20:00(시즌별로 다름)
💰 입장료 무료, 놀이기구 기종당 대인 4500원~, 소인 3500원~　☎ 041-363-4589　🏠 www.sghland.com

😊 1~10세　　　　　　　　　　173　　　　　　　　　실내·실외 🏠🌳

'새'에 관한 모든 것
서산버드랜드

철새박물관, 4D 영상관, 둥지전망대, 숲속놀이터가 모여 있어서 함께 즐기기 좋아요. 주말엔 차량을 가지고 올라갈 수 없어서 매표소에 차를 세워두고 전기차를 타고 올라가야 하는데요, 새 모양의 작은 버스를 타면서부터 아이들이 한껏 들뜨기 시작합니다. 철새박물관에는 새 조형물이 살아있는 것처럼 실감 나게 전시돼 있어서 관람하는 재미가 더해져요. 아이들이 눌러보고 조작해볼 수 있는 체험 전시물이 다양한데요, 특히 가창오리 군무를 지도 위 영상으로 볼 수 있어 신기하고 유익했어요. 아이들의 눈높이에 맞는 퀴즈, 게임도 가볍게 풀어보고, 체험학습방에서 퍼즐 맞추기, 종이 모형 만들기도 해보았지요. 4D 영상관에서는 새와 관련된 유료 애니메이션을 즐겁게 봤어요. 둥지전망대에 올라가면 버드랜드가 한눈에 보이고, 망원경으로 새를 가까이 관찰할 수도 있어요. 날이 화창할 땐 미로정원에서 놀 수 있고, 동화 속 집 모양의 미끄럼틀도 탈 수 있어요. 숲속놀이터는 산길을 따라서 300m 정도 올라가야 하니 날씨가 좋을 때 가보기를 추천해요.

📍 충남 서산시 부석면 천수만로 655-73　OPEN 10:00~18:00　💰 어른 3000원, 어린이 1500원, 만 6세 이하 무료　☎ 041-661-8054　🏠 www.seosanbirdland.kr

1~10세 　　　　　　　　　　174　　　　　　　　　실내·실외

바닷가 앞 글램핑장
클래식티피글램핑

바다 쪽으로 돌출된 곶 끝에 자리한 글램핑장으로 아름다운 서해 풍광을 만끽하며 해수풀장과 갯벌 체험을 모두 즐길 수 있어요. 잔디밭 위에 특수 원단으로 제작한 티피텐트가 놓여 있는데요, 내부에 TV, 침대, 에어컨, 소파, 냉장고, 인덕션, 전기장판, 침구류 등이 모두 갖춰져 있어서 캠핑 분위기는 내면서 잠자리는 편안했어요. 단, 개인 세면도구나 수건 등은 챙겨 가야 해요. 해수풀장은 서해의 바닷물을 여과기로 거른 해수를 그대로 사용해 안심이고, 탁 트인 서해 풍광을 오롯이 즐길 수 있어 특별했어요. 숙박객 외에는 사용할 수 없는 글램핑장 앞 갯벌에서는 아이들과 조개 캐면서 여유롭게 놀기에 참 좋았답니다. 호미와 바구니는 대여 가능하고, 장화는 따로 없으니 미리 챙겨 가세요. 이밖에 족구장, 농구 골대 등이 있어서 간단히 레포츠 즐기기 좋았어요. 무엇보다 서해 낙조가 일품이니 온 가족이 꼭 함께 감상해보세요.

📍 충남 서산시 대산읍 광암4길 136　OPEN 입실 15:00, 퇴실 11:00　💰 8만9000원~(비수기 주중 기준)　☎ 010-3816-0925　🏠 www.classictpvillage.kr

175

온종일 놀아도 끝없는 즐거움
국립생태원

괜히 '국립'이라는 이름이 붙은 게 아니구나 인정하게 만드는 압도적 규모의 생태원이에요. 정문 매표소에서 전시관까지는 날이 좋으면 걸어도 되고, 상시 운행하는 전기차를 타도 되는데요. 사슴생태원을 지나는 길이라 자유롭게 뛰노는 사슴을 볼 수 있답니다. 메인 전시관인 에코리움은 5개 공간으로 나뉘는데요, 열대우림을 재현한 열대관을 비롯해 사막관, 지중해관, 온대관, 극지관까지 광대한 생태계를 경험하게 해줘요. 각 관을 이동할 때마다 온도 차이가 나기 때문에 아이들은 얇은 옷을 여러 벌 겹쳐 입었다가 상황에 맞게 벗는 게 좋을 거예요. 탁 트인 야외로 나오면 아이와 함께 달려갈 곳은 바로 하다람 놀이터! 오래된 고목에서 뻗어 나온 미끄럼틀부터 벌집 모양의 정글짐, 오목한 원 위에 올라타는 그네까지 시설이 워낙 잘 갖춰져 있어서 아이들이 이곳을 떠나질 못하고 계속 놀았네요. 에코리움 2층에 식당이 있어서 한 끼 해결하고 온종일 생태원을 종횡무진하며 즐겼답니다.

충남 서천군 마서면 금강로 1210　OPEN 09:30~18:00　CLOSE 월요일
대인 5000원, 소인 2000원　041-950-5300　www.nie.re.kr

176

울창한 송림과 짜릿한 바다 전망을 즐기다
장항스카이워크

해변이 온통 빽빽한 소나무로 채워진 장항송림삼림욕장은 산책하기 좋은 길로 꼽히는데요. 소나무 향과 바다 냄새를 듬뿍 마시며 이 송림 길을 700m가량 걷다 보면 장항스카이워크가 보입니다. 엘리베이터가 없어서 계단을 올라야 하니 혹시 산책길에 유모차를 사용했다면 입구에 두고 올라가야 해요. 아이랑 한 발 한 발 계단을 오를 때마다 눈에 담기는 서해의 뷰가 달라지는데요. 정상에 오르면 탁 트인 바다 풍경에 가슴이 시원해집니다. 바다 쪽으로 툭 튀어나온 전망대까지 걷는 길은 상쾌하면서도 심장이 쪼그라드는 길이에요. 바닥이 철망 구조로 시야가 뚫려 있어 아래쪽으로 송림과 바다가 훤히 보이거든요. 그럼에도 전망대 끝에서 보는 서해 풍광은 단연 일품이에요. 특히 낙조가 아름다우니 해 질 녘에 방문하는 것도 추천할 만해요. 바로 옆에 있는 송림갯벌체험장과 함께 방문해도 좋아요. 별도의 체험 비용을 내면 바구니와 호미를 대여해주니 아이와 함께 알 굵은 조개를 캐보세요.

📍 충남 서천군 장항읍 장항산단로34번길 74-45 OPEN 동절기(11~2월) 09:00~17:00, 하절기(5~8월) 09:00~20:00, 간절기(3·10월) 09:00~18:00, (4·9월) 09:00~19:00 💰 2000원(서천사랑상품권 2000원권 교부) ☎ 041-956-5505

Best Course

1day 10:00 단양다누리아쿠아리움 ▶ 12:00 도담삼봉 ▶ 13:00 점심 : *도담삼봉가마솥손두부(불고기두부전골) ▶ 14:30 만천하스카이워크 ▶ 15:30 단양구경시장(저녁 거리 사기) ▶ 17:00 숙박 : 단촌서원고택

2day 10:00 한방생명과학관 ▶ 12:00 의림지파크랜드

*도담삼봉가마솥손두부 ♀충북 단양군 매포읍 삼봉로 644-17 ☎ 043-421-5999

12 KIDS ZONE

제천·단양

우리 몸을 알고, VR 체험도 해봐요
한방생명과학관

제천 한방엑스포공원 내에 위치하고 있는 한방생명과학관은 우리 몸을 제대로 알고, 한의약의 원리·진단·치료법 등을 살펴보는 공간이에요. 2층 전시실에서는 몸의 중요한 기능을 담당하는 뼈, 뇌, 심장, 위에 대해 알아보고, 음식물을 섭취하고 소화하는 과정을 탐험관을 따라가며 배워봐요. 아이들이 가장 좋아했던 공간은 약초동산이라는 놀이존이었는데요. 커다란 나무집의 미끄럼틀이 볼풀장과 연결돼 있고, 나무 기둥 안쪽은 책 읽는 공간으로 꾸며져 있어요. 3층 전시실은 한의학을 메인 테마로 하는데요, 건강진단 스튜디오에서 아이의 혀 사진을 찍어 건강 상태를 측정해보았어요. VR 가상체험관에서는 청풍호, 비봉산을 배경으로 수상스키, 패러글라이딩 VR 체험을 해보며 짜릿한 기분을 만끽했답니다. 시설 관리가 철저히 되는 편은 아니라 조금 아쉬웠지만, 입장료가 무료이니 감안하고 관람했어요. 한방엑스포공원 내에 국제발효박물관, 양초허브식물원, 약초탐구관 등도 있으니 함께 방문해보세요.

📍 충북 제천시 한방엑스포로 19 OPEN 하절기 09:00~18:00, 동절기 10:00~17:00 CLOSE 월요일(공휴일인 경우 익일 휴무), 1월 1일, 설날, 추석
₩ 무료 ☎ 043-647-1011 🏠 www.expopark.kr

3~10세　　　　　　　178　　　　　　　실외

아이랑 놀기 딱 좋은 놀이공원
의림지파크랜드

규모도 작은 편이고 구석구석 꽤 오래돼 보이지만 아이들이 좋아할 만한 놀이기구가 빠짐없이 있어서 잘 놀았던 놀이공원이에요. 바이킹, 날으는 코끼리, 회전목마, 범퍼카 등 15개 남짓한 놀이기구가 있는데, 저희는 '빅4' 이용권을 구매해서 실컷 태워줬어요. 놀이기구마다 따로 이용권을 끊는 것보다 경제적이랍니다. 물 위에 떠 있는 원형 고무보트는 여름에 타니 시원한 데다 범퍼카처럼 쿵쿵 부딪히며 타는 재미가 쏠쏠했어요. 전동바이크를 타고 놀이공원 곳곳을 누비는 것도 신나는 경험이었고요. 스트레스를 날리고 싶다면 야구 배팅으로 실력 발휘 제대로 해보세요. 줄 서서 기다릴 필요 없이 맘에 드는 놀이기구를 골라 바로 탈 수 있어서 편했어요. 시설 좋은 곳을 찾는 게 아니라면 아이랑 가볍게 놀다 오기에 괜찮답니다. 제천 의림지에 간다면 한 번쯤 들러볼 만해요.

📍 충북 제천시 의림지로 24　OPEN 성수기 10:00~23:00, 비수기 10:00~18:00　CLOSE 연중무휴　💰 놀이기구 대인 4000원~, 소인 3000원~/ 빅3 대인 1만 원, 빅4 소인 1만 원　☎ 043-646-0002

😊 1~10세   실내 🏠

179

가성비 '굿' 민물고기 아쿠아리움
단양다누리아쿠아리움

비교적 저렴한 입장료에 볼거리는 매우 풍성해서 가성비가 돋보이는 아쿠아리움이에요. 바닷물고기가 아니라 민물고기를 테마로 한 점이 특별한데요, 8m에 달하는 대형수족관을 비롯해 각양각색 수조에 국내·외 민물고기 187종, 2억2000여 마리가 유유히 헤엄치고 있답니다. 남한강의 귀족이라 부르는 황쏘가리를 비롯해 행운을 불러온다는 중국의 보호종 홍룡, 아마존의 거대어인 피라루크 등 희귀한 민물고기를 만나는 재미가 쏠쏠합니다. 터치풀 수조에서는 직접 물고기를 만져보고, 헬멧 수조에 머리를 쏙 넣어 물고기를 구경하며 사진을 찍기도 했어요. 모형 물고기를 낚아보는 낚시 체험도 아이가 참 좋아했답니다. 여기에 더해 파충류, 양서류도 전시돼 있고, 귀여운 다람쥐도 만날 수 있어서 지루할 틈 없었어요. 단양에 온다면 꼭 들러볼 가치가 있는 아쿠아리움이에요.

📍 충북 단양군 단양읍 수변로 111 다누리센터 OPEN 09:00~18:00 CLOSE 월요일
💰 어른 1만 원, 어린이 6000원 ☎ 043-423-4135 🏠 www.danuri.go.kr/aqua

1~10세 | 180 | 실내

100년 고택에서 정겨운 하룻밤
단촌서원고택

정원이 아름다운 100년 고택에서 아이들과 하룻밤! 단촌서원고택은 근래에 지어진 한옥 펜션이 아니라, 옛날 서원으로 사용했던 역사를 간직한 고택이에요. 너른 정원에 멋스러운 소나무가 심어져 있고, 여유와 운치를 만끽할 수 있는 정자와 평상이 있어요. 저희가 방문했을 땐 하얀 눈이 소복하게 쌓여 있어서 그 풍경이 예술이었어요. 방에 있는 침구도 고풍스럽고, 벽지도 예스러운 분위기를 풍깁니다. 자개장을 처음 본 아이들은 연신 문을 여닫으며 예쁘다는 감탄사를 쏟아냈어요. 전통 한옥이지만 에어컨, TV, 전기밥솥, 전자레인지, 커피포트 등 가전제품이 준비돼 있어서 불편함이 없었어요. 카페에서는 커피를 내려 마시거나 솜사탕을 만들어 먹을 수 있고, 턴테이블로 음악을 감상할 수도 있답니다. 옛날 시골집에 놀러 온 듯한 정겨움이 묻어나는 곳, 가족 모두가 만족했답니다.

📍 충북 단양군 단성면 북상하리길 103-10　OPEN 입실 15:00, 퇴실 11:00
₩ 문의 필요　☎ 010-3440-6869　🏠 danchonsewon.blog.me

😊 4~10세　　　　　　　　　　181　　　　　　　　　　실외 🌲

바닥 유리로 남한강이 훤히 보이는
만천하스카이워크

남한강 절벽 위에서 90m 아래 수면을 보며 하늘길을 걷는 스카이워크로, 단양 시내 전경과 소백산 연화봉이 훤히 보이는 전망을 가졌어요. 주차장에 차를 세우고 셔틀로 5~10분 만에 스카이워크에 도착하는데요, 전망대까지 데크를 따라 완만한 경사가 이어져서 유모차 끌고 가는 데 불편함이 없었어요. 바닥 유리로 보이는 절경에 홀딱 반한 아이들은 연신 사진 찍어달라고 성화인데, 겁쟁이 엄마는 부들부들 떨면서 겨우 셔터를 눌렀네요. 별도의 비용을 내고 알파인코스터나 짚와이어를 이용해볼 수도 있어요. 알파인코스터는 48개월 미만은 탑승할 수 없고, 5~8세 아동은 보호자 동반 시에 탑승 가능하니 참고하세요. 짚와이어는 몸무게 35kg이 넘어야 해서 아이들은 타지 못했는데, 코스가 꽤 길어서 스릴 만점이랍니다. 참, 기상 상황에 따라 운영하지 않을 때도 있으니 사전에 꼭 전화 문의 후에 방문하세요.

📍 충북 단양군 적성면 애곡리 94　OPEN 09:00~17:00
CLOSE 월요일　₩ 성인 3000원, 어린이 2500원(미취학 아동 무료)　☎ 043-421-0015　🏠 www.mancheonha.com

3~10세 실내·실외

182
화려한 조명 배경으로 아이 인생샷!
수양개 빛터널

국내 최초로 터널 전체를 빛 테마로 조성한 멀티미디어 공간이에요. 본래 수양개 터널은 일제강점기에 건설되어 수십 년 동안 방치되었다가 영상과 음향, LED 미디어 파사드 등을 접목한 복합 멀티미디어 공간으로 새로 태어난 것이랍니다. 한낮에도 어두컴컴한 터널에 형형색색 LED 조명이 반짝이니 아이들이 좋아할 수밖에요. 터널에 피어난 LED 꽃들은 향기는 없지만 그 어떤 꽃보다 화사하게 빛났답니다. 영상과 빛이 계속 바뀌면서 분위기도 달라지니 아이는 물론 어른도 넋을 놓고 쳐다보게 됩니다. 터널의 길이는 200m 정도로 아주 긴 편은 아니지만, 화려한 조명을 배경으로 인생샷 찍기 딱 좋아요. 핸드폰 사진은 다소 흔들릴 수 있으니 이곳에서만큼은 DSLR 카메라로 아이 사진을 예쁘게 담아주세요. 야외정원도 아기자기하게 꾸며져 있는데, 저녁에는 조명이 켜져 더욱 환상적인 분위기를 연출하니 참고하세요. 수양개 선사유물전시관과 바로 옆에 있어서 함께 방문해봐도 좋겠어요.

📍 충북 단양군 적성면 수양개유적로 390 OPEN 13:00~22:00(시즌별로 다름) CLOSE 월요일 💰 일반 9000원, 어린이 6000원(4세 미만 무료) ☎ 043-421-5454 🏠 www.ledtunnel.co.kr

Best Course

1day — 10:00 안동전통문화콘텐츠박물관 ▶ 12:30 점심 : *향나무집(닭볶음탕, 수제비) ▶ 14:00 안동문화관광단지 유교랜드 ▶ 16:30 숙박 : 전통리조트 구름에

2day — 11:00 월영교 ▶ 13:00 점심 : *풍전(브런치 카페) ▶ 14:30 안동병산서원 ▶ 16:00 안동하회마을 ▶ 18:00 저녁 : *한우와 된장(된장전골, 소고기구이) ▶ 19:30 숙박 : 목화당

3day — 10:00 가은아자개장터(장터에서 점심 식사) ▶ 12:00 문경에코랄라

*향나무집 ♀경북 안동시 엄달골1길 63 ☎ 054-859-0010
*풍전 ♀경북 안동시 풍산읍 안교1길 9 ☎ 054-858-4036
*한우와 된장 ♀경북 안동시 풍천면 전서로 72 ☎ 1577-5007

13
KIDS ZONE

문경·안동
부근

😊 1~10세　　　　　　　　　183　　　　　　　　　실외 🌳

체험거리 풍성한 전통시장
가은아자개장터

1950년대부터 형성된 가은아자개장터는 끝자리가 4, 9일에 열리는 전통 오일장인데요. 요즘에는 주말 시장도 활성화돼 있고, 체험하고 즐길 게 많아서 아이들과 들르기 좋아요. 입구에 도착하면 작은 규모의 벽화거리가 눈에 띄는데요, 여기서부터 아이들은 설렙니다. 장터 건너편에 놀이터가 있고, 장터에 들어가면 대장간, 방앗간을 비롯해 도자기 체험관 등 초가지붕으로 꾸민 아담한 건물이 모여 있어요. 마당에는 전통 놀이 체험 도구들이 갖춰져 있어서 아이들과 함께 굴렁쇠를 굴리고, 투호도 던져보았답니다. 유리공방에서는 유리 목걸이를 만드는 공예 체험을 해보았어요. 유리가 녹아서 어떤 모양이 될까 상상하면서 작품을 만들었답니다. 유리가 굳는 데 시간이 걸리기 때문에 그동안 시장을 구경했는데요, 문경의 전통 먹거리도 팔고, 뻥튀기 튀기는 곳도 있어서 주전부리 하나씩 입에 물고 돌아다녔답니다.

📍 경북 문경시 가은읍 대야로 2345　OPEN 10:00~20:00
📞 054-572-7778　🌐 ajagaekr.modoo.at

🙂 1~10세 　　　184　　　실내·실외 🏠🌲

문경 1순위 테마파크
문경에코랄라

기존의 석탄박물관과 가은오픈세트장에 자이언트 포레스트, 에코타운이 더해지면서 대규모 테마파크로 탄생하게 되었어요. 역시 아이들이 가장 좋아하는 곳은 야외 놀이시설인 자이언트 포레스트! '거인이 사는 전설의 숲'을 주제로 해서 널찍한 광장에 놀이시설도 큼직한데요, 거인의 언덕에서 내려오는 미끄럼틀을 타고, 거미를 피해 그물 놀이터에도 올라보고, 숲마을 동물 친구들과 인사하며 놀았어요. 아이들의 상상력을 자극하는 놀이시설이 가득합니다. 석탄박물관에서는 정교한 모형을 통해 연탄이 어떻게 만들어지는지 배워봤어요. 특히 20분 코스의 거미열차는 꼭 타보시길 추천해요. 고생대부터 현대까지 지질 변화를 겪으며 석탄이 어떻게 만들어지는지 열차를 타고 가며 설명을 들을 수 있답니다. 이밖에도 미디어아트를 체험하는 전시관인 에코타운과 고구려궁, 신라궁, 안시성, 요동성을 재현한 가은오픈세트장이 있어요. 문경에서 꼭 방문해야 할 1순위 테마파크랍니다.

📍 경북 문경시 가은읍 왕능길 112 [OPEN]
09:00~18:00 ₩ 에코랄라 성인 이용권 1만7000원, 어린이 1만3000원 ☎ 054-572-6854 🖥 ecorala.com

👶 4~10세   185   실내·실외 🏠🌳

농기구 구경하고, 고추 심기 게임도!
괴산농업역사박물관

괴산의 전통문화, 농업문화를 살필 수 있는 이곳은 무료라서 더 매력적이에요. 1층에는 농경유물실과 역사문화실이 있는데요, 농업의 발달사를 한눈에 볼 수 있고, 계절별 농기구도 전시하고 있어요. 1층이 관람 위주라면, 2층에는 관련 영상과 더불어 아이를 위한 소소한 체험 거리가 있어요. 아이들이 가장 좋아한 건 고추 심기 게임! 모종을 심고 물을 주면서 작물이 크는 과정을 자연스럽게 배워갈 수 있답니다. 농기구를 만져보고 벼농사 짓기 체험도 해봤고요, 괴산의 관광지를 영상으로 관람하고 퍼즐도 맞춰봤답니다. 야외에는 옛 농민의 삶을 살펴볼 수 있는 전통가옥과 전통 놀이를 체험하는 공간이 마련돼 있는데요, 이곳에서 널뛰기, 줄타기, 투호놀이, 제기차기를 하면서 놀았답니다. 규모가 큰 편은 아니라 괴산의 다른 명소와 연계해서 방문하는 걸 추천합니다.

📍 충북 괴산군 괴산읍 충민로검숭1길 6 OPEN 09:00~18:00 CLOSE 월요일, 1월 1일, 설날, 추석 ₩ 무료 ☎ 043-830-2684 🏠 www.goesan.go.kr/museum/index.do

😊 4~10세 　　　　　186　　　　　실내·실외 🏠🌲

하얀 소금을 만드는 체험
괴산군소금랜드

문광저수지 부근에 위치한 괴산군소금랜드는 아이들과 소금 체험, 염전 체험을 해볼 수 있는 곳이에요. 괴산은 전국적으로 절임배추가 유명한데요, 배추를 절이고 나온 폐소금물을 재활용한 체험 공간을 조성하고자 괴산군소금랜드를 만들었다고 해요. 먼저 방문한 2층에서는 소금의 역사, 여러 나라의 소금 등을 전시와 영상으로 공부할 수 있어요. 1층으로 내려와 본격적으로 염전 체험, 자염 체험, 천연조미료 체험을 해봤어요. 먼저 육지염, 정제염, 자염 등 소금의 결정을 만져보고, 그 차이에 대해 알아봤어요. 다음으로 '대파'라고 부르는 밀대로 미니 염전에서 소금을 밀어보고, 바닷물을 끓여서 하얀 자염 결정을 얻는 체험도 해봤어요. 쌀을 천일염과 함께 볶아서 맷돌에 갈아 천연조미료를 만드는 체험도 재밌었어요. 소중히 지퍼팩에 담아 가지고 와서 요리할 때 잘 쓰고 있답니다. 야외에도 염전 체험장이 마련돼 있고, 빛과소금테마공원에서는 데크를 따라 산책하며 예쁜 수생식물을 구경했어요. 문광저수지 주변으로 은행나무 산책길이 있어 아이들과 걷기에도 좋았답니다.

📍 충북 괴산군 문광면 양곡리 67-13
[OPEN] 11~2월 10:00~17:00, 3~10월 10:00~18:00 [CLOSE] 월요일, 1월 1일, 설날, 추석　💰 대인 1500원, 소인 500원　☎ 043-833-0022

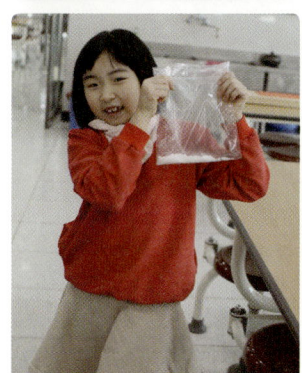

3~10세 　　　　187　　　　실내

공룡부터 병마용까지 방대한 스케일
중원대학교박물관

22m 공룡부터 진시황제 병마용까지 중원대학교박물관에는 정말 없는 게 없다 싶을 정도로 다양한 유물이 모여 있어요. 워낙 방대한 규모라 여기 있는 전시품으로 작은 박물관 10개는 만들 수 있겠다고 말했을 정도예요. 자연사관, 미술관, 세계민속관, 물질문명관, 야외석공예관 등에 전시품이 빼곡히 모여 있는데요. 자연사관에 전시된 여러 화석 중에 특히나 공룡 화석 모형들을 보며 아이가 눈을 반짝이며 질문을 쏟아냈어요. 옛날부터 현대까지 다양한 미술품이 전시돼 있고, 독특한 돌도 볼 수 있었는데요, 특히 가지각색의 돌로 차린 음식상은 신기해서 눈을 뗄 수 없었어요. 또 중국, 유럽, 미국, 남미 문명에 대한 신화와 역사, 세계 종교에 관한 전시도 볼 수 있었어요. 체험보다는 관람 위주이지만, 어마어마한 규모 덕분에 크게 지루하지 않았어요. 야외에는 공룡 모형과 식물원이 있어서 아이들과 즐겁게 산책했답니다.

📍 충북 괴산군 괴산읍 문무로 85 OPEN 09:00~18:00 CLOSE 월요일, 1월 1일, 설날·추석 당일 ₩ 어른 5000원, 어린이 3000원(7세 미만 무료) ☎ 043-830-8284 🏠 museum.jwu.ac.kr

😊 4~10세　　　　　　　　　　　　　　　　　　　　　실내 🏠

188
단풍잎, 꽃잎 넣어 한지 체험
한지체험박물관

옛 신풍분교 자리에 위치한 한지체험박물관은 다양한 한지를 만나고 체험할 수 있는 공간이에요. 특히 입장료에 한지 기념품이 포함돼 있어서 방문할 만한 가치가 충분하답니다. 한지로 만든 각종 공예품이 전시돼 있어서 아이들과 함께 찬찬히 살펴보았는데요, 한지로 만든 안경집과 지갑을 비롯해 한복, 드레스까지 기성품에서는 느낄 수 없는 따스한 감성이 깃들어 있었어요. 한지가 여러모로 쓰임도 많고 한국적인 아름다움도 품고 있어서 꽤 매력적인 재료라는 생각이 들었어요. 또 닥나무를 가공해 한지 만드는 과정을 알아보고, 한지에 문양을 넣는 과정을 터치스크린으로 체험해봤어요. 현미경으로 한지를 자세히 관찰해보기도 했답니다. 별도의 비용을 내고 '한지 뜨기 체험'도 해보는데요, 닥풀로 한지를 뜨고, 준비된 재료에 따라 단풍잎이나 야생화 등으로 꾸미면 된답니다. 한지 뜨는 과정이 간단하면서 재미도 있고, 완성된 작품이 너무 예뻐서 아이들이 참 좋아했어요.

📍 충북 괴산군 연풍면 원풍로 233　OPEN 09:00~18:00　CLOSE 월요일, 설·추석 당일　💰
성인 4000원, 초등학생 이상 3000원　☎ 043-832-3223　🏠 www.museumhanji.com

문경·안동 부근

189

16세기 안동에서 눈높이 유교 체험
안동문화관광단지 유교랜드

우리나라 정신문화의 뿌리인 유교 문화를 아이 눈높이에서 체험해볼 수 있어요. 16세기 안동을 테마로 하여 선비들이 어떻게 살아갔는지 몸소 체험해보았는데요. 먼저 타임 터널을 통해 조선시대 안동 한복판으로 건너가봅니다. 흔들리는 배를 타고 심청이 이야기를 들어보고, 조각배를 타고 별자리도 관찰해봤어요. 게임을 통해 촌수에 관해 배워본 것도 유익했어요. 성벽에서 왜적을 물리치는 게임은 움직이는 말 모형을 타고 레이저 총을 쏘는 거라 아이들이 정말 좋아했어요. 과거시험을 보고 장원급제하여 어사모 쓰고 금의환향하는 체험도 신났답니다. 3D 색칠놀이도 하고, 탁본 체험도 하며 다양하게 즐길 수 있었어요. 아이들이 좋아하는 트램펄린과 키넥트 게임을 할 수 있는 놀이공간도 갖추고 있어요. 입장료에 500원만 추가하면 바로 옆에 위치한 허브테마공원 온뜨레피움까지 패키지로 이용할 수 있으니 함께 방문해보세요.

경북 안동시 관광단지로 346-30 OPEN 10:00~18:00 CLOSE 월요일 일반 9000원, 어린이 7000원 ☎ 054-820-8800 www.confucianland.com

😊 1~10세　　　　　　190　　　　　　실내·실외 🏠🌲

유서 깊은 안동 고택에서 쉬어가다
전통리조트 구름에

유서 깊은 안동 고택의 전통미는 유지하면서 편의성은 높인 고급스러운 리조트예요. 울창한 푸른 숲 언덕 위에 7채의 고택이 군락을 이루며 모여 있는데요, 고택 원형을 그대로 보존하면서 편리하게 머무를 수 있도록 12개의 객실을 단장했어요. 그중에서 우리 가족은 '감동재사'에서 묵었어요. 과연 고즈넉한 한옥에 에어컨, 냉장고, 커피포트, 헤어드라이어 같은 가전제품이 잘 갖춰져 있어 불편함 없이 묵을 수 있었어요. 리조트 내에서 체험 프로그램도 운영하고 있는데요, 고추장 담그기, 가양주 체험 등이 가능하고, 한복을 대여해서 입고 다닐 수 있어요. 한쪽 벽이 책으로 가득한 책장과 널찍한 테이블이 놓여 있는 북카페도 있어서 아이들과 맛있는 쑥떡 와플 먹으면서 책을 실컷 읽었답니다. 아침에는 고급스러운 조식도 제공되어 여러모로 만족스러웠어요. 도시에서는 쉽게 접할 수 없는 고택에서 아늑하고 편안한 하룻밤을 보내면서 온 가족이 힐링할 수 있었답니다.

📍 경북 안동시 민속촌길 190　OPEN 입실 15:00, 퇴실 11:00　🏠 칠곡고택 사랑채 27만 원~ (비수기 주중 기준)　☎ 054-823-9001　🏠 www.gurume-andong.com

4~10세 　　　　　　　　　　191　　　　　　　　　　실내

안동의 모든 것을 디지털로 체험하는
안동전통문화콘텐츠박물관

안동의 모든 것을 디지털로 체험하며 자연스럽게 배울 수 있는 곳이에요. 실제 문화유산을 전시하지 않고, 첨단 디지털 콘텐츠만으로 전통문화의 가치와 내용을 체험한다는 것이 특별했어요. 일단, 입장하면 아이디 카드부터 등록합니다. 체험할 때 아이디 카드를 찍으면 체험 내용이 메일로 전송되어 더욱 만족스러웠어요. 안동에 대한 애니메이션을 보고, 홀로그램 영상도 집중해서 봤어요. 증강현실로 건물을 지어보고, 탁본도 체험해봤답니다. 장원급제 놀이는 여러 사람이 접속해서 퀴즈를 푸는 체험 코너인데요. 천자문, 소학, 사서삼경에서 출제된 문제를 풀면서 자연스럽게 배우게 돼요. 아이들이 가장 좋아한 건 하회 탈춤 배우기! 실제 하회탈을 쓰고, 화면에 나오는 탈춤 동작을 따라 해보았답니다. 탈춤 영상은 동영상으로 저장해 가져갈 수도 있어요. 이밖에 봉제사 접빈객, 월영교 달걀불놀이 등 놀이를 통해 안동 문화를 익혀보았답니다.

📍 경북 안동시 서동문로 203　OPEN 09:00~18:00　CLOSE 월요일, 1월 1일, 설날, 중추절　💰 성인 3000원, 어린이 1000원　☎ 054-843-7900　🏠 www.tcc-museum.go.kr

낙동강변 그림 같은 서원
안동병산서원

낙동강 모래사장이 바라보이는 곳에 자리한 한 폭의 그림 같은 서원이에요. 많은 학자가 배출된 서원으로 사적 제260호로 지정되어 있는데요. 사림의 교육기관인 풍악서당을 1572년에 류성룡 선생이 지금의 위치로 옮겼다고 합니다. 낙동강이 유유히 흐르고 병산이 병풍 모양으로 펼쳐져 있어 서원에 앉아 보이는 풍경이 바로 그림입니다. 서원 건축 하나하나에 멋이 묻어나고 예쁜 나무들이 우거져 아이와 둘러보는 내내 "정말 좋다"는 감탄을 연발했답니다. 왜 서원 건축의 백미라고 불리는지 충분히 알 만했어요. 낙동강변으로 내려가는 길이 연결되어 있어 아이들과 흐르는 강물에 돌을 던지며 한참 놀았어요. 주차할 곳도 넉넉하고, 걷는 길도 길지 않아 아이들과 산책하듯 돌아보기 좋았답니다.

경북 안동시 풍천면 병산길 386 054-858-5929 www.byeongsan.net

😊 1~10세 　　　　　　　　　　　　　　　　　　　실외 🌲

193
유유자적 전통마을 산책
안동하회마을

'안동' 하면 하회마을이죠. 전통가옥과 전통문화가 잘 보존된 살아있는 전통마을로, 2010년 유네스코 세계문화유산으로 등재되었어요. 하회마을에 하룻밤 머물면서 찬찬히 마을 구석구석 누벼보았는데요. 일단 꽤 넓은 마을을 걸어 다녀야 해서 아이가 어리다면 유모차는 필수! 저희는 아이 둘이 탈 수 있는 왜건을 끌고 다녔어요. 고즈넉한 시골길 사이사이 초가집을 원 없이 구경하고, 카페에 앉아 차 마시며 여유를 즐겨봤어요. 중간중간 간식 파는 곳은 있지만 식사할 만한 곳은 마땅치 않으니 하회장터에서 식사하고 마을 안으로 들어오는 걸 추천해요. 탈 만들기, 그네 타기 등을 해보는 체험 공간이 있고, 곳곳에 장터도 열려서 구경하는 재미도 있답니다. 아이들은 부용대 건너가는 나룻배 타는 걸 가장 좋아했는데요, 과연 부용대에 올라 본 하회마을은 최고의 장관이었습니다. 하회마을에 온다면 나룻배 타고 부용대에 오르기, 꼭 실천하세요.

📍 경북 안동시 풍천면 하회리 OPEN 하절기 09:00~18:00, 동절기(10~3월) 09:00~17:00, ₩ 일반 5000원, 어린이 1500원 ☎ 054-853-0109 🏠 www.hahoe.or.kr

194

하회마을 안에서 초가집 숙박
목화당

유네스코 세계문화유산으로 등재된 하회마을은 안동에 오면 꼭 들러야 할 필수 여행지인데요. 그냥 스치듯 둘러보는 것이 아니라 하회마을 안에서 꼭 하룻밤 지내보고 싶었어요. 그래서 고르다가 발견한 곳, 바로 목화당입니다. 이곳은 옛 정취가 그윽한 초가집인데요. 초가집에서 묵는 건 처음이라 아이들과 여러 날 설렜어요. '목화당'이라는 이름처럼 계절이 맞으면 목화 체험이 가능한데, 우리 가족이 갔을 때는 시즌이 아니라 체험하지는 못했어요. 그래도 직접 재배한 목화를 틀어서 만든 솜으로 이부자리를 마련해주어 정말 포근하게 잠들 수 있었답니다. 무엇보다도 시골 할머니가 차려주신 것 같은 푸짐한 조식이 제공되어서 아이들과 맛있게 잘 먹었어요. 또 이른 아침, 관광객이 입장하기 전의 호젓한 하회마을을 오롯이 즐길 수 있는 게 큰 매력이에요. 화장실도 입식이라 아이들이 이용하는 데 불편함이 없었답니다.

📍 경북 안동시 풍천면 하회북촌길 20-6　OPEN 입실 15:00, 퇴실 12:00　💰 13만 원~　☎ 054-858-1672　🏠 mokhwadang.modoo.at

Best Course

1day 10:00 국립대구과학관 ▶ 12:30 동제미술관 ▶ 15:00 숙박 : 호텔드포레(체크인 후 네이처파크 혹은 스파밸리 즐기기) ▶ 19:00 저녁 : *가창한우식육식당(놀이방 있는 정육 식당)

2day 10:00 에코테마파크 대구숲 ▶ 12:30 점심 : 라온아토 ▶ 15:00 경주동궁원 버드파크 ▶ 17:00 경주세계자동차박물관 ▶ 19:00 저녁 : *맷돌순두부 ▶ 20:30 숙박 : 신라부티크호텔

3day 10:00 히어로플레이파크 ▶ 13:00 점심 : *이조한정식 ▶ 15:00 국립경주박물관 어린이박물관

*가창한우식육식당 📍 대구시 달성군 가창면 냉천리 2-27 ☎ 053-764-9992
*맷돌순두부 📍 경북 경주시 북군길 7 ☎ 054-745-2791
*이조한정식 📍 경북 경주시 숲머리길 136 ☎ 054-775-3260

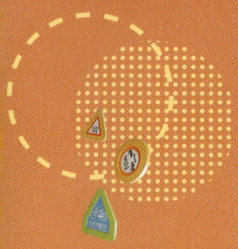

대구·경주 부근

14 KIDS ZONE

😊 1~10세　　　　　　　　　195　　　　　　　　실내·실외 🏠🌲

걷다 보면 공작새와 만나는 방사형 동물원
네이처파크

사실 '동물원' 하면 우리에 갇힌 동물이 먼저 떠오르는데요. 이곳은 걷다 보면 공작새, 토끼, 강아지, 고양이 등과 자유롭게 만나는 이른바 교감형 생태 동물원이에요. 총 40만㎡의 부지에 50여 종의 동물, 350여 종의 수목, 100여 종의 꽃이 공존하고 있는데, 방사형으로 풀어놓고 키우는 동물들이 많아서 그야말로 리얼한 자연 그대로를 즐길 수 있어요. 곳곳에서 동물 먹이 주기 체험도 해봤는데, 특히 아이 생애 처음으로 호랑이, 사자에게 직접 먹이를 준 경험은 뜻깊답니다. 예쁜 꽃이 가득한 숲속 산책길 중간에 플레이존을 준비해놓아서 아이들이 맘껏 뛰놀 수 있었어요. 널찍한 트램펄린을 비롯해 암벽등반, 정글챌린지 등에서 실컷 놀았답니다. 저희는 네이처파크 안에 있는 호텔드포레에 묵어서 더욱 편안하게 야간 동물원을 즐길 수 있었답니다.

📍 대구시 달성군 가창면 가창로 891　OPEN 10:00~19:00 (실내 동물원 18:00)　CLOSE 월요일　💰 대인 1만6000원, 소인 1만4000원　☎ 1688-8511　🏠 www.spavalley.co.kr/naturepark

1~10세   196   실내·실외

온천수 사용하는 워터파크
스파밸리

온천수를 사용해 아이랑 놀기 좋은 워터파크로 대구에서는 꽤 큰 규모를 자랑해요. 입장하면 닥터피시 전신탕과 에어바운스가 보이는데, 이곳을 지나서 워터파크로 향합니다. 실내에는 어린이풀, 유아풀, 테라스온천, 한방바데풀 등이 있어서 조용히 즐기기 좋고, 실외 워터파크에는 두 개의 슬라이드가 꼬여 있는 허리케인 슬라이드를 비롯해 정글아쿠아, 부메랑, 다이빙풀 등이 있어서 더욱 다이나믹하게 즐길 수 있어요. 파도의 시작을 알리는 뱃고동 소리가 울리면 사람들이 우르르 파도풀로 달려가서 철썩이는 파도에 몸을 맡겨요. 초속 1.5m로 흘러가는 유수풀에서는 튜브 위에 둥둥 떠다니면서 놀았네요. 모래 놀이터도 있고 키즈풀도 잘 되어 있어서 아이들이 다양하게 놀 수 있는 게 만족스러웠어요. 저희가 방문했을 때는 해 질 무렵 수영장에 거품을 뿌려주어 더욱 흥이 났는데요, 신나는 댄스곡에 거품놀이하면서 아이들이랑 신나게 춤추고 놀았네요. 참, 바닥이 고르지 않은 편이니 아쿠아슈즈는 꼭 신고 방문하세요.

📍 대구시 달성군 가창면 가창로 891 OPEN 09:00~18:00 CLOSE 시즌별 휴무 기간이 있으니 반드시 확인 💰 워터파크 & 스파 종일권 대인 3만8000원, 소인 3만 원, 36개월 미만 무료(시즌별로 다름) 📞 1688-8511 🏠 www.spavalley.co.kr

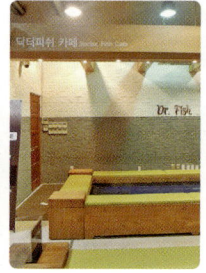

1~10세

실내·실외

197

동물과 함께하는 친환경 호텔
호텔드포레

네이처파크 안에 위치하고 있는 친환경 호텔로 자연 속에서 숙박하며 동물도 만날 수 있어 매력적이에요. 온천수 워터파크인 스파밸리와 함께 이용할 수 있는 것도 장점이고요. 편백나무와 황토 벽돌로 마감한 실내는 고풍스러운 한실이고, 화장실은 깨끗한 양실이라 편하게 이용할 수 있어요. 은은한 편백 향도 상쾌하고, 간간이 들려오는 새소리도 정겨워서 가족 모두 진정한 휴식을 취할 수 있었답니다. 사람이 붐비지 않는 야간에 고요한 동물원을 산책하는 것도 색다른 경험이었어요. 조식 먹으러 한식당 영락에 가는 길에 공작새, 다람쥐 등 귀여운 동물들을 만날 수 있어서 아이들이 정말 좋아했어요. 단, 차량을 숙소까지 가지고 갈 수 없어 픽업 서비스를 이용해야 하는 게 다소 불편했어요. 대신 자동차 없는 자연 친화적 숙소에서 제대로 쉴 수 있으니 전체적으로 만족스러웠답니다.

📍 대구시 달성군 가창면 가창로175길 8
OPEN 체크인 15:00, 퇴실 11:00 ₩ 18만원~(비수기 주중 기준) ☎ 1688-8511 🏠
forrest12.co.kr

1~10세   198   실내·실외

미술 체험과 카페, 야외 잔디밭까지
동제미술관

조용히 관람하기만 하는 미술관이 아닙니다. 푸릇한 잔디밭에서 아이가 뛰놀고, 다양한 미술 체험을 해보고, 카페까지 딸려 있는 일석삼조의 미술관이랍니다. 야외 잔디밭에는 오순도순 이야기하기 좋은 파라솔 테이블과 의자가 놓여 있고, 멋진 조형물과 귀여운 고양이, 새장 속의 새까지 구경할 것도, 즐길 것도 많아요. 입장료를 내면 분위기 있는 카페에서 차 한 잔을 골라 마실 수 있는 것도 매력이에요. 지하 아트센터에서는 아이부터 어른까지 미술 수업을 받을 수 있는데요, 기초 드로잉부터 패브릭 아트, 세라믹 페인팅, 캘리그라피까지 클래스 종류가 다양한 편이에요. 꽤 수준 높은 작품을 만들 수 있어서 만족도가 높답니다. 아트센터 수업은 정해진 시간에만 진행되니 꼭 미리 연락하고 방문하세요.

📍 대구시 달성군 가창면 헐티로10길 18 OPEN 11~2월 평일 10:00~19:00, 3~10월 평일 10:00~20:00 / 주말·공휴일 10:00~21:00 ₩ 입장료 7000원 ☎ 053-767-0014 🏠 blog.naver.com/dongje_artmuseum

1~10세 　　　　　　　　　199　　　　　　　　　실내·실외

수영장에서 놀고, 해먹에서 쉬는 레스토랑
라온아토

야외 마당에 미끄럼틀, 그네, 해먹과 평상이 있고, 여름엔 수영장까지 딸린 이탈리안 레스토랑이라니! 분위기 좋은 레스토랑에 가면 아이들이 뛰어다닐까 노심초사했는데, 여기는 대놓고 놀 거리를 마련해두었으니 엄마 마음도 편하고, 아이도 신날 수밖에요. 여름에 운영되는 수영장은 1인당 3000원만 내면 이용 가능하고, 어린아이들이 따로 놀 수 있는 얕은 수영장도 있어서 안심이에요. 구명조끼랑 튜브도 준비돼 있고, 튜브에 바람 넣는 곳도 있어서 편하게 이용했답니다. 메뉴로 파스타, 피자, 스테이크, 샐러드 등이 있는데, 전체적으로 음식 맛이 좋고 양도 푸짐한 편이라 만족스러웠어요. 아이들이 수영하는 모습 보면서 파라솔에 앉아서 맥주 한잔하는 기분이 최고였답니다.

📍 대구시 달성군 가창면 우록길 287　OPEN 12:00~21:00　CLOSE 월·화요일　🍴 라온 세트(3인) 5만6000원, 아토 세트(2인) 4만9000원　☎ 053-762-9966　🏠 naver.me/GKdjnGVG

🧒 1~10세　　　　　　200　　　　　　실내·실외 🏠🌲

거인의 몸을 탐험하며 과학을 배워요
국립대구과학관

국립다운 방대한 규모와 다양한 전시물을 자랑하는 과학관이에요. 아이가 신나게 뛰놀며 과학을 배울 수 있는 다양한 시설이 잘 갖춰져 있어서 '강추'하는 곳입니다. 과학관에 들어서 어른들이 디지털 성덕대왕신종을 보며 감탄하는 사이, 아이들은 놀이시설로 달려갑니다. 7세까지 이용할 수 있는 놀이 위주의 i-Play관에서는 대형 블록을 쌓아보고, 정글 트리를 오르내리고, 20m 암벽도 등반해봤어요. 거인의 몸속을 탐험하며 인체를 배우는 시설도 유익했답니다. 전시물을 꼼꼼히 관람하며 환경, 자연, 사람에 관한 생생한 과학 지식도 쌓았어요. 홀로그램 AR 게임을 하고, 닥터피시 체험도 해보고, 로봇 댄스를 관람한 후에 천체투영관, 4D 영상관에서 멋진 영상까지 봤어요. 야외 놀이터 시설 규모도 꽤 커서 아이들과 종횡무진 정말 잘 놀았답니다. 100% 온라인 예약제로 운영되고 있으니 꼭 사전 예약하고 방문하세요.

📍 대구시 달성군 유가면 테크노대로6길 20　OPEN 09:30~17:30(입장 종료 16:30, 예약 필수)　CLOSE 월요일, 1월 1일, 설·추석　₩ 입장료 대인 3000원, 소인 2000원 / 4D영상관·천체투영관 대인 2000원, 소인 1000원　☎ 053-670-6114　🏠 www.dnsm.or.kr

4~10세 | 201 | 실내·실외

숲속 어드벤처 체험과 놀이공원
에코테마파크 대구숲

너른 숲속에 다양한 놀 거리가 가득한 에코테마파크 대구숲! 흔들다리와 허브정원을 지나면 어드벤처 체험이 가능한데요, 키즈어드벤처는 짚라인, 징검다리, 그물망 건너기 등을 유아의 눈높이에 맞춰 코스를 축소·설계했고, 엘소드 어드벤처는 트램펄린, 그물 미로 등 총 34가지 미션에 도전해보는 어린이를 위한 코스예요. 모두 초록 숲의 기운을 듬뿍 느끼며 체험하는 코스라 도전하는 아이도, 도와주는 부모도 힐링할 수 있어요. 바이킹, 범퍼카, 개구리점프 등 10여 종의 놀이기구가 있는 딱따구리랜드도 신나고, 캔들과 방향제를 만드는 딱따구리공방도 아이들이 정말 좋아했어요. 이밖에도 쿠키, 피자 등을 만들어보는 쿠킹클래스를 비롯해 동화 속 주인공 의상을 입고 사진을 촬영해보는 마법의 옷장 & 셀프 스튜디오까지 즐길 거리가 무궁무진하답니다. 야외 활동이 많은 편이라 날씨 좋을 때 방문하는 게 좋아요. 길이 오르막이라 유모차를 끌고 가기는 힘들다는 점도 참고하세요.

📍 대구시 달성군 가창면 가창로 1003 OPEN 평일 10:00~18:00, 주말·공휴일 10:00~19:00(기상 악화 시 영업시간 변경 또는 조기 마감)
🎫 입장권 대인 9000원, 소인 8000원 / 입장 + 키즈·엘소드 어드벤처 소인 1만5000원 / 입장 + 딱따구리공방 체험 또는 쿠킹클래스(쿠키) 대인 1만6000원, 소인 1만5000원 ☎ 053-761-7400 🏠 www.daeguforest.com

🙂 1~10세 202 실내·실외 🏠🌲

동물 체험, 놀이기구, 만들기까지
아르떼수성랜드패딩주

앵무새, 차우차우, 토끼, 양, 타조, 돼지 등 다양한 동물과 친구가 되는 동물 체험장이에요. 전문 사육사의 안내에 따라 초식동물, 새, 물고기 등에게 먹이를 줄 수 있고요, 기니피그, 비어디드래곤, 슈가글라이더 같은 동물을 품에 안을 수 있어요. 동물 체험장뿐만 아니라 놀이공원, 체험공방, 도예공방, 아이스링크 등이 한데 모여 있어서 두루 즐기기 좋아요. 놀이공원에는 회전목마, 꼬마기차, 바이킹, 범퍼카, 공중자전거 등 아이들과 타기 좋은 놀이기구들이 있는데요, 입장권과 놀이기구 이용권을 함께 묶은 패키지권을 이용하면 합리적이에요. 체험공방에는 석고방향제, 젤리초, 천연비누 등 아이들이 만들기 쉬우면서 좋아할 만한 체험이 준비돼 있고요, 도예공방에서는 물레를 돌리며 도자기를 만드는 체험을 하는데, 20일 뒤에 예쁘게 구워진 작품을 찾을 수 있어요. 아이스링크는 사계절 이용할 수 있고, 스케이트와 헬멧 대여가 가능해서 편해요. 여름에는 물놀이장도 운영하니 무더운 날에 아이들이랑 이용해봐도 좋겠어요.

📍 대구시 수성구 용학로 35-5 OPEN 11:00~20:00(시즌별로 다름) ₩ 대인 3000원, 소인 2000원 / 입장 + 놀이 2종 대인 8000원, 소인 6000원 / 입장 + 체험교실 1만 원 ☎ 053-761-9969 🌐 suseongland.co.kr/experience/eco-town

😊 1~7세　　　　　　　　　　　203　　　　　　　　　　　실내 🏠

교통안전의 중요성을 배워요~
대구어린이교통랜드

아이들에게 교통안전의 중요성을 알게 해주는 이곳은 대구어린이회관과 인접해 있어서 함께 방문하기 좋은 곳이에요. 아이들과 함께 대표적인 교통사고 사례를 보면서 위험성을 깨닫고, 교통 표지판의 의미도 공부해볼 수 있어요. 어린이 10대 교통사고 모형을 보고 어떤 상황에서 자주 사고가 나는지 살펴보기도 했어요. 자동차와 자전거 타기 시뮬레이션 게임을 통해 직접 운전사가 되어 보행의 중요성도 배워봤어요. 야외에 횡단보도, 교통표지판, 육교 등이 갖춰진 리얼한 체험장이 있어 아이들과 함께 다시 한번 교통규칙을 복습해보았답니다. 평일에는 주로 어린이집, 유치원 등의 단체 방문객이 많은 편이라 주말에 개별 관람으로 방문하는 게 좋아요. 요금이 무료인 만큼 아이들과 가볍게 체험하기엔 괜찮았는데, 별도의 교육 프로그램이 있었다면 더 좋았을 거란 아쉬움이 남긴 했답니다.

📍 대구시 수성구 동대구로 176　OPEN 평일 09:00~10:00, 12:00~13:00, 14:30~18:00 / 주말·공휴일 09:00~18:00　₩ 무료 ☎ 053-765-3401　🏠 www.ctl.or.kr

1~7세 · 실내 · 204

대구의 오래된 놀이 · 체험 공간
대구어린이회관

1983년에 지어진 비교적 오래된 놀이 · 체험 공간으로 입장료가 무료인 게 장점이에요. 아이들이 신기해하는 볼거울, 오목거울, 파이프거울을 비롯해 빛터널과 메아리터널도 있어요. 여러 카드 중에 같은 그림의 카드를 뒤집으면 이기는 스크린 게임을 해보고, 레일을 따라 움직이는 공을 관찰하기도 하고, 태양열로 전기 모형차를 움직여보기도 했답니다. 이곳의 하이라이트는 3층! 아이들이 좋아하는 움직이는 탈것들이 모두 100원이랍니다. 터널과 곡선 코스를 지나는 기차도 100원에 탈 수 있다니, 맘껏 타라고 500원씩 쥐여줬어요. 지하에도 미끄럼틀 놀이터가 있어서 열심히 놀았어요. 예스러운 느낌이 물씬 나고 작동하지 않는 시설도 있었지만, 무료인 걸 생각하면 바로 옆에 있는 대구어린이교통랜드와 함께 방문하기에 괜찮답니다.

📍 대구시 수성구 동대구로 176　OPEN 09:30~18:00　CLOSE 월요일, 1월 1일, 설날 · 추석 당일　💰 무료　☎ 053-803-7930　🏠 www.daegu.go.kr/Childhall

👶 1~10세   205   실내·실외 🏠🌲

수영장이 돋보이는 가족 펜션
별앤별펜션

별이 잘 보이는 곳에 위치해 '별앤별펜션'일까요? 조용하고 평화로운 성주 무흘계곡 바로 옆에 위치해 아이가 자연 속에서 맘껏 뛰놀 수 있는 펜션이에요. 특히 이곳은 여름에 더욱 빛을 발하는데요, 숙소에 묵으며 시원한 물놀이를 맘껏 즐길 수 있어요. 수영장 규모가 워낙 크고 풀도 다양해서 가족 물놀이에 최적화돼 있거든요. 성인 수영장, 어린이 수영장, 유아 풀장을 따로 운영하고, 에어바운스 워터슬라이드와 페달 보트까지 탈 수 있으니 즐거움이 배가 된답니다. 키즈놀이방에는 미끄럼틀, 정글짐이 준비되어 있고, 마당에는 '귀요미' 탈것이 가득해요. 트램펄린이 놓인 방방놀이터에서는 하늘을 뚫을 듯한 기세로 아이들이 팡팡 뛸 수 있답니다. 즐길 거리가 워낙 다양해 왜 만족도가 높은지, 재방문이 많은지 알겠더군요. 자연 속에서 실컷 놀고, 쉴 수 있는 가족 펜션이랍니다.

📍 경북 성주군 금수면 성주로 577 [OPEN] 입실 15:00, 퇴실 11:00 ₩ 7만 원~(비수기 주중 기준) ☎ 010-3150-2604 🏠 www.starandstar.kr

1~10세 | 206 | 실내·실외

놀이방에 수영장까지! 독채라 더 좋은
씨스타펜션

앞서 소개한 별앤별펜션과 멀지 않은 곳에 위치해 있어요. 성주 무흘계곡의 멋진 풍경을 누릴 수 있는 독채형 펜션으로 온 가족이 만족할 만한 놀 거리를 갖추고 있답니다. 여름에는 시원한 물놀이를 즐길 수 있는데요, 널찍한 수영장 주변이 데크로 마감돼 있어 맨발로 다니기에도 부담이 없어요. 또 수심이 얕은 유아용 풀장이 별도로 마련돼 있어서 어린아이도 물놀이하기 편답니다. 봄·가을에는 알라딘 에어바운스와 페달 보트를 이용할 수 있고, 사계절 뛰놀 수 있는 트램펄린도 있어서 아이들이 심심할 틈 없어요. 놀이방 바로 옆에 탁구장이 있어서 아이들이 놀이방에서 노는 동안 어른들은 탁구 한 게임 칠 수도 있어요. 10여 개의 객실 중에 '제주도' 객실이 키즈룸으로 운영되는데요, 객실 안에 인형, 탈것, 자동차 같은 장난감을 비롯해 유아 변기, 유아용품 등이 갖춰져 있어서 편리하게 이용할 수 있답니다.

📍 경북 성주군 금수면 성주로 585 OPEN 입실 15:00, 퇴실 11:00 💰 제주도(키즈룸) 9만 원~(비수기 주중 기준) 📞 010-7349-7319 🌐 www.seestar.co.kr

😊 1~10세　　　　　　　　207　　　　　　　실내 · 실외 🏠🌲

피서지로 으뜸! 포천계곡에 있는
더스타펜션

성주 포천계곡에 위치한 아이와 어른 모두 놀 거리 많은 펜션입니다. 깊은 산속, 자연에 포근히 둘러싸여 있어 마음도 포근해지는데요, 아닌 게 아니라 가야산국립공원의 계곡 중 하나인 포천계곡은 물이 유독 맑고 풍부해서 여름철 피서지 중 으뜸으로 꼽힌답니다. 계곡뿐만 아니라 펜션 내에서도 물놀이하기 안성맞춤이에요. 여름에는 넉넉한 사이즈의 에어풀과 워터슬라이드가 함께 설치되어 아이들이 더욱 좋아하고, 봄·가을에는 뽀로로 에어바운스에서 뛰놀고 페달보트를 탈 수도 있어요. 인조잔디가 깔려 있는 운동장, 가림막이 있는 트램펄린에서도 맘껏 뛰놀 수 있고, 탁구장에서는 가족과 함께 탁구 한 게임 쳐봐도 좋겠어요. 여름 성수기에는 치킨, 커피가 주문 가능한 카페를 운영하고, 매점도 있으니 편리하게 이용해보세요. 계곡 물놀이할 때 평상을 대여할 수도 있으니 문의해보세요.

📍 경북 성주군 가천면 포천계곡로 744　OPEN 입실 15:00, 퇴실 11:00　듀플렉스A 9만 원~(비수기 주중 기준)　☎ 010-9341-4445 🏠
https://www.thestarps.kr

1~10세 실내·실외

208

감동이 있는 한옥 스테이
소소가

아담한 정원이 딸린 예쁜 한옥 숙소로 입소문이 자자해 한두 달 전에 예약해야 할 정도로 인기가 많아요. 마당 한쪽에 감이 주렁주렁 열려 있고, 정다운 우물도 있어서 마중물을 넣어 열심히 물을 길어봤어요. 곳곳에 놓인 나무 조각 작품들과 아기자기한 꾸밈새에서 주인장의 정성 어린 손길이 느껴집니다. 소박하지만 정갈하게 정리된 잠자리도 편안했어요. 무엇보다 이곳의 장점은 아침과 저녁 식사가 숙박료에 포함된다는 것! 텃밭의 야채며 뒷산의 산채, 직접 담근 장을 이용해 정성스럽고 맛깔스럽게 차려냅니다. 훈제 향 가득한 바비큐도 푸짐하고 맛이 좋았어요. 풍경 만들기, 솟대 만들기, 빵도마 만들기 등 준비된 몇 가지 체험 중에 솟대 만들기 체험을 해봤어요. 마을의 수호신 역할을 하고 풍년을 기원하는 의미로 솟대를 세웠다는데, 우리 아이들도 소망을 담아 미니 솟대를 예쁜 색으로 칠해보았답니다. 아이들과 함께 먹고, 쉬고, 체험하기에 좋은 숙소였답니다.

📍 경북 경주시 서악2길 32-13　OPEN 입실 15:00, 퇴실 11:00　💰 여여 12만 원~(비수기 주중 기준)　☎ 010-2274-1010　🏠 sosoga.net

🙂 1~10세　　　　　　　　209　　　　　　　　실내 🏠

부대시설 활용하기 좋은 키즈 호텔
신라부티크호텔

신라부티크호텔은 경주 시외버스터미널 바로 옆에 위치해 접근성이 무척 좋아요. 만약 대중교통으로 경주에 온다면 터미널에서 호텔까지 도보 3분 거리로 매우 가까우니 이용하기 편할 거예요. 저희가 묵은 프리미엄 키즈 스위트룸은 널찍한 침대, 신라호텔 수준의 침구가 준비돼 있어 잠자리가 매우 편했어요. 객실 안에 그물 텐트가 준비돼 있어서 휴식하는 동안에도 심심하지 않았어요. 조식으로는 달걀 밥과 불고기 덮밥 메뉴가 있어서 아이들이 먹기에 좋았답니다. 부대시설로는 스파럭스 찜질방과 히어로플레이파크가 있는데, 별도의 비용을 내야 하지만 숙박객 할인이 가능해서 가족 단위 여행객에게 여러모로 괜찮았어요. 도착한 날 저녁에는 찜질방에서 여독을 풀고, 다음 날 히어로플레이파크에서 신나게 뛰놀았답니다. 깔끔한 키즈룸에 묵으면서 부대시설까지 두루 즐길 수 있어서 편안하고 즐거운 여행이 가능했어요.

📍 경북 경주시 강변로 200　OPEN 입실 15:00, 퇴실 11:00　🛏 키즈 스위트룸 10만8000원~(비수기 주중 기준)　☎ 054-745-3500 🏠 www.sillaguesthouse.com

| 1~10세 | | 실내 |

활동적인 아이에게 안성맞춤
히어로플레이파크

신라부티크호텔 내에 있지만 단독으로 방문해도 손색없는 대형 실내 놀이터예요. 초대형 트램펄린과 중장비 체험을 비롯해 다양한 챌린지 시설이 있어서 활동적인 아이에게 안성맞춤이랍니다. 용기, 자신감, 도전정신을 상징하는 4개의 히어로존에서 미션을 통과하는 콘셉트인데요. 지하 1층부터 3층까지 연령별로 체험해보고 놀 수 있는 시설이 가득해요. 카트레이싱, 회전전투기, 미니바이킹, 미니기차, 미니회전목마 등 놀이기구도 타고, 박진감 넘치는 VR 게임도 해보았어요. 용감하게 챌린지 코스에 도전해서 성공한 다음 커다란 곰 인형 위에서 바운스도 해봅니다. 미끄럼틀 위에 각양각색 모션을 쏘는 모션슬라이드도 아이들이 참 좋아했어요. 참, 입장객 모두 양말을 꼭 신어야 하니 미리 챙겨주세요. 일부 놀이시설은 유료로 운영돼 아쉬웠지만, 신라부티크호텔 숙박객은 40% 할인 혜택을 누릴 수 있으니 함께 이용해도 좋겠어요.

📍 경북 경주시 강변로 200 OPEN 평일 10:30~20:00, 주말 10:00~20:00
💰 1만3000원(평일 어린이 기준) ☎ 1670-6425 🏠 www.herokidspark.co.kr

뽀로로 마니아들을 위한
한화리조트 경주 뽀로로아쿠아빌리지

기존의 스프링돔을 리노베이션해서 뽀로로 테마의 아기자기한 워터파크로 만들었어요. 어느 곳으로 눈을 돌려도 뽀로로 캐릭터로 꾸며져 있어 마치 동화 속 나라에 들어와 있는 듯해요. 뽀로로, 에디, 루피, 패티, 크롱, 로디 등의 캐릭터 외에도 북극을 연상케 하는 이글루나 소복이 쌓인 눈 모형까지 아이들에게는 호기심 가득한 공간이에요. '로디의 버킷 놀이'에서는 로봇 로디가 든 대형 물통에서 물이 폭포수처럼 떨어지고, '신비한 마술 동굴'은 유수풀을 타고 오래된 난파선과 동굴을 탐험할 수 있답니다. 유아를 위한 얕은 풀도 여러 곳에 마련돼 있고, 눈썰매 슬라이드와 뽀로로 수영장에서도 재미있게 놀았어요. 천연온천수를 사용해 물놀이하며 피부 건강까지 챙길 수 있어 일석이조랍니다. 통통이 소극장에서는 정해진 시간에 '뽀로로와 친구들' 공연을 하니 사전에 공연 시간을 확인하세요. 단, 뽀로로를 좋아할 시기가 지난 취학 아동에게는 조금 시시하게 느껴질 수도 있으니 염두에 두세요.

경북 경주시 보문로 182-27 OPEN 09:30~19:00(시즌별로 다름) 종일권 대인 4만4000원, 소인 3만9000원(시즌별로 다름) 054-777-8300 www.hanwharesort.co.kr

1~10세 · 212 · 실내

키즈카페가 있는 자동차박물관
경주세계자동차박물관

평소 보기 힘든 역사 속 자동차와 세계의 명차를 한눈에 볼 수 있는 박물관입니다. 고풍스러운 클래식카부터 영화에서나 보았던 롤스로이스, 벤틀리 같은 명차도 전시돼 있고요, 영화 〈택시운전사〉 속에 등장한 한국 최초의 양산형 자동차 모델도 볼 수 있어요. 일부 클래식카는 시승이 가능해서 어른·아이 할 것 없이 모두 신나서 타봤답니다. 영상역사관과 자동차카페 등 여러 공간을 누비면서 자동차 역사에 관해 이해할 수 있었어요. 또 카페에서 음료를 사면 키즈카페를 무료로 이용할 수 있는 혜택이 주어져요. 카페에서 놀이공간이 한눈에 보여서 차 마시면서 아이를 보기 편했어요. 키즈카페에 볼풀장, 미끄럼틀, 정글짐 등 아이들이 좋아할 만한 놀이시설이 있어서 열심히 뛰어놀 수 있었답니다.

경북 경주시 보문로 132-22 OPEN 10:00~18:30 성인 1만3200원, 어린이 8000원(36개월 이하 무료) 054-742-8900
carmuseum.co.kr

😊 3~10세　　　　　　　　　213　　　　　　　　　실내 🏠

경주의 문화유산을 놀면서 배우는
국립경주박물관 어린이박물관

천년고도 경주의 문화유산을 아이 눈높이에서 관람하고 체험하며 배울 수 있어 매우 유익했어요. 게다가 입장료가 무료라 더욱 반가웠고요. 상설전의 주제는 '반짝반짝 신라, 두근두근 경주'인데요, 신라가 남겨놓은 눈부신 문화유산을 오늘날 경주에서 새롭게 깨워보자는 의미라고 해요. 전시실은 '화랑이 되다', '왕을 만나다', '부처님의 나라를 꿈꾸다', '신라에 꽃핀 예술과 과학' 등 총 5개 존으로 이루어져 있는데요, 그냥 관람하기만 하는 것이 아니라 석탑도 쌓아보고, 도자기 퍼즐도 맞추고, 천마총에서 나오는 유물을 찾아 붙여보기도 하면서 경주의 문화재에 대해 즐겁게 배울 수 있었답니다. 전체적으로 활동적이라기보다는 다소 정적인 교육 프로그램에 가깝지만, 어린이박물관을 관람하고 국립경주박물관으로 이동하면 교육 효과가 두 배! 이미 체험한 유물의 실물을 찾아다니며 아이가 훨씬 더 집중하고, 흥미로워했답니다.

📍 경북 경주시 일정로 186　OPEN 10:00~18:00　CLOSE 1월 1일, 설날·추석　무료　☎ 054-740-7591
gyeongju.museum.go.kr/kid/html/sub05/05.html

3~10세 | 214 | 실내

울창한 식물원에서 새와 만나는
경주동궁원 버드파크

싱그러운 나무와 꽃들로 울울창창한 식물원 안에서 다양한 새와 동물을 만날 수 있어요. 입장할 때 기념품 숍에서 '버드파크 탐험대 체험북'을 사가면 훨씬 흥미로운 자연 탐험을 해볼 수 있어요. 경주버드파크 곳곳의 식물을 관찰하면서 책 속의 해당 식물 이름에 '탐험 스탬프'를 찍을 수 있어서 즐거워요. 식물 이름도 공부하고, 스탬프도 찍는 일석이조 체험이랍니다. 파충류관을 지나 앵무새가 있는 큰 새장이 나오면 새 모이를 줄 수 있어요. 잉어 먹이는 1000원에 판매하는데, 아이가 고사리손을 쥐었다 펴며 작고 동글동글한 먹이를 던지면서 재밌어했어요. 먹이를 사수하기 위한 잉어들의 전투적인 몸짓에 시선을 홀딱 빼앗겨요. 2층에는 갓 부화한 아기 동물을 관찰하는 부화실이 있고, 3D 안경을 쓰고 게임하거나 다양한 기기를 통해 체험 학습할 수도 있어요. 다리도 쉴 겸 카페에서 음료 한잔 즐기고, 야외 체험장으로 나가면 염소랑 타조 등이 있는 미니동물원도 있답니다.

📍 경북 경주시 보문로 74-14 OPEN 10:00~19:00 CLOSE 연중무휴 💰 버드파크 + 식물원 통합권: 일반 1만8000원, 소인 1만 원(36개월 이하 무료)
☎ 054-777-7200 🏠 www.birdparks.co.kr

😊 1~10세　　　　　　　　　215　　　　　　실내·실외 🏠🌳

사계절 온수 수영장이 있는
잼잼키즈펜션

사계절 온수 수영장이 있는 매력적인 키즈펜션이에요. 전체적으로 아이를 위한 놀 거리가 매우 잘 갖춰져 있는데, 그중에서도 따듯한 물에서 놀 수 있는 수영장은 정말 반가워요. 아이가 어려도, 추운 겨울에도 수영하며 노는 게 문제없답니다. 아이를 위한 객실도 특별했어요. 복층 객실의 아랫층은 놀이방, 위층은 침대 구조라서 아이가 너무 좋아했어요. 천장의 유리 창문을 통해 침대에 누워 하늘을 보는 기분도 근사했어요. 날씨가 좋다면 반짝반짝 밤하늘에 별도 보인답니다. 실내에는 주방놀이, 인형 등의 놀잇감이 준비되어 있고, 실외에도 간이 유아풀장을 비롯해 자전거, 미끄럼틀, 트램펄린, 모래놀이터 등이 갖춰져 있어요. 따로 키즈카페 방문할 필요 없이 실컷 놀 수 있답니다. 어린이 가운과 튜브를 무료로 대여하고, 유아용 의자와 치약 등이 준비돼 있어 편리했어요. 간단한 조식도 제공되니 편하게 이용해보세요.

📍 경북 경주시 새골길 49-91　OPEN 입실 15:00, 퇴실 11:00　♥ 미키룸 35만 원~(비수기 주중 기준)　☎ 010-8676-1469
🏠 www.jamjampension.kr

1~10세 · 실내·실외

216

전동차 트랙이 있는 독채 키즈풀빌라
아이놀자 풀빌라

넓찍한 마당에 어린이 전동차 트랙이 있는 독채 키즈풀빌라! '아이놀자'라는 이름처럼 아이가 놀기 좋은 모든 것이 갖춰져 있어요. 그중에서도 전동차 트랙은 아이와 부모 모두의 시선을 압도해요. 왕복 2차선 트랙 위에 어린이 전동차, 오토바이 등 다양한 탈것이 오가고, 트랙 안쪽의 중앙 공간에는 트램펄린, 미끄럼틀, 모래놀이터 등이 있어 다양하게 놀 수 있습니다. 아이가 노는 동안에 부모는 파라솔에서 꿀맛 휴식을 취할 수 있는 것도 장점이에요. 가로 3.5m, 세로 6m 크기의 대형 온수 수영장은 사계절 이용할 수 있어요. 햇볕에 탈 염려 없는 실내 수영장인데, 폴딩 도어를 열면 바깥 풍경을 오롯이 감상할 수 있어 더없이 좋았어요. 객실 2층에는 주방놀이, 흔들말, 자동차, 인디언텐트 등이 놓여 있고, 1·2층 사이를 연결하는 미끄럼틀도 있어서 아이들의 호기심을 자극하기에 충분합니다. 웰컴 간식과 조식이 제공되고, 캡슐 커피도 마실 수 있으니 아이와 부모 모두 만족스럽게 이용해보세요.

경북 경주시 진티길 56-8 OPEN 입실 15:00, 퇴실 11:00 45만 원~(비수기 주중 기준) 010-8674-6258 www.inoljaps.co.kr

Best Course

1day 10:30 구포국수체험관(국수 체험 후 시식) ▶ 13:30 부산솔로몬로파크 ▶ 16:00 씨라이프 부산아쿠아리움 ▶ 18:30 저녁 : *대영횟집 ▶ 20:00 숙박 : 호텔더마크 해운대

2day 10:00 송도해상케이블카 ▶ 13:00 렛츠런파크 부산경남

*대영횟집 부산시 수영구 광안해변로344번길 17-20 051-759-9002

15
KIDS ZONE

부산·거제 부근

3~10세 | 217 | 실내

직접 면을 뽑고, 국수도 맛보는
구포국수체험관

부산 구포 지역의 명물 음식인 구포국수를 테마로 한 체험관이에요. 밀가루를 직접 반죽해 국수를 만들어볼 수 있어서 한창 요리에 관심 있는 아이들이 꽤 좋아했어요. 먼저 3층 전시실에서 국수 만드는 과정을 살펴보고, 2층 체험실에서 국수 체험을 시작했어요. 아이들이 밀가루 반죽을 꼭꼭 눌러 뭉친 후에 압면기로 납작하게 눌러주고, 제면기로 면을 잘랐어요. 굵거나 가는 면발을 조절해가며 다양하게 만들어보았고요. 다 만들어진 면발은 포장해와서 맛있는 국수를 만들어 먹었답니다. 머핀 만들기까지 즐겁게 체험한 후에 1층에서 잔치국수를 시식해보았어요. 입장료에 포함된 기본 국수 외에 다른 메뉴도 주문할 수 있어서 비빔국수와 김밥을 더해 맛있게 먹었답니다. 매달 선착순으로 예약을 받으니 공지 확인하고 꼭 예약 후에 방문하세요.

📍 부산시 북구 구포만세길 109　OPEN 홈페이지 확인　🍜 우리체험(제면체험 + 시식) 1만 원, 우리노리체험(제면체험 + 머핀 만들기 + 시식) 1만5000원, 노리체험(제면체험 + 쿠키 만들기 + 시식) 1만5000원　☎ 051-342-9495　🏠 www.guponplay.co.kr

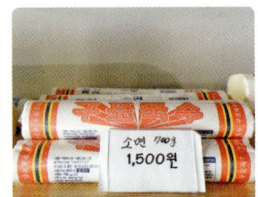

😊 1~7세　　　　　218　　　　　실내 🏠

놀면서 배우는 과학 놀이터
국립부산과학관 새싹누리관

개관한 지 얼마 되지 않아 비교적 시설이 깨끗하고 만족도가 높은 과학관이에요. 특히 7세 미만의 아이들만 입장할 수 있는 새싹누리관은 놀 거리가 풍성한데요, 입구를 통과하면 2층에서부터 내려오는 긴 미끄럼틀이 보여요. 키 110cm 이상만 탈 수 있고, 탑승 시간도 정해져 있는데 스릴 만점이랍니다. 톱니바퀴가 돌아가는 시계탑 광장에서는 아이가 직접 톱니바퀴를 돌려보고, 커다란 바퀴로 만든 집에서 미끄럼틀도 탔어요. 전기에너지를 만들어보고, 자동차도 수리해봤어요. 물을 이용해 에너지를 만들어보는 코너에서는 열심히 물놀이하고 놀았답니다. 증기기관차에 석탄을 날라서 넣어보는 체험도 재미있어서 무한 반복했어요. 공을 던져서 큰 구멍에 넣어보고, 공을 바구니에 옮기다가 한꺼번에 와르르 쏟아지는 공을 맞아보기도 했어요. 새싹누리관은 회차별로 입장 가능하고, 약 90분간 이용할 수 있어요. 여름에는 국립부산과학관 야외에서 슬라이드와 무지개분수가 있는 물놀이터를 운영하니 이용해보세요.

📍 부산시 기장군 기장읍 동부산관광6로 59　OPEN 1회 09:30~11:30, 2회 12:00~13:30, 3회 14:00~15:30, 4회 16:00~17:30　CLOSE 월요일, 1월 1일, 설날·추석 당일　₩ 어린이관 입장료 1000원　☎ 051-750-2300　🌐 www.sciport.or.kr

😊 1~10세　　　　　　　　　　　　219　　　　　　　　　　　　실내 🏠

실속 있는 키즈 호텔
호텔더마크 해운대

부산지하철 2호선 해운대역에서 도보로 5분 거리에 위치해 접근성이 좋은 호텔이에요. 게다가 아담한 키즈룸이 있어서 아이들과 함께 즐겁게 묵어갈 수 있답니다. 기본적으로 객실 안에 TV, 세탁기, 전자레인지 등이 갖춰져 있고, 일부 객실에는 인덕션과 조리기구도 있어서 아이들 먹일 것을 간단히 요리하기에 편했어요. 키즈룸 콘셉트는 핑크 레이디, 레이스카 등이 있는데요, 저희는 소방차 룸을 이용했어요. 아이 시선을 끄는 빨간 소방차 침대를 비롯해 얼룩말 탈것, 화이트보드, 터널, 블록 등이 있어서 잠시 놀기에 괜찮았어요. 저희가 묵었던 객실에서는 건물 틈새로 바다가 살짝 보이는 정도라 뷰는 조금 아쉬웠지만 전체적으로는 만족스러웠어요. 객실 요금에 호텔 조식과 키자니아 부산 입장권 등을 더한 키즈 패키지 상품을 선보이기도 하고, 조식 레스토랑을 별도로 이용할 수도 있어요. 키자니아 부산, 씨라이프 부산아쿠아리움 등의 할인 혜택을 제공하기도 하니 꼭 확인해보세요.

📍 부산시 해운대구 해운대해변로298번길 29 [OPEN] 입실 15:00, 퇴실 11:00 💰 M 스위트 키즈 15만 9000원~(비수기 주중 기준) ☎ 051-501-9440 🏠 www.hotelthemark.co.kr

① 1~10세　　　　　　220　　　　　　실내 🏠

가성비 갑! 오션뷰가 끝내주는
에이치에비뉴호텔 광안리점

광안리해변의 끝자락, 상가 건물 위층에 자리한 호텔로 가성비가 매우 뛰어나요. 보통 부산에서 저렴하게 묵으려면 단독 건물이 아닌, 복합상가 건물에 자리한 호텔을 고르는 게 합리적인데 에이치에비뉴호텔 광안리점도 그런 경우예요. 특히 광안리 바다가 한눈에 들어오는 뷰를 가진 '버블바'가 하이라이트! 광안리 불꽃축제를 관람하기에는 더없이 좋은 자리로 야외 테라스에 놓인 빈백에 누워 하염없이 바다를 바라볼 수 있답니다. 객실에서도 바다 보이는 뷰가 예술이었어요. 깔끔한 이부자리와 작은 히노끼탕 등 요목조목 실속 있고 아기자기하게 꾸며놓았어요. 호텔 바로 앞에 미니 놀이동산인 광안비치랜드가 있어서 바이킹, 범퍼카 등을 타면서 알차게 잘 놀았어요. 광안리해변까지도 도보로 5분 거리라 여러모로 부산을 즐기기 좋은 위치랍니다. 조식 레스토랑에서 아이랑 아침 식사도 해결할 수 있어서 두루 만족스러웠던 호텔입니다.

📍 부산시 수영구 민락수변로 29　OPEN 입실 16:00, 퇴실 12:00　₩ 6만 8000원~(비수기 주중 기준)　☎ 051-753-1340　🌐 h-avenue.com/branch2

온종일 심심할 틈 없는 대형 놀이터
렛츠런파크 부산경남

흔히 '경마공원'이라 부르는 렛츠런파크에는 다양한 즐길 거리가 준비돼 있어요. 널찍한 공원은 더비랜드, 포니랜드, 호스트리랜드, 에코랜드 등으로 나뉘는데요. 더비랜드에는 사계절 썰매장인 슬레드힐과 분수광장, 인공폭포 전망대 등이 자리하고 있어요. 사계절 썰매의 경우 아이 키가 120cm 이상 돼야 탈 수 있으니 참고하세요. 포니랜드에는 꽤 큼지막한 놀이터를 비롯해 어린이축구장, 바운싱돔이 있어요. 바운싱돔은 공기 팽창 원리를 이용한 시설로 뜀뛰기 놀이를 즐길 수 있어서 아이들이 엄청 좋아했답니다. 포니승마장에서는 승마 체험을 할 수 있는데, 키 100cm 이상 13세 이하 아이들만 체험할 수 있고, 선착순 현장 접수라 미리 티켓을 구매하는 게 좋아요. 2018년 토마빌리지가 새로 오픈하면서 경찰 제복을 착용한 후에 기마경찰대 승마 체험을 할 수 있어요. 또 염소, 양, 토끼, 돼지에게 먹이 주기 체험도 가능하고, 친환경 숲놀이터, 동물 모래놀이터 등에서도 놀 수 있으니 온종일 심심할 틈이 없답니다.

📍 부산시 강서구 가락대로 929 OPEN 05:00~20:00(토마빌리지, 포니승마장 등 이용 날짜·시간 홈페이지 별도 확인)
💰 경마일 2000원, 비경마일 무료 ☎ 051-901-7114
🏠 park.kra.co.kr/busan_main.do

👧 1~10세 222 실내 🏠

무료 입장이라 더 좋은
국립수산과학원 수산과학관

무료 입장이라 더 반가운 부산의 과학관이에요. 입장하는 순간 참고래 뼈의 실물 전시물에 "와~"하는 아이들의 탄성이 터집니다. 길이 10m, 체중 7톤에 달하는 이 전시물은 실제로 1996년 부산 송도해수욕장에서 발견된 참고래의 뼈랍니다. 국내 최대 크기의 전시물이라니 그 위용이 대단하네요. 아이들이 좋아하는 터치풀에서 불가사리와 물고기를 만져볼 수 있고, 어느 바다에서 어떤 수산물이 나는지를 보여주는 지도가 있어서 버튼을 눌러보며 배울 수 있어요. 전시관을 옮길 때마다 야광으로 반짝이는 길이 나 있어서 아이들의 흥미를 유발해요. 아쿠아리움에는 생각보다 크고 희귀한 물고기들이 많았어요. 외부에 선박전시관도 있는데요, 직접 화면을 보면서 배를 운전해 볼 수 있었답니다. 야외수족관에서 물고기 먹이를 줄 수 있고, 야외 전망대도 있어서 부산 바다가 훤히 보여요. 기장 용궁사가 바로 옆에 있으니 함께 둘러보는 것도 좋겠어요.

📍 부산시 기장군 기장읍 기장해안로 216 OPEN 09:00~18:00 CLOSE 월요일, 설날·추석 연휴 🎟 무료 ☎ 051-720-3061 🏠 www.fsm.go.kr

부산·거제 부근 327

😊 4~10세 실내 🏠

223
법을 이해하고, 법과 친해지는
부산솔로몬로파크

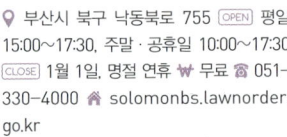

법무부에서 운영하는 법교육 테마공원으로 대전과 부산 두 곳에 있어요. 부산솔로몬로파크에서 가장 인기 있는 코너는 역시 7세 이하 미취학 아동을 위한 법놀이터인데요, 다양한 놀이를 통해 자연스럽게 법과 친해질 수 있어서 유익했어요. 어떤 일이 더 착한 일인지 저울에 달아보고, 평화로운 마을을 퍼즐로 완성해볼 수도 있어요. 도둑을 찾아 보물 숫자를 되찾는 도둑의 보따리 코너도 재밌어요. 이밖에도 암벽을 등반하고, 대형 블록으로 집을 지어가며 놀답니다. 7세 이상 아이들은 본격적으로 법을 공부해봐도 좋아요. 미래의 대통령을 뽑아보는 투표에 참여하고, 대통령 취임식도 근엄하게 수행하고, 헌법재판소에서 판사복을 입어보기도 했어요. 책이 가득 꽂혀 있는 도서관, 가볍게 놀 수 있는 야외놀이터도 마련돼 있어요. 평일 단체 체험이 있을 땐 방문이 제한될 수 있으니 꼭 미리 확인해보세요.

📍 부산시 북구 낙동북로 755 [OPEN] 평일 15:00~17:30, 주말·공휴일 10:00~17:30 [CLOSE] 1월 1일, 명절 연휴 💰 무료 ☎ 051-330-4000 🏠 solomonbs.lawnorder.go.kr

1~10세 | 실외

224
바다 위를 지나 공룡 만나러 출발!
송도해상케이블카

송도해수욕장 동쪽의 송림공원에서 서쪽 안남공원까지 바다 위를 가로지르는 1.62km 길이의 케이블카예요. '송도베이스테이션'이라 부르는 하부역과 '송도스카이파크'라는 상부역에서 각각 출발할 수 있는데요, 우리 가족은 하부역에서 출발해서 왕복했어요. 주차장에 차를 세우고 엘리베이터를 타고 4층으로 올라가면 케이블카 탑승장이 나옵니다. '에어크루즈'라는 일반 케이블카와 '크리스탈크루즈' 중에 선택할 수 있는데, 이왕이면 바닥이 훤히 보이는 크리스탈크루즈를 선택했어요. 사방이 유리로 마감되어 발아래 시원한 부산 바다를 두고 고공비행하는 기분이 최고였답니다. 케이블카에서 내리면 상부역에 해당하는 송도스카이파크에 닿는데, 부산 경치를 조망하기에 최고의 위치입니다. 인생샷 건질 수 있는 포토존과 더불어 공룡 모형들도 만날 수 있어서 아이들이 너무 좋아했어요. 열심히 기념 촬영 후에 다시 케이블카를 타고 하부역 주차장으로 돌아왔어요. 걷는 구간이 많지 않은데 볼거리는 풍성해서 조부모님 모시고 3대가 즐겨도 참 괜찮은 코스랍니다.

📍 송도베이스테이션(하부역) 부산시 서구 송도해변로 171 / 송도스카이파크(상부역) 부산시 서구 암남공원로 181 OPEN 09:00~21:30(시즌·기상 상황별로 다름, 홈페이지 확인 필수) 🎫 케이블카: 에어크루즈 대인 왕복 1만5000원, 소인 왕복 1만1000원, 크리스탈크루즈 대인 왕복 2만 원, 소인 왕복 1만5000원 ☎ 051-247-9900 🌐 www.busanaircruise.co.kr

😊 5~10세　　　　　　　　　　　225　　　　　　　　　　실내 🏠

더 자유롭게, 더 신나게 놀자
지스타더놀자

한국게임산업협회가 더 잘 노는 창의적 어린이를 위해 제안하는 실내 놀이터예요. '더 자유롭게, 더 신나게, 더 가깝게, 더 만지고, 더 느끼고, 더 생각하고'라는 슬로건 아래 디지털 미디어를 체험하며 신나게 놀 수 있는 공간이에요. 해운대 영화의전당 바로 옆에 위치하는데요, 하루에 1~4타임까지 정해진 시간 중에 미리 예약해야 입장할 수 있어요. 지스타더놀자에서 권장하는 연령은 6~11세이지만, 방문해보니 5세부터는 크게 무리 없이 놀 수 있을 것 같아요. 기본적으로 아이를 위한 게임이 다양하게 준비돼 있어 굉장히 집중해서 참여할 수 있었어요. 메인이 되는 3개의 미끄럼틀이 스릴 만점이라 끊임없이 오르락내리락하며 놀았답니다. 아이가 노는 동안 부모는 편안하게 휴식할 수 있도록 빈백이 중간중간 놓여 있고, 만화책도 구비돼 있어서 그야말로 1시간 30분간의 이용 시간을 모두가 알차게 보낼 수 있었답니다.

📍 부산시 해운대구 수영강변대로 140 부산문화콘텐츠콤플렉스 2층 [OPEN] 10:30~18:00 [CLOSE] 월요일, 1월 1일, 설·추석 연휴 💰 24개월 이상 6000원, 보호자 2000원 ☎ 051-731-6300 🌐 thenollja.co.kr

😊 4~10세　　　　　　　　226　　　　　　　실내 🏠

투명 보트를 타고 상어를 만나는
씨라이프 부산아쿠아리움

해운대해수욕장 앞에 위치한 아쿠아리움으로 250종, 1만여 마리의 해양생물을 8개 전시존에서 볼 수 있어요. 시야를 압도하는 상어와 몸집이 어마어마한 거북이를 비롯해 불가사리, 해마, 가오리 등을 눈앞에서 볼 수 있고, 수달과 펭귄, 상어의 피딩 타임도 놓치면 아까워요. 무엇보다 씨라이프 부산아쿠아리움이 더욱 특별한 건 '상어투명보트'를 타고 메인 수조 위를 떠다니는 체험을 해볼 수 있기 때문인데요. 바닥이 투명 유리로 되어 있는 보트를 타고 3000톤에 이르는 메인 수조를 10~15분간 항해하며 상어를 비롯한 다양한 해양생물을 가까이서 관찰할 수 있어요. 입장료 외에 별도의 금액을 내야 하지만, 가이드의 생생한 설명까지 곁들여지니 분명 기억에 남을 체험이 될 거예요. 이밖에도 살아있는 불가사리와 소라게를 손으로 만져볼 수 있는 락풀과 아이들이 좋아하는 게임 스크린 등 구석구석 체험할 것이 많답니다.

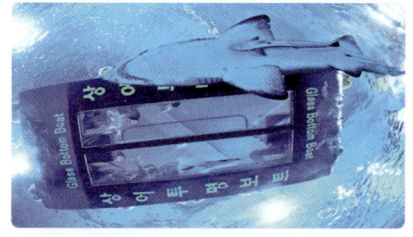

📍 부산시 해운대구 해운대해변로 266 OPEN 평일 10:00~20:00, 주말·공휴일 09:00~22:00 CLOSE 연중무휴 🎫 대인(만 13세부터) 2만9000원, 소인(만 3~12세) 2만3000원, 상어투명보트 1인 7000원(선착순 예약) ☎ 051-740-1700 🌐 www.busanaquarium.com

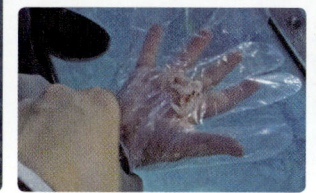

1~10세 　　　　　　　　227　　　　　　　　실내

무료라 부담 없는 미니 아쿠아리움
국립해양박물관

일단 입장료가 무료라 부담 없고, 별도로 예약하지 않아도 체험할 게 많은 박물관이에요. 1층엔 해양도서관, 어린이 자료실이 있고, 2층 어린이박물관에 10명 이상의 어린이가 모이면 키즈 퍼포먼스가 진행돼요. 바다설명회, 마술쇼, 종이접기 등 시간표를 통해 15분 단위로 진행하는 프로그램들을 꼭 확인해보세요. 3층엔 미니 아쿠아리움이 있는데, 무료로 구경하는 것치고 괜찮았어요. 작지만 귀여운 해저터널을 걸어가며 물고기를 볼 수 있고, 바닥 유리를 통해서도 해양생물을 관찰할 수 있어요. 거북이, 가오리, 작은 상어 등 아이들이 좋아할 만한 건 다 있고, 잠수부가 먹이 주는 피딩 타임에 맞춰 가면 더욱 흥미롭게 관람할 수 있답니다. 바다 생물을 직접 만져보는 터치풀도 있고, 바다 생물을 꺼내 현미경에 올리면 스크린을 통해 확대된 모습을 볼 수도 있어요. 4층의 4D 상영관은 유료인데, 키 1m 이하는 입장할 수 없으니 참고하세요.

📍 부산시 영도구 해양로 301번길 45　OPEN 평일 09:00~18:00, 일요일·공휴일 09:00~19:00, 토요일(5~8월) 09:00~21:00, 토요일(9~4월) 09:00~19:00　CLOSE 월요일, 설날·추석 연휴　💰 무료　☎ 051-309-1900　🏠 www.knmm.or.kr

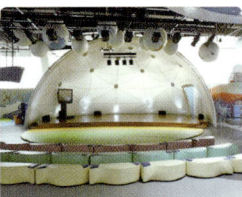

😊 1~7세　　　　　　　　　228　　　　　　　　　실내 🏠

조타실에서 타륜을 조종해보는
거제조선해양문화관

우리나라의 대표적인 조선소가 자리한 거제도에서 꼭 들러야 할 곳! 세계적으로 손꼽히는 우리나라 조선 산업에 대해 배울 수 있는 거제조선해양문화관입니다. 거제와 바다에 대한 자료를 전시한 어촌민속전시관과 우리나라 조선소를 비롯해 조선 기술이 집약된 배를 볼 수 있는 조선해양전시관이 나뉘어 있어요. 아이들은 유아조선소에서 가장 많은 시간을 보냈는데요. 미취학 아동을 위한 유아조선소는 거제조선해양문화관 입장권을 끊었다면 별도의 추가 요금 없이 이용할 수 있어요. 커다란 배 모양의 놀이터에 정글짐, 미끄럼틀, 트램펄린 등이 연결돼 있어 신나게 뛰놀 수 있어요. 모형 조타실에서 타륜을 조종해보기도 하고, 나만의 배를 만들어 이름을 지어보는 스크린 게임도 해봤어요. 4D 영상탐험관은 의자가 움직이고 바람이 나와서 제법 다이내믹하지만, 110cm 이하 어린이는 관람할 수 없으니 참고하세요. 돌고래쇼로 유명한 거제씨월드가 바로 옆에 있으니 함께 방문해도 좋을 거예요.

📍 경남 거제시 일운면 지세포해안로 41　OPEN 09:00~18:00 / 유아조선소 09:00~12:00, 14:00~17:00　CLOSE 월요일, 1월 1일, 명절 당일　💰 어른 3000원, 초등학생 1000원 / 4D 영상탐험관 이용료 2000원　☎ 055-639-8270　🏠 www.geojemarine.or.kr

😀 1~10세　　　　　　　　　　　229　　　　　　　　　　실외 🌳

편백 숲길을 맨발로 걸어보는
나폴리농원

아이들에게 피톤치드 가득한 청정 공기를 듬뿍 마시게 해주고 싶다면, 통영 나폴리농원으로 가보세요. 몇 가지 체험 프로그램 중에 가족 여행자에게 알맞은 편백숲 맨발치유 체험을 해보았는데요, 피톤치드가 가장 많이 뿜어져 나오는 13~25살의 편백이 빼곡한 숲길을 맨발로 걸어볼 수 있어요. 징검다리를 건너듯 나무 밑동을 밟으며 걷기도 하고, 편백나무 톱밥을 자연 발효해 깔아놓은 폭신한 길을 걷기도 해서 매우 특별했어요. 아이가 신발을 벗어 던지고 맨발로 자연의 감촉을 느껴볼 수 있다니 건강에는 물론 정서적으로도 좋을 것 같더라고요. 아이들은 루페를 이용해 바위에 붙은 이끼를 관찰해보고, 편백나무에 청진기를 대고 물이 오르는 소리를 들어보기도 했어요. 잔디와 해먹에 누워서 쉬는 코스도 있고, 원적외선 족욕실을 비롯해 편백 온수족욕탕도 있어서 다양하게 족욕을 즐길 수도 있답니다.

📍 경남 통영시 산양읍 미륵산길 152　OPEN 봄·여름·가을 10:00~16:30, 겨울 10:00~15:00　CLOSE 화요일　₩ 어른 1만1000원, 24개월 이상 7700원　☎ 055-641-7005　🏠 www.naporyair.com

😊 4~10세   230   실외 🌲

짜릿한 속도감 즐기는 레포츠
스카이라인루지 통영

속도감을 즐기는 가족이라면 단연 환영할 만한 레포츠, 스카이라인루지입니다. 다운힐 라이딩을 위해 특수 제작된 루지 카트를 타고 2.1km 코스를 내려오는 레포츠인데요, 우선 스카이라이드 리프트를 타고 한려해상국립공원의 섬들을 내려다보며 언덕 위로 올라가 두근두근 설레는 마음으로 출발! 커브 구간, 터널 구간 등 다양한 코스를 지나 내려오면서 짜릿하게 라이딩을 즐길 수 있어요. 달리다가 사진 찍기 좋은 포토존이 보이면 중간중간 속도 조절하면서 추억을 남겨도 좋아요. 신장 85~110cm 아이는 반드시 보호자와 함께 탑승해야 해요. 인기가 많아 대체로 대기시간이 긴 편이니 오픈 시간에 맞춰 가는 게 좋고, 보통 1회권은 아쉬워서 3회권을 많이 이용하니 참고하세요. 장갑을 끼고 타는 게 안전한데, 너무 두꺼운 스키 장갑은 핸들 컨트롤이 어려울 수 있으니 적당한 두께로 준비해주세요. 우천 시에도 이용할 수는 있지만 기상이 너무 악화되면 탑승이 어려우니 꼭 미리 확인하세요.

📍 경남 통영시 발개로 178 OPEN 09:00~18:00(시즌·요일별로 다름) 🏠 루지 & 스카이라이드 콤보 개인 1회 1만4000원 ☎ 070-4731-8473 🏠 www.skylineluge.com/ko/tongyeong

Best Course

1 day
10:00 사천첨단항공우주과학관 ▶ 11:30 항공우주박물관 ▶ 13:00 점심 : *하연옥 사천점(진주냉면, 육전)
▶ 14:30 남일대해수욕장 에코라인 ▶ 16:00 숙박 : 마리나힐링펜션(체크인 후 수영장, 해양레포츠 즐기기)

2 day
09:30 앵강다숲마을 ▶ 11:30 상주은모래해변 ▶ 13:00 점심 : *이태리회관(이탈리안 레스토랑) ▶
15:00 피그말리온펜션(체크인 후 수영장, 놀이시설 즐기기) ▶ 18:30 저녁 : *미조식당(멸치쌈밥, 갈치구이)

3 day
11:00 상상양떼목장 편백숲

*하연옥 사천점 ⚲ 경남 사천시 사남면 하동길 8-11 ☎ 055-853-9005
*이태리회관 ⚲ 경남 남해군 상주면 남해대로697번길 42 ☎ 055-863-5118
*미조식당 ⚲ 경남 남해군 미조면 미조로 232 ☎ 055-867-7837

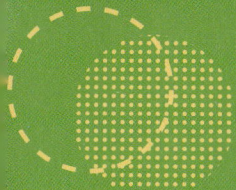

KIDS ZONE 16
남해·산청 부근

👶 1~10세　　　　　　　　231　　　　　　　　실외 🌳

양과 알파카를 만나는 목장
상상양떼목장 편백숲

약 33만㎡의 널찍한 초지와 편백숲 산책로가 매력적인 목장이에요. 사방이 편백숲, 바다, 산림으로 둘러싸여 있어 보고만 있어도 힐링이 됩니다. 싱그러운 초지 위에 양떼와 알파카가 자유롭게 노닐고 있는데요, 입구에서 사료를 받아서 들어가면 바로 만날 수 있어요. 손바닥 위에 사료를 올려놓고 양을 부르면 쪼르르 다가와 먹이를 먹어요. '귀요미' 양들의 침이 좀 묻긴 합니다만 아이들은 손바닥이 간지럽다며 까르르 좋아하네요. 양떼 사이에 알파카도 보이는데 눈빛이 정말 아련하고 예쁘답니다. 앵무새 체험관도 있어서 새에게 모이 주는 체험도 할 수 있어요. 편백숲 산책로가 있어 상쾌한 기분으로 걸을 수 있고, 봄에는 벚꽃이 활짝 피어 더욱 풍경이 예뻐져요. 약 1km 떨어진 남해 양모리학교 양떼목장과는 다른 곳이니 잘 구분해서 방문하세요.

📍 경남 남해군 설천면 설천로775번길 364　OPEN 하절기 09:00~18:00, 동절기 09:00~17:00　💰 25개월~초등학생 6000원, 중학생 이상 9000원　📞 055-862-5300
🏠 yangttefarm.com

😊 1~10세

232

실내·실외 🏠🌳

가성비 좋은 남해 키즈펜션
피그말리온펜션

남해에 키즈펜션이 많지 않아서 어렵게 찾은 곳, 가성비 좋은 피그말리온펜션입니다. 세 아이를 키우는 사장님이 '아이들만의 여행이 아닌 부모들도 여유를 즐길 수 있게' 하기 위해 이 펜션을 열었다고 해요. 실제로 아이들이 신나게 뛰놀 수 있는 놀이시설이 잘 갖춰져 있는데요, 객실마다 조금씩 다르지만 실내에 기차놀이, 흔들말, 주방놀이, 놀이텐트 등이 준비되어 있어서 아이들이 방 안에서도 심심할 틈 없이 잘 놀았어요. 야외 시설도 만족스러웠어요. 수영장과 트램펄린, 미끄럼틀이 있어서 원 없이 물놀이하고, 신나게 뛰놀 수 있었답니다. 풀장 옆에는 선베드가 있어서 물놀이하다가 잠시 쉬면서 간식을 먹기도 편했어요. 스파가 있는 룸도 있으니 겨울엔 스파 물놀이해도 좋겠어요. 펜션 내 카페에서 일회용품을 비롯해 간단한 양념 종류를 이용할 수 있고, 커피도 마실 수 있어 편했답니다.

📍 경남 남해군 미조면 남해대로 258-13
OPEN 입실 15:00, 퇴실 11:00 🛏 아몬드룸 14만 원~ (비수기 주중 기준) ☎ 010-3152-3386 🏠 www.epygmalion.com

남해·산청 부근

1~10세 · 233 · 실내

바다와 가장 가까운 펜션
코나하우스

코나하우스는 남해 바다와 가장 가까운 펜션이라고 해도 과언이 아니에요. 3개의 객실이 모두 오션뷰로 잠들 때 파도 소리가 들릴 정도랍니다. 펜션 곳곳의 풍경이 그림처럼 예쁘고, 내부도 북유럽 스타일로 아기자기한 소품을 놓아두어 사진 촬영하기 좋았어요. 단, 펜션의 모든 공간이 키즈 전용 펜션은 아니고, 커플룸과 패밀리룸 중에 패밀리룸을 아이와 함께 묵어가기 편안하게 꾸몄어요. 흔들말과 소소한 장난감들이 준비돼 있고, 아기 침대도 별도로 이용할 수 있어요. 펜션 내 카페는 '인생샷' 찍는 스폿으로 유명한 곳이에요. 바다를 배경으로 멋진 풍경을 담을 수 있도록 아기자기하게 꾸며놓았답니다. 본래 카페는 노 키즈 존으로 운영되지만, 객실 손님에 한해 아이들이 출입할 수 있다네요. 아이를 데려가고 싶은데, 조용한 분위기도 원한다면 코나하우스에 묵으면서 카페를 이용하는 게 좋겠어요.

📍 경남 남해군 남면 남서대로 493 [OPEN] 입실 16:00, 퇴실 11:00 🏠 패밀리룸 18만 원~(비수기 주중 기준) ☎ 055-863-5878 🏠 www.konahouse.com

234

단단한 모래 갯벌에서 고동 잡기
앵강다숲마을

아이들에게 남해의 갯벌을 보여주고 싶어서 찾은 곳, 앵강다숲마을입니다. 남해 앵강만 자락에 자리 잡은 농어촌 마을로 갯벌 체험, 선상 체험을 할 수 있고, 아이들이 놀기 좋은 놀이터와 수영장, 숙박할 수 있는 휴양촌 등을 갖추고 있어요. 마을 주차장에 주차하고 신전숲을 산책하며 앵강만으로 걸어갔는데요, 산책로가 잘 조성되어 있어 걷기에도 좋고 곳곳에 핀 야생화도 예쁘더라고요. 바다에 도착하면 발이 빠지지 않는 단단한 모래 갯벌이 펼쳐져요. 맑은 물속에 게도 보이고, 작은 고동도 보여요. 아이들이 신나게 뛰어다니며 게와 고동을 주웠답니다. 12~4월에는 바지락 캐기, 개불 잡기 등의 체험 프로그램을 운영하니 마을에 문의해서 제대로 즐겨보세요. 배를 타고 바다로 나가 짜릿한 손맛을 즐기는 선상 낚시도 가능하고, 여름에는 수영장을 개장해서 물놀이도 할 수 있어요. 갯벌 옆 잔디밭에 놀이터도 있어서 아이들과 한참 뛰놀았답니다.

📍 경남 남해군 이동면 성남로 105 ☎ 055-863-0964 / 선상낚시 문의 010-3322-8975 🌲 www.agds.co.kr

😊 3~10세 235 실내 🏠

직접 체험하며 비행사의 꿈을 이뤄보는
사천첨단항공우주과학관

경남 사천은 1953년 우리나라 최초의 항공기 '부활호'를 제작한 도시로, 매년 에어쇼를 개최하고 있어요. 사천첨단항공우주과학관은 상설전시실과 기획전시실, 특수영상관, 야외전시관 등으로 이루어진 항공·우주 전문 과학관이에요. 아이들이 직접 조작하고 체험해볼 수 있는 것들이 많아서 만족스러웠어요. 첫 비행의 신화부터 무동력·동력 비행의 역사, 항공 에너지 종류와 비행의 원리 그리고 나로호 발사 과정까지 알아볼 수 있어요. 직접 항공기 비행 체험을 해보고, 파일럿 시뮬레이터를 조작하며 실제 비행사가 되어볼 수 있어서 아이들이 정말 좋아했답니다. 최근에는 슈퍼윙스 VR 체험도 해볼 수 있게 되었다니 더욱 기대되네요. 하루 9회, 약 17분에 걸쳐 상영하는 4D 특수영상관은 초등학생 이상만 관람할 수 있으니 참고하세요. 매년 10월에 개최하는 사천에어쇼 시기에 맞춰 방문하면 더욱 볼거리, 즐길 거리가 풍부하답니다.

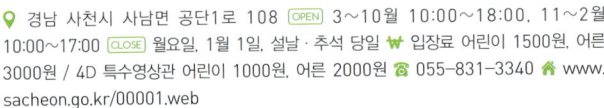

📍 경남 사천시 사남면 공단1로 108 [OPEN] 3~10월 10:00~18:00, 11~2월 10:00~17:00 [CLOSE] 월요일, 1월 1일, 설날·추석 당일 🎫 입장료 어린이 1500원, 어른 3000원 / 4D 특수영상관 어린이 1000원, 어른 2000원 ☎ 055-831-3340 🏠 www.sacheon.go.kr/00001.web

😊 3~10세

236

실내·실외 🏠🌳

대통령 전용기에 탑승해보는
항공우주박물관

바로 이웃한 사천첨단항공우주과학관과 함께 방문하면 좋은 곳이에요. 실내 전시실이 체험형 전시물보다는 시청각 자료 위주라 아이들에겐 실제 항공기가 전시된 야외전시장이 훨씬 더 흥미로웠어요. 야외전시장에 국내 최초의 항공기 '부활호'를 비롯해 KAL 생산 항공기, 6.25 한국전쟁 참전 항공기 등 실물 항공기 26대가 전시되어 있어요. 항공기 외관을 구경하는 것뿐만이 아니라 내부까지 들어가 볼 수 있어서 더욱 신기했답니다. 실제 운항했던 대통령 전용기에 탑승해보고, 수송기 안에 들어가 전쟁 관련 전시물도 살펴보았어요. 육중한 탱크와 미사일 등도 전시돼 있어서 다양하게 관람할 수 있어요. 실내 전시실은 항공우주관과 자유수호관으로 이루어져 있는데요. 항공우주관은 세계 항공 발달사와 각종 항공기 모형, 우주 관련 전시물 등을 전시하고 있어요. 자유수호관은 전쟁을 주제로 하여 군장류와 총기류 등 총 2600여 점을 전시하고 있답니다.

📍 경남 사천시 사남면 공단1로 78　OPEN 3~10월 09:00~18:00, 11~2월 09:00~17:00　CLOSE 설날·추석 연휴　💰 어른 3000원, 어린이 2000원
☎ 055-851-6565　🏠 kaimuseum.co.kr

2~10세　　　　　　　　　237　　　　　　　　　실외

바다 위를 나는 짜릿한 짚라인
남일대해수욕장 에코라인

사천 남일대해수욕장은 규모는 아담하지만 경치가 아름다운 곳이에요. 신라 말 학자 최치원이 "남쪽에서 제일 빼어난 절경"이라는 의미로 '남일대'라는 이름을 지었다고 하네요. 과연 물이 맑고 모래가 고와서 아이들과 놀기 좋고, 명물인 코끼리바위도 볼 수 있어요. 흔들다리와 해수온천도 있어서 온 가족이 즐길 거리가 많답니다. 무엇보다 남일대해수욕장 위를 가로지르며 짜릿한 스릴을 즐기는 에코라인은 꼭 타보시길 추천해요. 어린아이의 경우 부모와 함께 탑승할 수 있어서 둘째 아이와 함께 도전해보았는데요. 바다를 발아래 두고 빠른 속도로 바람을 가르는 기분이 근사했어요. 아이가 겁먹으면 어쩌나 걱정했는데, 오히려 바람이 시원하다면서 정말 좋아했답니다. 첫째 아이는 혼자서도 아주 잘 탔어요. 짚라인은 편도로만 운영되며, 바람에 날아갈 수 있는 모자나 소지품은 잘 챙겨야 하니 주의하세요.

📍 경남 사천시 모례2길 11-19　OPEN 동절기 09:00~17:00, 하절기 09:00~19:00(변동될 수 있으니 사전 문의)　CLOSE 월·화요일　🌳 중학생 이상 7000원, 미취학 아동·초등학생 5000원(현금만 가능)　☎ 055-852-2219, 010-7748-4011

👶 2~10세   238   실내·실외 🏠🌳

배 타고 바다낚시 체험하는
마리나힐링펜션

낚싯배 체험을 해볼 수 있어서 차별화 요소가 확실한 펜션이에요. 숙박객에 한해서만 체험 예약을 받고, 펜션 주인이 직접 낚싯배를 끌고 바다로 나가줍니다. 첫째·둘째 아이와 함께 낚싯배 체험을 해보았는데요, 배가 크지 않아서 둘째 아이는 조금 힘들어했지만, 첫째 아이는 낚시에 푹 빠져 시간 가는 줄 몰랐어요. 짜릿한 손맛을 한 번 보고 나면, 기다림도 크게 지루하지 않답니다. 여름에 방문한 터라 펜션 야외 수영장에서 물놀이도 즐길 수 있었어요. 수영장 바로 옆에 야외 트램펄린이 있어서 뛰놀기도 좋았답니다. 숙소 내부는 특별한 개성이 있는 건 아니지만, 복층형 구조에 공간도 널찍한 편이라 아이랑 묵기 편했어요. 도보로 2분 거리에 있는 '삼천포 마리나 레저클럽'에서는 요트, 바나나보트 등의 해양 레포츠도 즐길 수 있어요. 펜션 이용객에게는 혜택이 주어지니 예약 후에 방문해보세요.

📍 경남 사천시 해안관광로 322 OPEN 입실 14:00, 퇴실 11:00
힐링 201호 10만 원~(비수기 주중 기준) 📞 010-2093-6070
www.marinahealing.co.kr

남해·산청 부근

한국에서 가장 아름다운 마을 1호
남사예담촌

지리산 초입에 자리한 남사예담촌은 한국에서 가장 아름다운 마을 1호로 알려져 있어요. 수백 년 된 한옥과 아담한 담장이 어우러져 빼어난 운치를 자랑하는 전통마을입니다. 마을에 도착하면 가장 먼저 '남학재'라는 방문자 센터에서 안내를 받고 관광을 시작하는 게 좋아요. 특히 주말에는 전통혼례 체험을 비롯해 회화나무 천연염색 체험, 약초 향기주머니 만들기 체험, 떡메치기 체험, 족욕 체험 등을 운영하니 평일보다는 주말에 가는 게 즐길 거리가 많을 거예요. 또 국악기를 구경하고 소리 체험을 할 수 있는 기산국악당도 있고, 정갈한 한식을 맛볼 수 있는 예담원도 마을 안에 있답니다. 한옥 민박도 가능하니 하룻밤 머물 생각으로 방문하는 것도 좋겠지요? 단, 남사예담촌은 실제 주민들이 거주하는 마을이라 지정된 곳만 관람해야 해요. 함부로 불쑥불쑥 집 안으로 들어가지 않도록 아이에게 당부해두는 센스가 필요하답니다

📍 경남 산청군 단성면 지리산대로2897번길 10 ☎ 070-8199-7107 🌐 namsayedam.com

1~10세 240 실내·실외

한의학에 대해 제대로 배워보는
동의보감촌

한방을 테마로 한 동의보감촌은 내부가 워낙 넓어서 동선을 잘 짜서 다녀야 해요. 일반적으로 동의폭포에서 시작해 주제관, 한의학박물관, 약초테마공원, 산청약초관, 전망대, 한방기체험장, 허준순례길, 해부동굴, 한방테마공원의 순서로 관람하기를 추천하고 있어요. 아이랑 하루 만에 구석구석 모두 둘러보기엔 무리일 수 있으므로 흥미 있는 것 위주로 적절히 골라 관람하면 돼요. 먼저, 주제관에서 매표하고 나서 건강에 적신호가 켜진 현대인들과 전통 한의학에 대해 살펴봤어요. 한의학박물관에서는 가정에서 실천할 수 있는 한방법과 동의보감에 대해 알려주고, 산청약초관에서는 약초의 생태와 효능에 대해 전시하고 있어요. 각 관별로 향기 주머니 만들기, 온열 체험, 어의 의녀복 입기, 한방 약초 버블 체험까지 다양한 프로그램을 운영하고 있어서 아이들과 몇 가지 체험을 골라 해봤어요. 야외 시설로는 약초테마공원, 한방테마공원, 숲속 수영장 등이 있고, 동의약선관에서는 몸에도 좋고 맛도 좋은 약선 한상을 맛보았답니다. 역시 관람하고, 체험하고, 먹는 것까지 모두 만족스러운 산청 방문 1순위 명소랍니다.

📍 경남 산청군 금서면 동의보감로555번길 45-6 OPEN 09:00~18:00 CLOSE 월요일, 1월 1일, 설날·추석 당일 ₩ 어른 2000원, 초등학생 이상 1000원 ☎ 055-970-7216 🌐 donguibogam-village.sancheong.go.kr

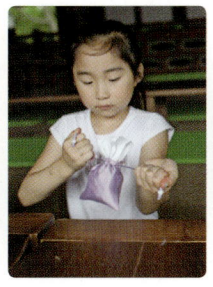

전직 호텔리어가 운영하는 독채 펜션
지리산애펜션

전직 호텔리어 출신의 펜션지기가 운영해서 객실 컨디션과 청결 상태가 돋보이는 펜션이에요. 총 5개의 객실을 모두 복층 독채로 운영해서 아이가 뛰놀아도 안심이고, 2017년에 문을 열어 전체적으로 시설이 깨끗합니다. 마당에는 지리산 비경을 바라보며 물놀이할 수 있는 수영장이 있고, 펜션 앞 강가에서 다슬기를 잡으며 놀 수도 있어요. 각 독채 객실에 실내 바비큐장이 갖춰져 있어서 날씨에 상관없이 편안하게 바비큐해 먹을 수 있는 것도 장점이에요. 내부는 기본적으로 컬러풀한 색감으로 화사하게 꾸몄고, 깔끔한 호텔식 침구가 마련돼 있어서 꿀잠 잘 수 있었어요. 전자레인지와 쿡탑, 전기포트, 밥솥, 헤어드라이어 등의 가전제품이 빠짐없이 갖춰져 있고, 샴푸, 보디젤 등의 일회용 어메니티도 준비돼 있어서 유용했답니다. 지리산이나 산청 여행할 때 묵을 만한 가성비 좋은 펜션으로 추천해요.

📍 경남 산청군 금서면 동의보감로312번가길 141-131 [OPEN] 입실 14:00, 퇴실 11:00 ₩ 8만8000원~(비수기 주중 기준) ☎ 055-974-4505 🏠 lovejirisan.com

인스타에서 핫한 예쁜 사찰
지리산 수선사

지리산 수선사는 소나무, 잣나무 숲으로 둘러싸인 소담한 절인데요, 워낙 경치가 아름다워 최근 인스타그램에서 '핫한 여행지'로 떠오르고 있어요. 창건한 지 오래되지 않았고, 보물이나 문화재가 있는 것도 아닌데, 그 풍경에 스며드는 것만으로 마음이 차분해지는 묘한 매력이 있더라고요. 사찰 한가운데 자리한 연못에는 예쁜 나무다리가 놓여 있어서 아이들과 함께 총총 건너봤어요. 연꽃이 필 때는 연못의 경치가 정말 수려하답니다. 푸른 잔디밭 사이로 작은 꽃들이 피어 있고, 아담한 카페도 있어서 아이들과 함께 테라스에 앉아서 맛있는 팥빙수도 맛보았어요. 조·석식 공양이 포함된 템플스테이도 운영하는데, 휴식형, 단체형, 가족형으로 나뉘어 있고 초등학생 이상 아이부터 참여할 수 있으니 문의해보세요. 조용한 산사에서 여유를 찾고 일상에 감사하게 되는 소중한 체험이 될 거예요.

📍 경남 산청군 산청읍 웅석봉로154번길 102-23 / 입장료 무료 / 템플스테이 일반 1인 15만 원, 초등학생 1인 10만 원 (조·석식 공양 포함) ☎ 055-973-1096 / 템플스테이 상담 010-2361-2734
susunsa.modoo.at

Best Course

1day
09:30 전주자연생태박물관 ▶ 11:00 완판본문화관 ▶ 12:30 점심 : *고궁 전주본점(전주비빔밥) ▶
14:00 전주초코파이체험장 ▶ 16:00 랑랑랑 ▶ 18:00 저녁 : *기와(한정식) ▶ 19:30 숙박 : 한옥마을

2day
10:00 임실치즈테마파크(치즈 · 피자 체험)

*고궁 전주본점 ♥ 전북 전주시 덕진구 송천중앙로 33 ☎ 063-251-3211
*기와 ♥ 전북 전주시 완산구 어진길 15 ☎ 063-231-0700

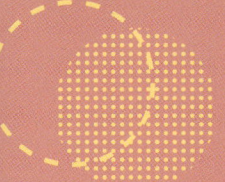

17
KIDS ZONE

전주·임실
부근

😊 1~10세　　　　　　　　　　243　　　　　　　　　　실내 🏠

반짝이는 보석을 구경하고 체험하는
익산보석박물관

무려 11만8000여 점의 진귀한 보석과 화석을 소장하고 있는 박물관이에요. 한창 보석에 관심 많은 두 딸과 함께 관람하고 체험할 수 있어서 흥미롭고 유익했어요. 건물 1층은 보석체험 교육장과 카페테리아가 있고, 2층으로 올라가 표를 끊고 피라미드동, 상설전시관, 기획전시실, 화석전시관 등을 관람할 수 있어요. 형형색색 다양한 보석을 구경하는 재미가 쏠쏠하고, 원석이 보석이 되어 우리 손에 오기까지의 과정도 살펴봤어요. 오묘한 빛깔의 미륵사지 보석탑은 그 아름다움에 넋을 잃고 말았네요. 보석 관련 체험 프로그램도 운영하고 있는데요, 천연보석 소망나무 만들기와 천연보석 팔찌 만들기를 아이와 함께 즐겁게 해봤어요. 와이어에 천연보석을 연결해 보석 나무를 만들고 미니 화분에 심어봤답니다. 수정, 오닉스 등의 천연보석으로 만든 팔찌도 아이들이 너무 좋아했어요. 샌드아트 체험은 담당 선생님이 여러 기법을 알려주셔서 유익했어요. 화석전시관에서는 화석과 공룡도 만날 수 있으니 보석과 더불어 다양한 테마를 즐겨보세요.

📍 전북 익산시 왕궁면 호반로 8　OPEN 10:00~18:00　CLOSE 월요일, 1월 1일　💰 성인 3000원, 어린이 1000원　📞 063-859-4641　🏠 www.jewelmuseum.go.kr

4~10세 / 실내

244

옛날 책은 어떻게 만들어졌을까?
완판본문화관

먹거리가 넘쳐나고, 구경할 것도 많은 전주 한옥마을! 이곳에서 아이랑 체험할 거리를 찾다가 발견한 곳이에요. 대장경문화학교에서 운영하는 완판본문화관은 전주의 출판 유산을 보전하기 위해 설립된 문화관이에요. 온기가 흐르는 한옥 문화관을 두루 구경하면서 기록 문화에 대해 찬찬히 살펴봤어요. 기록에 사용되는 도구에 어떤 것들이 있고, 어떤 과정을 거쳐 인쇄되는지 전시물을 관람했답니다. 아이와 함께 참여한 체험 프로그램도 흥미로웠어요. 목판에 먹물을 묻히고 한지에 찍어내는 목판 인쇄를 직접 체험해보고, 목판화 엽서 작품을 선택해 동양화 물감으로 채색해보았어요. 전통 한지 봉투를 접어 방금 완성한 엽서를 쏙 집어넣으니 아이가 정말 좋아하네요. 오침안정법이라는 전통 제본 방법으로 옛 책을 만들어보는 체험도 유익하답니다. 아이랑 한옥마을에 온다면 한 번쯤 들러볼 만해요.

📍 전북 전주시 완산구 전주천동로 24
OPEN 10:00~18:00 CLOSE 월요일, 설·추석 당일 ₩ 목판 인쇄 체험 3000원, 목판화 한지엽서 만들기 체험 8000원, 옛책 만들기 체험 1만1000원 ☎ 063-231-2212 🏠 wanpanbon.modoo.at

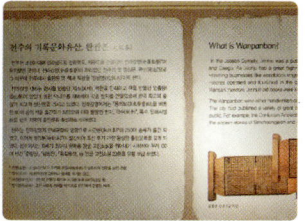

4~10세 | 245 | 실내

직접 만드는 수제 초코파이
전주초코파이체험장

전주 한옥마을을 거닐다 보면 곳곳에서 판매하는 초코파이가 눈에 띄어요. 이제는 전주를 상징하는 간식거리로 당당히 자리매김해 전라북도 관광기념품 100선에도 선정되었다고 하네요. 무엇보다 초콜릿을 듬뿍 묻힌 달콤한 맛 때문에 아이들이 너무 좋아해요. 전주 한옥마을에 초코파이를 직접 만들어보는 체험장이 몇 곳 있는데, 그중에서 다소 덜 혼잡한 한옥마을 외곽 쪽의 전주초코파이체험장에 방문했어요. 2층은 카페 겸 초코파이 판매장으로 운영하고, 3층에 체험장이 있어요. 빵 사이에 하얀 크림과 딸기잼을 바른 다음, 겉면에 액체 상태의 걸쭉한 초콜릿을 묻혀 냉동실에서 굳히면 끝! 초콜릿 장식을 여러 모양으로 꾸며보는 것도 아이들이 꽤나 즐거워했어요. 과연 완성된 초코파이는 깜짝 놀랄 만큼 맛있었답니다. 초코파이 만들기 외에 피자 만들기, 치즈 만들기 등의 체험도 진행하니 미리 예약하고 방문해보세요.

- 전북 전주시 완산구 간납로 1
- OPEN 10:00~18:00
- ₩ 1인 1만5000원(초코파이 1인 6개 포장)
- ☎ 010-3346-9115
- www.jcjc.co.kr

246

한옥마을 갈 때 들르기 좋은
전주자연생태박물관

전주천에 사는 물속 생물에 대해 배워볼 수 있는 박물관이에요. 1층은 전주천 물속 생태를 생생하게 보여주는 데 초점이 맞춰져 있고, 2층은 전주천 주변 생태를 모티브로 한 전시물을 제작해놓았어요. 하천 생태계를 그대로 담아낸 수조들이 전시돼 있고, 닥터피시 수조도 꽤 큰 편이라 손을 담그고 체험해봤어요. 화면을 터치해 생물도감을 살펴보면서 방금 수족관에서 만났던 물고기 이름을 찾아봤어요. 아이가 색칠한 전주천 물고기를 큰 스크린으로 보내는 체험도 해봤답니다. 물 속 생물뿐만 아니라 하천 주변에 사는 곤충을 관찰하는 코너도 있었어요. 전주천을 배경으로 합성되는 가족사진을 찍고, 기념으로 1000원 내고 프린트해서 가져왔답니다. 상시 운영하는 체험이나 만들기 프로그램이 눈에 띄지 않고, 규모도 크지 않아 단독으로 방문하기에는 아쉬운 점이 있었어요. 한옥마을 가는 길에 잠깐 들르는 정도로 생각하면 괜찮을 거예요.

📍 전북 전주시 완산구 바람쐬는길 21 OPEN 09:00~18:00
CLOSE 월요일, 1월 1일, 명절 당일 ₩ 성인 2000원, 어린이 500원 ☎ 063-288-9340 🏠 ecomuseum.jeonju.go.kr

🙂 1~7세　　　　　　　　　247　　　　　　　　실내 🏠

무료로 농업을 체험하는
농촌진흥청 농업과학관

본래 수렵과 사냥을 했던 우리 인류는 우연이 떨어뜨린 야생 식물의 씨앗이 싹트는 것을 발견하고 농사를 짓기 시작했다고 해요. 농촌진흥청 농업과학관은 이러한 농업의 역사를 알려주고, 농업의 중요성을 일깨워주는 체험형 과학관이에요. 현대농업관, 미래농업관, 어린이체험관, 4D 영상관 등으로 이루어진 꽤 넓은 규모로 농업에 대한 다양한 주제를 이해하기 쉽게 알려줘요. 특히 아이가 직접 스마트 온실을 컨트롤해본 경험은 꽤 유익했어요. 어린이체험관은 넘실넘실 황금들판, 알록달록 텃밭, 싱글벙글 동물농장 등을 형상화한 미끄럼틀, 볼풀장, 과일·채소 모형 체험장 등으로 구성돼 있어요. 본래 어린이체험관은 7세 이하 미취학 아동이 시간에 맞춰서 입장할 수 있었는데, 연령·시간 제한이 없어져서 더욱 반가워요. 당근과 무를 땅에 심었다가 수확해보고, 나무에 열린 배와 사과를 따보기도 했어요. 벼를 탈곡하고 껍질을 벗기는 도정 과정을 체험하면서 하얀 쌀밥이 어떻게 밥상 위로 오르는지도 배워봤답니다.

📍 전북 전주시 덕진구 농생명로 300　OPEN 평일 09:30~17:00, 주말 10:00~17:00　CLOSE 1월 1일, 근로자의 날, 설날·추석 연휴, 법정 공휴일　💰 무료　☎ 063-238-1300　🌐 www.rda.go.kr/aeh

1~10세   248   실외

동물원과 놀이공원이 합체하면?
전주동물원 드림랜드

전주동물원에는 드림랜드라는 작은 놀이공원이 함께 있어요. 동물 친구를 만나고, 놀이기구도 타는 그야말로 일석이조의 공간! 대관람차를 타면 전주 시내가 훤히 보이고, 레일 따라 페달을 굴리는 공중자전거도 재밌어요. 물위를 돌고 도는 오리배 놀이기구는 가림막이 있어서 한여름에도 덥지 않아요. 아이들이 탈 수 있는 롤러코스터도 스릴 만점! 놀이기구 이용권은 별도로 끊기보다는 각각 3·5·7기종으로 묶어 다소 할인된 가격으로 판매하는 이용권을 눈여겨보세요. 동물원에는 코끼리, 호랑이, 사자, 기린, 하마, 들소, 큰뿔소, 낙타, 사막여우 등 다양한 동물이 있는데, 유모차 끌고 산책하듯 슬슬 구경하면 됩니다. 입장권이 저렴한 편이라 전주 여행할 때 부담 없이 들러보세요. 인근의 덕진공원은 연꽃이 활짝 피는 봄에 가면 경치가 너무 예뻐서 가족사진 찍기에도 좋답니다.

📍 전북 전주시 덕진구 소리로 68 OPEN 3~10월 09:00~18:00, 11~2월 09:00~17:00 ☎ 입장권 성인 1300원, 아동 400원 / 드림랜드 3기종 대인 7000원, 소인 5000원 / 드림랜드 5기종 대인 1만 원, 소인 8000원 ☎ 063-281-6759 🏠 zoo.jeonju.go.kr

🌼 1~7세　　　　　　　　　　　　　실내 🏠

249

물감놀이, 물놀이, 모래놀이 모두 즐기는
랑랑랑

집에서는 엄두가 안 나서 하기 힘든 미술놀이, 물놀이, 모래놀이를 모두 섭렵하는 곳이에요. 도착하자마자 아이는 방수 옷으로 갈아입고, 사방이 투명한 유리 부스 안으로 들어갑니다. 손바닥에 물감을 찍어 투명한 유리에 그림을 그려봐요. 스탬프나 붓 등의 도구를 이용할 수도 있답니다. 아이가 물감놀이하는 동안 엄마·아빠는 유리 부스 밖에서 구경하는 꿀 같은 휴식이 주어져요. 하지만 단순히 물감놀이에 그친다고 생각했다면 오산! 이제부터가 이곳의 포인트입니다. 물줄기가 유리벽을 따라 흘러내리면서 아이가 그려놓은 그림을 지워줍니다. 이래서 방수 옷이 필요한 거죠. 흘러내리는 물을 맘껏 만지고 장난하며 한바탕 까르르 웃으며 놀았답니다. 바로 옆의 모래놀이장에서 모래놀이도 할 수 있어요. 1시간 단위로 예약을 받으니 조금 짧아서 아쉽지만, 대신 붐비지 않는 건 장점이에요. 방수 옷을 입어도 안쪽의 옷이 젖을 수 있으니 여벌 옷은 필수예요. 시판 음료만 간단하게 판매하고 다른 먹거리는 없으니 참고하세요.

📍 전북 전주시 완산구 전주객사3길 46-13　OPEN 11:00~19:00　CLOSE 월요일　💰 1시간 1만 원　☎ 010-9252-5149

> 1~10세

> 실내

250

어린이 전용 아트 갤러리
오감로니

관람과 체험을 겸하는 어린이 전용 갤러리예요. 도슨트 투어로 미술 작품에 대한 설명을 듣고, 그와 관련된 미술 체험을 해볼 수 있는데요. 아이 눈높이에서 쉽게 이해할 수 있는 작품들이라 즐겁게 관람했어요. 멀찍이 떨어져서 눈으로만 보는 것이 아니라, 손으로 만져보고 목에 걸어보고 거품 눈이 내리는 것을 맞아보기도 하면서 온몸으로 작품을 즐겨보았어요. 관람 후에 체험이 진행되는데요. 바탕이 하얀 패브릭 인형에 알록달록 색을 입히고 눈도 붙여서 생동감을 불어넣어줬어요. 전담 선생님이 미술 체험을 이끌어주는 동안 부모는 카페에서 차 한잔하며 쉴 수 있어서 편했어요. 체험이 끝난 후에는 달콤한 솜사탕까지 만들어주니 아이 호응도 최고! 관람과 체험은 보통 예약제로 진행되는데요. 마당과 카페에 장난감이 준비돼 있어 약속한 시간까지 기다릴 때도 지루하지 않았어요. 시즌에 따라 작품과 체험 내용이 달라지니 미리 확인하고 꼭 예약 후에 방문하세요.

📍 전북 전주시 완산구 현무2길 14-25
OPEN 예약제 💰 갤러리 입장료 3000원, 관람 + 체험 1만8000원~(시즌별로 다름) ☎
063-909-5055 ✉ ogrn.co.kr

😊 4~10세   251   실내 🏠

무료로 한지를 체험하는
전주한지박물관

전주페이퍼에서 운영하는 전주한지박물관은 한지 공예품, 한지 제작 도구, 고서적 등을 전시하고, 간단히 한지 체험을 해볼 수 있는 공간이에요. 2층 전시실에서 한지 만드는 과정과 한지가 쓰이는 분야에 대해 살펴봤어요. 또 다양한 한지 공예품을 전시하고 있는데, 한국적인 멋이 묻어나면서도 굉장히 정교해서 아이들과 한참 동안 구경했답니다. 작품들은 사진 촬영을 할 수 없어서 아쉬웠어요. 1층 한지재현관에서는 각 단계별 모형을 통해 한지 제작 과정을 살펴보고, 직접 한지 체험도 해볼 수 있어요. 닥나무 껍질을 까서 찐 재료를 만져보고, 전체 한지 만들기 단계 중에 아홉 번째에 해당하는 '종이 뜨기'를 직접 해볼 수 있어요. 아이가 판을 잡고 흔들흔들 종이물을 잘 떠서 한지를 떼어낸 후 잘 건조해줍니다. 워낙 간단한 체험이라 눈 깜짝할 새에 끝나지만, 전시로 보고 체험으로 익혀서 아이에겐 살아 있는 지식이 되었답니다.

📍 전북 전주시 덕진구 팔복로 59 (주)전주페이퍼 OPEN 09:00~17:00 CLOSE 월요일, 1월 1일, 설·추석 연휴 ₩ 무료 ☎ 063-210-8103 🏠 www.hanjimuseum.co.kr

😊 4~10세   실외 🌲

252

가성비 좋은 물놀이 공원
칠보물테마유원지

가성비 좋은 물놀이장으로 입소문이 자자해요. 입장료는 저렴한데 물놀이 공간이 널찍하고, 편의시설도 잘 갖춰져 있거든요. 정읍 옥정호와 동진강의 청정 수자원을 활용해 수질도 깨끗한 편이에요. 유아용 풀장은 발목 정도의 수심이라 아이가 안전하게 놀 수 있고, 작은 미끄럼틀도 있어요. 메인 풀장은 무릎부터 허벅지까지 수심이 점점 깊어지는 구조라 여러 연령대가 놀기 좋아요. 아이가 좋아하는 버섯분수, 무지개분수가 있고, 대형 슬라이드도 있어서 구불구불 스릴 넘쳐요. 50분 수영하고 10분 쉬는 패턴으로 운영해서 아이들이 덜 지치고, 간식 먹이기도 편해요. 잔디밭에 그늘막을 설치할 수 있고, 평상과 파라솔도 넉넉한 편이에요. 다소 좁긴 하지만 샤워장이 있고, 튜브에 바람 넣는 시설도 편리하게 이용할 수 있어요. 취사는 안 되지만 음식물 반입은 가능하니 간단한 도시락을 준비하면 좋을 거예요.

📍 전북 정읍시 칠보면 칠보산로 1555　OPEN 09:00~17:30(여름에만 운영)　CLOSE 월요일　🎫 입장료 어른 6000원, 어린이 4000원　☎ 063-538-9543　🏠 www.jeongeup.go.kr(정읍시 → 관광 → 물테마 선택)

4~10세 　　　　　253　　　　　실내·실외

치즈 체험의 완결판!
임실치즈테마파크

전국적으로 유명한 임실치즈를 체험하는 테마파크예요. 드넓은 초지 위에 임실치즈판매장, 임실치즈·식품연구소, 치즈숙성실을 비롯해 플레이랜드, 유가축장, 치즈레스토랑, 치즈체험장 등을 갖추고 있어요. 몇 가지 체험 코스 중에 가장 대중적인 B코스는 스트링 치즈와 쌀피자 만들기가 더해진 코스예요. 단단한 치즈를 쭉쭉 늘려 스트링 치즈를 만들고, 직접 만든 치즈로 1인용 쌀피자를 만들어 시식해보는 것까지 포함돼요. 첨가물을 전혀 쓰지 않고 천연 재료로 만든 치즈와 피자라 맛도 좋고 몸에도 좋답니다. 야외 광장은 예쁜 꽃과 분수로 꾸며져 있고, 해적선 콘셉트의 놀이터도 있어요. 무려 축구장 19개 넓이의 초원이니 맘껏 누벼보세요. 홍보관에서는 임실치즈가 탄생한 역사를, 유가공 공장에서는 치즈 만드는 원리를 배우는 견학 프로그램을 운영하고 있어요. 깔끔한 객실을 갖춘 임실치즈펜션에서 하룻밤 묵어가며 치즈 체험을 즐겨도 좋겠어요.

전북 임실군 성수면 도인2길 50　OPEN 09:00~18:00　CLOSE 월요일　A코스 2만1000원, B코스 1만8000원, C코스 2만7000원　063-643-2300　www.cheesepark.kr

> 1~10세 254 실내·실외

착한 가격에 놀 것 많은
무주산책펜션

청정 계곡을 즐기면서 수영장과 놀이방 시설까지 이용할 수 있는 펜션이에요. 그런데도 객실 요금이 너무 저렴해서 '이 가격 실화야?'하고 두 눈을 의심하게 된답니다. 수려한 덕유산에 둘러싸인 펜션 바로 앞으로 수량이 풍부하고 맑은 계곡이 흐르고 있어요. 그리고 이 계곡을 한껏 즐기기 좋은 자리에 평상이 놓여 있어 한여름 물놀이하기에 더할 나위 없답니다. 펜션 앞마당에 있는 수영장은 데크로 마감해 안전하고, 간이 풀장이 별도로 있어 어린아이도 물놀이할 수 있어요. 탈수기와 빨래 건조대도 준비돼 있으니 물놀이 후에 편리하게 이용해보세요. 실내 놀이방에는 쿠션 처리된 미끄럼틀이 있어 아이가 뛰놀 수 있고, 바로 옆에 놓인 테이블에서 엄마·아빠는 쉴 수 있답니다. 큼지막한 곰 인형과 함께 사진 촬영할 수 있는 포토존도 마련되어 있으니 아이와 함께 예쁜 추억 남겨보세요.

📍 전북 무주군 설천면 구천동1로 132 OPEN 입실 15:00, 퇴실 11:00 ₩ 패밀리B룸 4만 원~(비수기 주중 기준) ☎ 010-4631-3552 🖱 www.shillap.co.kr

Best Course

1day 10:00 메타프로방스 ▶ 12:00 점심 : *옛날진미국수 메타프로방스점 ▶ 13:00 판다스토리 ▶ 15:00 담양관방제림 ▶ 16:30 죽녹원 한옥숙박(체크인 후 죽녹원 즐기기) ▶ 19:00 저녁 : *유진정(청둥오리 전골)

2day 10:00 함평엑스포공원 ▶ 13:00 *화랑식당(육회비빔밥) ▶ 14:30 함평자연생태공원

*옛날진미국수 메타프로방스점 ♥ 전남 담양군 담양읍 메타프로방스2길 6-15 ☎ 061-383-0984
*유진정 ♥ 전남 담양군 금성면 시암골로 17 ☎ 061-381-8500
*화랑식당 ♥ 전남 함평군 함평읍 시장길 96 ☎ 061-323-6577

담양·함평 부근

KIDS ZONE 18

4~10세 　　　　255　　　　실내

소시지 만들고, 핫도그 맛보는
판다스토리

죽녹원 후문 근처에 있는 판다스토리는 소시지를 만들고, 핫도그도 맛보는 이색 체험 공간이에요. 방부제, 색소, 화학 첨가물을 넣지 않고, 무항생제 돼지고기와 신선한 생야채를 갈아 소시지를 만든다니 맘껏 먹어도 안심이에요. 깨끗하고 널찍한 체험장에 들어가면 가장 먼저 손을 씻고, 소시지 반죽과 옥수수를 잘 섞어 식용 케이싱 안에 넣어줘요. 완성된 소시지를 고리에 걸어두니 꽤 그럴듯하네요. 소시지가 익는 동안 지루하게 기다리는 것이 아니라 놀이공간으로 이동합니다. 트램펄린과 정글짐, 미끄럼틀에서 신나게 뛰놀고, 널찍한 블록 놀이터에서 블록으로 동물 기차를 만들었어요. 30~40분 동안 놀고 난 후, 직접 만든 소시지를 이용해 핫도그 만들기를 하는데요, 핫도그 빵 안에 소시지와 샐러드를 넣고 소스를 뿌려주면 체험 완료! 아이가 엄청 맛있게 먹었답니다. 인터넷 사이트나 전화로 반드시 예약하고 방문하세요.

📍 전남 담양군 담양읍 죽향문화로 431-7　OPEN 09:30~17:30(예약 필수)
CLOSE 월요일　💰 어린이 1만3000원, 성인 1만1000원　📞 1661-6771　🏠 www.ps1.kr

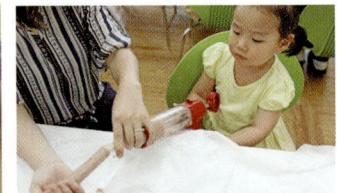

🙂 1~10세 　　　　　　　　　　256　　　　　　　　　　실외 🌳

유럽풍 테마 관광 단지
메타프로방스

담양 메타세쿼이아 가로수길 바로 옆에 위치한 유럽풍 테마 여행지예요. 이국적인 분위기 때문에 파주 프로방스마을이 연상되는데요. 입구에 들어서면 하얀 조각상과 분수가 반겨주고, 식당, 커피숍, 기념품숍을 비롯해 펜션 단지까지 예쁜 건물이 빙 둘러져 있어요. 중간중간 아이들이 체험할 것도 많아요. 임실치즈체험학습장에서 피자 만들기 체험을 할 수 있고, 작은 공방에서도 소소한 체험이 가능해요. 길거리 상점에는 아기자기한 소품을 팔고 있어서 아이들이 사달라고 조르는 통에 애를 먹었답니다. 유럽풍 거리와 예쁜 건물을 배경으로 곳곳에 포토존이 조성돼 있으니 아이 사진 예쁘게 찍어주는 것도 잊지 마세요. 메타프로방스 펜션 단지 안에서 하룻밤 묵어보는 것도 좋을 거예요. 신축이라 깨끗하고 메타프로방스 내 맛집도 이용할 수 있어서 만족스러워요.

📍 전남 담양군 담양읍 깊은실길 2-17 ☎ 061-383-1710
🏠 metaprovence.co.kr

257

메타프로방스의 수영장 펜션
씨엘펜션

메타프로방스 관광 단지 안에 있는 신축 펜션이에요. 메타프로방스와 어우러진 유럽풍 건물이 소담하고 예쁜데요. 아담한 잔디 마당에 수영장이 있어서 아이들과 물놀이하기 좋았어요. 수영장 바닥이 계단형으로 수심이 각기 달라 어린아이들은 얕은 곳에서, 큰 아이들은 더 깊은 곳에서 놀 수 있답니다. 수영장 바로 옆에는 파라솔 테이블이 놓여 있어 잠시 휴식을 취하기 좋았어요. 펜션 내부는 화이트를 기본 콘셉트로 원목 가구나 소품을 배치해 깔끔하고 따뜻하게 꾸몄어요. 저녁에는 메타프로방스를 산책하다가 맛집에서 식사를 하고, 간식도 사다 먹었어요. 메타프로방스의 야경이 꽤 운치 있더라고요. 무엇보다 죽녹원, 메타세쿼이아길, 관방제림 등 담양의 주요 관광지와 접근성이 좋아서 여행하기 편리할 거예요.

📍 전남 담양군 담양읍 메타프로방스1길 70 [OPEN] 입실 15:00, 퇴실 11:00 💰 씨엘 103 17만 원~(비수기 주중 기준) ☎ 010-9604-1582 🏠 www.dy-ciel.com

258

가족 자전거 타고 메타세쿼이아길까지
담양관방제림

수백 년 된 나무가 빼곡하게 숲을 이루는 담양관방제림은 천연기념물 제366호로 지정되어 있어요. 담양 메타세쿼이아길과 이어져 있어 자전거를 타면서 함께 둘러보기에 좋아요. 담양관방제림에서 자전거를 대여해서 메타세쿼이아길까지 다녀오는 데 1시간 정도 소요되는데요. 저희도 가족 자전거를 빌려서 천천히 그 코스를 즐겨봤어요. 우리가 대여한 가족 자전거에는 아이 자리에 모형 운전대와 발판이 있어서 아이가 편안하고 즐겁게 탈 수 있었답니다. 가림막도 쳐져 있어서 쨍쨍한 햇빛을 피할 수 있었어요. 관방천을 끼고 초록이 충만한 길을 달리는 기분이 상쾌했어요. 중간중간 내려야 하는 구간이 등장하지만 대체적으로 길은 아이와 함께 지나기 무난한 편입니다. 메타세쿼이아길에 도착하면 가족사진은 필수! 과연 모두가 빼어난 가로수길 운치에 감탄했답니다.

📍 전남 담양군 담양읍 객사7길 37 ₩ 가족자전거 대여 30분 1만 원, 1시간 1만5000원 ☎ 061-380-28120 🌐 tour.damyang.go.kr(담양 문화관광)

1~10세 　　　　　　　　259　　　　　　　　실내·실외

대숲 소리 들으며 한옥에서 단잠
죽녹원 한옥숙박

죽녹원 안에서 대숲 소리 들으며 잠들 수 있는 한옥이라니! 아이들과 꼭 가고 싶어서 치열한 예약 경쟁을 뚫고 숙박에 성공했어요. 방문 1개월 전 오전 9시에 죽녹원 사이트에서 선착순으로 예약할 수 있답니다. 예향당, 죽향당, 의향당, 취죽헌, 관운재 등 멋스러운 한옥에 10개의 객실을 갖추고 있는데요. 죽녹원 안에 차량이 들어갈 수 없어서 후문 매표소에 주차하고 직원이 운전해주는 전기차로 입실했어요. 한옥 숙소에 짐 풀고 나서 바로 죽녹원을 구석구석 즐겼어요. 죽로차 다도 체험, 부채 만들기 체험도 해보고, 대숲 사이에 마련된 놀이터에서 뛰놀았어요. 대나무 해먹과 의자에 누워서 마냥 꿀 같은 휴식을 취하기도 했네요. 관람객이 모두 빠져나간 후에 한가롭게 죽녹원을 거닐 수 있는 것도 너무 좋았어요. 사각사각 대나무 흔들리는 소리를 들으며 한옥에서 단잠에 빠질 수 있었답니다. 단, 죽녹원 보호를 위해 취사 및 흡연은 절대 금지되니 관람객과 숙박객 모두 꼭 지켜주세요.

📍 전남 담양군 담양읍 죽녹원로 119 [OPEN] 죽녹원 09:00~18:00 / 한옥숙박 입실 14:00, 퇴실 11:00 ₩ 죽녹원 입장료 일반 3000원, 초등학생 1000원(숙박객은 죽녹원 입장료 무료) / 한옥숙박 죽향당(송학) 8만 원~(비수기 주중 기준) ☎ 061-380-2680 🏠 www.juknokwon.go.kr

1~10세 · 실내·실외

260
버섯 분수와 온수 풀장이 있는
오떼떼키즈풀빌라펜션

추월산과 대숲에 둘러싸인 키즈풀빌라펜션으로 멋진 뷰는 기본! 버섯 분수가 있는 물놀이터, 사계절 온수 풀장, 셀프 스튜디오까지 무엇 하나 빠질 게 없는 최고의 펜션이에요. 한눈에 시선을 사로잡는 야외 물놀이터에는 펜션 시설로는 믿기지 않을 만큼 큼지막한 버섯 분수가 있어서 무더운 여름에 시원한 물을 뿌려줍니다. 아이 발목 정도까지 오는 수심이라 물장난하면서 놀기에 딱 좋아요. 뿐만 아니라 모래 놀이터, 붕붕카 트랙, 어린이 골프존 등이 있어서 쉴 새 없이 놀 수 있어요. 통유리창으로 대숲 경치를 바라보며 수영을 즐기는 온수 풀장도 이곳의 매력이에요. 온수 풀장 바로 옆에 있는 실내 바비큐장에서는 맛있는 고기를 구워 먹을 수 있습니다. 튜브, 구명조끼 같은 물놀이용품을 비롯해 유아용 보디제품, 젖병 소독기, 분유 포트, 유아 식기까지 잘 갖춰져 있어요. 아침을 해결할 수 있는 조식 서비스도 가능합니다. 셀프 스튜디오에서 돌상, 백일상 세트와 더불어 사진 촬영할 수 있으니 특별한 날에 방문해도 좋겠어요.

📍 전남 담양군 용면 추령로 418-29　OPEN 입실 15:00, 퇴실 11:00　₩ 39만 원~(비수기 주중 기준)　📞 010-2277-1840　🏠 otete.modoo.at

261 키즈룸과 수영장에서 노는
대숲사이펜션

담양관방제림에서 8km 남짓 떨어진 펜션으로 키즈룸과 수영장이 있어 아이랑 즐기기 좋아요. 1호실부터 4호실까지 총 4개의 객실이 있는데 시설이 조금씩 다르니 취향에 따라 선택하세요. 1호실은 개별 노래방을 이용할 수 있고, 4호실은 키즈룸이 꾸며져 있어요. 키즈룸에는 아이들이 좋아할 만한 자석 보드와 인디언 텐트, 타요 미끄럼틀과 탈것, 주방놀이 등이 준비돼 있어서 객실 안에서도 즐거운 시간을 보낼 수 있어요. 7~8월 여름에만 운영하는 수영장은 널찍한 규모라 물놀이하기 좋아요. 대형 트램펄린에는 안전망을 설치해둔 덕분에 아이가 뛰놀다가 떨어질 염려가 없어 안심되더라고요. 전체적으로 관리가 잘 되고 있고, 침구를 비롯한 객실이 워낙 깔끔해서 아이랑 맘 편히 쉬어갈 수 있었답니다.

전남 담양군 봉산면 기곡상덕길 58-3 OPEN 입실 15:00, 퇴실 11:00 4호실 키즈룸 22만 원~ (비수기 주중 6명 기준) 010-3619-4347 www.담양대숲사이.com

262

1~10세 | 실내

역시 국립다운 오감 놀이터
국립아시아문화전당 어린이체험관

'비엔날레의 도시' 광주에 있는 어린이체험관이라 역시 놀이시설에서 묻어나는 감각도 예사롭지 않네요. 회차별 예약제로 운영하는 터라 정해진 시간까지 기다려야 했는데, 대기 공간에 설치된 미끄럼틀마저 예술 작품처럼 느껴집니다. 역시 내부는 더욱 놀라웠어요. 자연 이미지를 단순히 나무와 열매로 표현한 것이 아니라 아이들이 상상할 만한 다채로운 모양으로 꾸며 놓은 공간이 매우 흥미로웠어요. 미끄러질 때 데구르르 원통이 굴러가는 미끄럼틀과 속도감을 즐기는 짚라인, 나무에 매달린 악기 등 놀 거리, 즐길 거리가 무궁무진했어요. 7세 이하의 아이라면 유아놀이터로 가보세요. '시아와 친구들'이라는 귀여운 캐릭터들이 놀이터를 안내해줘요. 사방이 컬러풀한 쿠션으로 처리된 안전한 놀이터에서 뛰고, 구르고, 미끄러지면서 맘 놓고 놀았어요. 역시 '국립'이란 명성에 걸맞은 시설로 흠잡을 데 없었답니다.

광주시 동구 문화전당로 38 OPEN 10:00~18:00 CLOSE 월요일, 1월 1일 ₩ 만 3세 이상 14세 미만 5000원, 만 14세 이상 3000원 ☎ 1899-5566 www.acc.go.kr

> 1~10세

263

실내

아이랑 떠나는 바닷속 탐험
목포어린이바다과학관

어린이 전문 바다 과학관으로 바다상상홀을 비롯해 깊은바다, 중간바다, 얕은바다 전시관으로 구성돼 있어요. 먼저, 아이들의 상상력을 자극하는 바다상상홀에서는 잠수정을 통해 바다로 진입해 해양 생태계를 담은 디지털 수족관을 만날 수 있어요. 잠수정 내부 통로로 들어가면, 점차 빛이 줄어드는 조명 효과와 입수 음향이 더해져서 실제 바닷속으로 들어가는 듯한 착각에 빠진답니다. 깊은바다 전시관은 수심 1000m 이하 심해 속을, 중간바다 전시관은 수심 200~1000m 사이 바다 생태계를 이해하고 체험할 수 있게 해요. 어류의 머리와 꼬리를 조각을 맞추는 물고기 퍼즐과 바다 동물의 소리를 들어보는 바다교향곡 체험도 흥미로웠어요. 이밖에 바다아이돔에서는 실제와 비슷하게 연출된 갯벌을 만져보고, 4D 영상관에서는 진동 시뮬레이션 좌석에 앉아 영상을 관람할 수 있답니다. 야외에도 작은 그물놀이터가 있어서 아이들의 걸음을 붙잡았어요.

📍 전남 목포시 삼학로92번길 98 OPEN 09:00~18:00 CLOSE 월요일, 1월 1일 💰 어른 3000원, 유치원생 500원 📞 061-242-6359 🏠 mmsm.mokpo.go.kr/html/main.htm

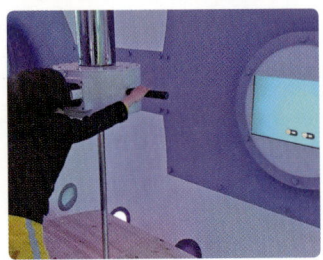

최고의 뷰와 휴식을 만끽하는
엘도라도리조트

신비로운 섬이 점점이 떠 있는 신안군 다도해! 그중에서도 증도에는 '황금의 땅', '보물섬'을 뜻하는 엘도라도 리조트가 있어요. 모래사장과 바다를 끼고 최고의 뷰를 만끽하는 리조트인데요, 무엇보다 부대시설이 잘 갖춰져 있어서 아이랑 머물기 너무 편했어요. 여름이면 비치와 바로 연결된 야외 수영장에서 물놀이할 수 있고, 요트크루즈를 비롯해 제트스키, 바나나보트 등 해양레포츠도 즐길 수 있어요. 바닷물을 뜨겁게 데워 개별탕에서 찜질하는 해수테라피는 육아로 쌓인 피로를 싹 날려줍니다. 리조트 안에 먹거리도 다양해요. 사계절 신선한 식재료를 선보이는 조식 뷔페와 남도 최고의 특선 요리로 차려낸 계절어부밥상을 비롯해 계절 회, 바비큐, 치킨까지 골라가며 즐길 수 있어요. 이밖에도 노래방, 카페 등을 이용할 수 있고, 그때그때 필요한 생활용품을 편의점에서 구매할 수 있어 불편함이 없었어요. 아이와 함께 온전한 휴식을 취하기에 더없이 좋은 리조트랍니다.

전남 신안군 증도면 지도증도로 1766-15 OPEN 입실 15:00, 퇴실 11:00 15만 원~ (비수기 주중 기준, 호텔 예약 사이트 이용) 1544-8865 www.eldoradoresort.co.kr

① 1~10세   265   실외

나비축제와 물놀이장 즐겨요
함평엑스포공원

함평 나비축제의 메인 무대이자 아이를 위한 볼거리, 놀 거리가 가득한 공원이에요. 55만㎡의 방대한 공간에 다육식물관, 자연생태관, 황금박쥐생태관, 나비곤충표본전시관, 나비곤충생태관, 한국토종민물고기과학관 등이 자리하고 있는데요, 특히 450여 종 9000여 마리의 나비와 곤충 표본을 전시한 나비곤충표본전시관과 유리 온실 안에서 나비를 만나는 나비곤충생태관은 방대한 자료와 생동감 있는 연출이 돋보여요. 4~5월에 개최하는 나비축제 기간에는 한층 전시가 다채로워지고, 야외 나비 날리기, VR 나비 체험 등 다양한 체험이 진행돼요. 더불어 바이킹, 대관람차 등 놀이기구도 이용할 수 있답니다. 7~8월에 운영하는 엑스포공원 물놀이장은 파도풀, 유아풀, 어린이 풀을 비롯해 익스트림한 슬라이드도 갖추고 있어요. 자리 경쟁이 치열하긴 하지만 그늘막과 피크닉 테이블도 있어서 물놀이하다가 휴식하기도 좋답니다. 매년 시설 확충과 관리에 힘쓰고 있으니 아이들과 다양하게 즐겨보세요.

📍 전남 함평군 함평읍 곤재로 27 [OPEN] 09:00~18:00 [CLOSE] 연중무휴
₩ 어른 5000원, 청소년 3500원, 어린이 2500원 / 물놀이장 어른 9000원, 어린이 7000원 ☎ 061-320-2203~5 🏠 www.hampyeong.go.kr/expopark

수변 데크 산책하고, 캠핑카에서 숙박하는
함평자연생태공원

함평엑스포공원과 더불어 함평에서 꼭 들러야 할 공원이에요. 함평의 상징인 나비와 더불어 꽃과 난초, 수생식물을 만날 수 있어요. 아이가 가장 좋아했던 곳은 나비곤충표본전시관! 나비의 성장 과정을 눈으로 보고, 수많은 곤충 표본을 관찰했어요. 풍란관, 동양란관, 자생란관에서는 특별한 난을 구경하는 재미가 쏠쏠했답니다. 여러 전시관을 갖춘 함평엑스포공원과 어쩐지 닮았지만, 좀 더 자연친화적인 느낌이 들었어요. 아이와 함께 수변 데크를 산책하며 수생식물을 관찰하고, 물소리, 새 소리를 들으며 자연 속에서 힐링할 수 있었답니다. 계속해서 수변데크를 따라 걸으면 생태녹지섬으로 이어지는데요, 아담한 섬이 아기자기한 후토스 캐릭터로 꾸며져 있어 아이들이 좋아했어요. 이곳의 또 다른 즐거움은 바로 캠핑카 숙박! 약 8만 원의 가격으로 5인실 캠핑 트레일러를 대여할 수 있어요. 색다른 숲속 야영을 즐기고 싶다면 고려해보세요.

전남 함평군 대동면 학동로 1398-77 OPEN 4~10월 09:00~18:00, 11~3월 09:00~17:00 ₩ 4~10월 어른 5000원, 유치원 1000원, 11~3월 어른 3000원, 유치원 500원 ☎ 061-320-3530 www.hampyeong.go.kr/ecopark

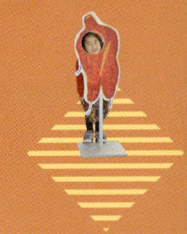

Best Course

1day 10:00 전라남도해양수산과학관 ▶ 12:00 점심 : *삼학집(서대회와 갈치구이) ▶ 16:00 여수해양레일바이크 · 해상케이블카 ▶ 19:00 저녁 : *대게궁(여수 대게) ▶ 20:30 숙박 : 히든베이호텔

2day 10:00 순천만습지 ▶ 12:00 점심 : *순천만일번가(간장게장과 꼬막무침) ▶ 14:00 순천만국가정원 ▶ 16:30 순천시립그림책도서관

*삼학집 📍 전남 여수시 오동도로 66 ☎ 061-662-0261
*대게궁 📍 전남 여수시 신월로 496-2 ☎ 061-641-5670
*순천만일번가 📍 전남 순천시 순천만길 520 ☎ 061-745-2100

KIDS ZONE
19

순천·여수

1~10세 　　　　　　　　267　　　　　　　　실내

아이를 위한 책 놀이터
순천시립그림책도서관

순천은 제1호 기적의도서관을 비롯해 연향도서관, 삼산도서관 등 8개의 공공도서관과 60여 개의 작은 도서관을 보유한 '도서관의 도시'예요. 그 중에서도 그림책도서관은 국내·외 다양한 그림책을 비롯해 영어 원서 그림책, 팝업북, 빅북 등을 보유한 아이들에게 꿈 같은 공간이랍니다. 단순히 책을 보유하고 있는 도서관으로서 기능뿐만 아니라 문화공간의 역할도 톡톡히 하고 있는데요. 유명 그림책 작가의 그림 전시회를 비롯해 그림책 인형극, 각종 체험이 진행돼요. 아이들 눈높이에 꼭 맞는 서재에서 그림책을 골라 앉아서 읽고, 누워서도 보았어요. 아이 몸에 꼭 맞는 구멍에 들어가 아늑한 공간에서 책을 보기도 했답니다. 독서에 푹 빠져 있다가 중간중간 구연동화도 보고, 인형극도 즐겼어요. 2층에서는 전시도 보고, 도서관에서 제시하는 미션 수행 후 기념품을 받기도 했답니다. 시즌별로 전시와 체험이 달라지니 홈페이지에서 확인하고 방문해보세요.

📍 전남 순천시 도서관길 28　OPEN 09:00~18:00　CLOSE 월요일, 설날·추석　입장료 3000원　☎ 061-749-8892　🏠 library.sc.go.kr

1~10세　　　　　　　　　　268　　　　　　　　　　실외

세계의 정원을 거니는
순천만국가정원

매년 봄꽃축제가 펼쳐지는 순천만국가정원은 순천 여행할 때 빼놓을 수 없는 1순위 명소예요. 특히 활짝 핀 튤립꽃과 네덜란드 풍차가 어우러진 풍경은 순천만국가정원의 상징이죠. 워낙 규모가 넓기 때문에 관람차를 타고 한 바퀴 둘러본 뒤에 마음에 드는 정원 위주로 산책하기를 추천해요. 저희 또한 할머니와 아이들까지 3대가 함께 방문한지라 관람차를 적극 활용했답니다. 네덜란드, 독일, 멕시코, 스페인, 영국, 이탈리아, 일본 등 세계 각국의 정원을 둘러보면서 각기 다른 매력을 비교해봤어요. 특히 세계적인 정원 디자이너인 영국의 찰스 젱스가 디자인한 순천호수정원은 물의 흐름과 순천만의 지형을 잘 녹여낸 작품이라 연신 감탄했답니다. 갯지렁이 갤러리에서는 나무 목걸이 만들기, 정원 컬러링 체험을 할 수 있고, 갯지렁이 도서관 앞 느림보 우체통에 '추억의 편지'를 보내면 1년 후 배달되니 체험해보세요. 참, '순천만으로 날아가는 하늘 택시'로 알려진 스카이큐브를 타면 순천만습지까지 빠르게 이동할 수 있으니 이용해보세요.

📍 전남 순천시 국가정원1호길 47 OPEN 1~2월·11~12월 08:30~18:00, 3~4월·10월 08:30~19:00, 5~9월 08:30~20:00 입장료: 성인 8000원, 어린이 4000원, 관람차: 성인 3000원, 어린이 2000원 ☎ 1577-2013 🏠 garden.sc.go.kr

배 타고 기차 타고 갈대숲 탐험
순천만습지

전국적으로 유명한 순천만습지의 상징은 바로 광활한 갯벌과 풍성한 갈대밭, 그리고 희귀한 철새들입니다. 1.2km에 이르는 탐방로를 산책하면서 다채로운 자연을 접할 수 있는데요, 특히 여름철 사람 키 높이까지 자라 가을이면 황금 물결을 이루는 갈대숲은 여행자를 들뜨게 하기 충분해요. 흑두루미, 재두루미, 큰고니 등 다양한 희귀 철새들이 날아드는 모습도 특별해요. 갈대숲 탐방로를 지나 용산전망대에 오르면 그 유명한 순천만 S라인 수로를 조망할 수 있는데요, 아이와 함께 언덕길을 올라 전망대까지 오기는 만만치 않을 겁니다. 대신 갈대열차를 타거나 생태체험선을 타면 훨씬 편하게 순천만의 속살을 볼 수 있어요. 특히 생태체험선은 30분 정도 친절하고 재밌는 설명을 들으며 습지 구석구석을 탐방할 수 있거든요. 가림막이 있는 배라 여름에 비교적 시원한 것도 장점이에요. 공원 내 음식점이 없으니 입장 전이나 후에 근처에서 식사하세요.

전남 순천시 순천만길 513-25 OPEN 11·12·1월 08:00~17:00, 2월 08:00~17:30, 3·10월 08:00~18:00, 4·9월 08:00~18:30, 5·8월 08:00~19:00 입장료 성인 8000원, 어린이 4000원 / 생태체험선 성인 7000원, 어린이 2000원 061-749-6052 www.suncheonbay.go.kr

270

두 가지 탈것으로 여수 바다 즐기기
여수해양레일바이크 · 해상케이블카

여수해양레일바이크와 해상케이블카는 소셜커머스에서 패키지권을 판매하는 경우가 많은데, 아닌 게 아니라 함께 이용해볼 만해요. 총 길이 3.5km의 탁 트인 해안 철길을 달리는 여수해양레일바이크는 시원한 바닷바람을 맞으며 멋진 풍경을 볼 수 있어요. 출발하고 나면 내리막길이라 별로 힘들지 않고, 탑승 후 200m 지점에서 자동으로 사진이 찍혀서 추억을 남길 수도 있어요. 단, 사진을 찾을 때 5000원을 내야 하니 참고하세요. 각종 LED 조명으로 예쁘게 꾸민 시원한 터널을 지나 반환점을 돌면 이제부터 열심히 페달을 밟아야 해요. 돌아가는 길은 오르막이라 조금 힘들 수 있으니 각오하세요. 땀이 좀 나긴 해도 해질 녘 레일바이크에서 보는 풍경이 너무 아름다워서 용서할 만해요. 한편, 바다 위를 건너는 해상케이블카는 아름다운 하늘과 바다를 가까이 경험할 수 있다는 게 특별해요. 특히 일반 케이블카와 달리 '크리스탈 캐빈'은 바닥이 강화유리라 발아래 바다를 둔 느낌이 짜릿해요. 단, 내부에 에어컨이 없어서 뜨거운 여름 한낮엔 좀 더울 수 있어요. 여수의 야경도 볼 겸 저녁 무렵에 탑승하거나 시원한 계절에 이용하는 것도 좋겠어요.

- **여수해양레일바이크** 전남 여수시 망양로 187 OPEN 11~2월 10:00~17:00, 3~4월·8~10월 09:00~17:00, 4~7월 09:00~18:00, 7~8월 09:00~19:00 2인승 2만6000원, 3인승 3만1000원, 4인승 3만6000원 061-652-7882 www.여수레일바이크.com
- **여수해상케이블카** 전남 여수시 돌산읍 우두리 794-89 OPEN 09:00~21:30, 토요일 09:00~22:30 케이블카 왕복 : 대인 1만5000원, 소인 1만1000원 / 케이블카 편도 : 대인 1만2000원, 소인 8000원 / 크리스탈 캐빈 왕복 : 대인 2만2000원, 소인 1만7000원 061-664-7301 www.yeosucablecar.com

 1~10세 실외

271
동백열차 타고 동백섬으로
오동도

'오동도'는 섬의 모양이 오동잎처럼 보이고, 오동나무가 유난히 많아서 붙은 이름이래요. 더불어 동백꽃이 풍성해 요즘에는 이른 봄의 상징으로 더욱 유명한데요. 시기에 딱 맞춰 가면 최고의 풍광을 감상할 수 있지만 나머지 계절에도 신비로운 절경을 선사해요. 오동도는 육지와 약 800m 길이의 방파제로 연결돼 있어요. 걸어서 섬으로 들어가도 되지만 아이들이 좋아하는 동백열차에 탑승했어요. 순식간에 섬에 도착해 산책로를 따라 걷다 보면 멋진 숲을 만나기도 하고, 탁 트인 바다도 만나게 돼요. 용굴로 가는 길은 계단이 많은지라 아이들이랑 음악분수 지나서 등대 쪽으로 갔어요. 경사가 다소 심하긴 했지만, 힘든 건 멋진 경치로 다 용서되더라고요. 등대에 올라서 바다 경치도 보고, 달팽이 우체통에 엽서를 써서 넣고, 등대여권에 도장도 찍었어요. 역시 아이들은 이런 소소한 체험을 더 좋아하니 빼놓지 말고 모두 해보시길 추천해요.

📍 전남 여수시 수정동 산1-11 OPEN 동백열차 09:30~18:00(동절기 17:00까지), 음악분수 3~11월 매시 정각~15분, 매시 30~45분 CLOSE 월요일, 설날·추석 동백열차 어른 800원, 어린이 500원 ☎ 061-659-1819
🏠 tour.yeosu.go.kr/tour/travel/10tour/odongdo

272

전 객실 오션뷰! 키즈룸이 있는
히든베이호텔

여수 가막만에 위치한 히든베이호텔은 전 객실 오션뷰로 최고의 바다 전망을 품고 있어요. 마치 여기에 묵는 동안에는 무엇을 하든 이 멋진 전망을 보여주겠노라 작정한 듯 사우나를 하면서도, 러닝머신을 뛰면서도, 야외풀장에서 수영하면서도, 조식을 먹으면서도 탁 트인 바다를 볼 수 있어요. 여러 객실 타입 중에 '키즈'를 선택하면 기본적으로 아이의 활동성을 고려한 쾌적한 환경에서 머물 수 있고, 패키지 상품 구성에 따라 키즈 텐트가 놓인 방을 배정받을 수 있어요. 3층에 자리한 '키즈룸' 부대시설은 넓진 않지만, 아이가 읽을 수 있는 책을 비롯해 푹신한 쿠션 의자와 주방놀이, 미끄럼틀 등이 놓여 있어 가볍게 들르기 좋아요. 남해에 위치한 특성 때문에 일출과 일몰 모두 볼 수 있는 것도 큰 매력이에요. 버스커버스커가 불렀던 '여수밤바다'를 최고의 위치에서 조망할 수 있답니다.

📍 전남 여수시 신월로 496-25 OPEN 입실 15:00, 퇴실 11:00 💰 시즌별로 다름 ☎ 061-680-3000 🏠 www.hiddenbay.co.kr

👶 4~10세　　　　　　　　　　　　273　　　　　　　　　　　　실내 🏠

흰고래 '벨루가'를 만나는
아쿠아플라넷 여수

아쿠아플라넷 제주에 비해 규모가 크진 않지만 층별로 다양한 시점에서 수조를 관찰할 수 있어요. 아쿠아플라넷 여수의 마스코트인 흰고래 '벨루가'를 아래층에서 수조를 통해 만난다면, 위층에서는 물 위를 유영하는 모습을 관찰할 수 있답니다. 특히 벨루가의 수중생태설명회는 꼭 들어보세요. 톡 튀어나온 이마, 하얗고 매끈한 몸, 항상 웃고 있는 듯한 표정이 신비로운 느낌을 주는데요, 실제로 보면 딱 이렇게 표현할 수 있어요. 완전 귀여움! 벨루가 말고도 아프리카펭귄, 바다사자, 참물범, 피라냐의 식사 시간도 볼 수 있어요. 하루 5번 인어공주의 수중발레와 피에로의 재주를 함께 보는 공연도 메인 수조에서 진행됩니다. 물고기 먹이를 직접 줄 수 있고, 닥터피시 체험장도 있으니 다양하게 체험해보세요. 즐길 게 많아도 해저터널은 역시 빼놓을 수 없죠. 사방을 둘러싼 수조는 언제 봐도 신비로워요. 내부에 카페도 있으니 잠시 쉬어가도 좋겠지요?

📍 전남 여수시 오동도로 61-11　OPEN 10:00~19:00　💰 일반 2만3000원, 어린이 1만9000원
📞 061-660-1111　🏠 www.aquaplanet.co.kr/yeosu/index.jsp

1~10세 · 실내 · 274

물고기, 조개, 멍게를 만져보는
전라남도해양수산과학관

아쿠아플라넷 여수와는 또 다른 매력이 있는 해양 전시관이에요. 특히 가까이서 관찰하고, 손으로 만져보는 체험수족관이 자랑입니다. 먼저, 1층 입구 수족관에서 다양한 물고기를 만나고, 2층으로 올라가 해양수산전시실과 수산과학전시실을 관람합니다. 우리나라 수산과 해양 발달사를 살펴보고, 어구 사용법, 양식 방법 등을 축소된 모형을 통해 흥미롭게 알아봤어요. 커다란 고래화석 아래 있는 물고기 화석을 직접 만져보고, 다양하고 예쁜 조개 껍질도 구경해봤어요. 바닥에 설치된 스크린에 물고기가 오가니 아이들이 발로 탕탕 쫓아보기도 했답니다. 책을 보며 쉴 수 있는 도서관도 아늑하게 잘 꾸며져 있으니 들러보세요. 야외로 나오면 체험수족관으로 향하는 길이 있어요. 이곳에 만지는 수조, 보는 수조, 갯벌생태 수조가 있는데, 물고기, 조개, 멍게 등을 손으로 직접 만져보는 체험은 꼭 해보세요. 2019년 8월 11일까지 전시관 확충 공사로 일부 시설이 제한되지만, 일시적으로 무료 관람이 가능하니 참고하세요.

📍 전남 여수시 돌산읍 돌산로 2876 OPEN 09:00~18:00 CLOSE 월요일, 명절 ₩ 일반 3000원, 청소년 2000원(6세 이하 무료) ☎ 061-644-4136
🏠 www.jmfsm.or.kr

Best Course

1day
09:30 노루생태관찰원 ▶ 11:30 동굴의다원 다희연 ▶ 13:00 점심 : *소쿠리야(건강한 분식) ▶
16:00 숙박 : 조밤나무집(체크인 후 놀이시설·체험 즐기기) ▶ 18:30 저녁 : *늘봄흑돼지(흑돼지 구이)

2day
10:00 *붉은못허브팜 애월본점(점심용 허브햄버거 포장) ▶ 11:00 렛츠런파크 제주 ▶ 13:30 헬로키티
아일랜드 ▶ 15:30 제주마린파크 ▶ 18:00 저녁 : *대포동산횟집 ▶ 19:30 숙박 : 채움키즈풀빌라

3day
10:00 아침미소목장 ▶ 11:30 엘리펀시아 ▶ 13:30 점심 : *미스칠(제주토속음식) ▶ 제주국제공항

*소쿠리야 📍 제주도 제주시 애월읍 고성남길 36 ☎ 064-799-8005
*늘봄흑돼지 📍 제주도 제주시 한라대학로 12 ☎ 064-744-9001
*붉은못허브팜 애월본점 📍 제주도 제주시 애월읍 애월해안로 11 ☎ 064-799-4589
*대포동산횟집 📍 제주도 서귀포시 이어로로 164 ☎ 064-738-6060
*미스칠 📍 제주도 제주시 일주서로 7831 ☎ 064-748-8007

20
KIDS ZONE

제주도

1~10세 　　　　　　　275　　　　　　　실내

샤방샤방 핑크빛 키티 천국
헬로키티아일랜드

여자아이들의 취향을 저격하는 핑크빛 키티 천국, 헬로키티아일랜드예요. 입구에 들어서면 빅 사이즈의 키티하우스가 우뚝 서 있고, 그 옆으로 빈티지 버전부터 최신 버전까지 다양한 키티 캐릭터가 전시돼 있어요. 키티와 함께 춤추며 노는 음악교육관, 그림을 그리는 미술교육관도 있고, 키티 콘셉트의 그물 놀이터를 오르내리는 플레이타임도 있어요. 키티버스 안에서 상영되는 영화를 보고, 온통 키티로 둘러싸인 방에서 뒹굴기도 했어요. 키티 침대, 키티 이불, 키티 화장대로 둘러싸인 키티의 방은 정말 우리 아이 방으로 '똑' 떼 오고 싶었답니다. 키티 카페에 가면 또 다른 재미가 기다리고 있어요. 평소 아메리카노 마니아라도 여기서만큼은 꼭 라테를 마셔보세요. 키티 그림의 라테 아트가 너무 귀엽거든요. 키티 모양의 빵과 간식도 아이들이 너무 좋아했어요. 나가기 전에 키티 기념품숍에 들른다면 지갑 열 준비하셔야 해요.

📍 제주도 서귀포시 안덕면 한창로 340　OPEN 09:00~18:00(성수기 운영 시간 홈페이지에 별도 공지) CLOSE 연중무휴 💰 성인 1만4000원, 어린이 1만1000원(24개월 이하 무료) ☎ 064-792-6114 🏠 www.hellokittyisland.co.kr

ⓒ 4~10세 　　　　　276　　　　　실내 🏠

오늘은 내가 돌고래 조련사!
제주마린파크

돌고래 조련사가 되어보는 멋진 체험, 제주마린파크에서 가능합니다. 마린파크 1층에서 '돌고래 조련사 체험'을 하면 돌고래 먹이를 주고 함께 물놀이할 수 있는데요. 아이가 주로 초식 동물에게 먹이 주는 체험만 해봐서인지 정말 신기했나 봐요. 제주도 여행 후에 돌고래 얘기를 제일 많이 하더라고요. 돌고래 조련사 체험은 키 120cm 이하면 보호자와 함께 해야 하니 참고하세요. 좀 더 용감한 체험으로 돌고래 지느러미를 잡고 유유히 헤엄칠 수 있는 '돌핀 스위밍 체험'도 있어요. 영화 <프리윌리>에서 봤던 극적인 장면을 연출할 수 있답니다. 2층 수조로 올라가면 흔히 볼 수 있는 구피 같은 물고기부터 아이들이 좋아하는 니모까지 다양하게 구경할 수 있어요. 잉어 밥 주기, 금붕어 잡기 체험은 별도의 금액을 내면 할 수 있어요. 카페에서 돌고래 빵을 판매하는데 맛은 평범하지만 귀여운 모양 때문에 아이들이 엄청 좋아했답니다. 카페 안에 있는 사진관에서 돌고래 체험하며 찍은 사진을 인화할 수도 있어요.

📍 제주도 서귀포시 안덕면 화순중앙로 132　OPEN 09:30~18:30(돌고래 체험은 예약제)　🎫 입장료 성인·어린이 1만 원(24개월 미만 무료) / 돌고래 조련사 체험 7만 원, 돌핀 스위밍 체험 16만 원　☎ 064-792-7777　🏠 www.marinepark.co.kr

😊 1~10세　　　　　　　　　　　　　　　　　　　　　　실내 🏠

277

비 올 땐 여기로! 해양생물 천국
아쿠아플라넷 제주

제주 여행할 때 비 오면 코스 잡기 난감한데요. 아쿠아플라넷 제주로 가면 후회 없을 거예요. 하루 4번 진행하는 오션아레나 공연 시간에 맞춰서 가는 게 좋아요. 먼저 공연 보고 아쿠아리움을 관람하면, 관람 중에 공연을 보러 헐레벌떡 뛰어올 일이 없거든요. 공연은 총 50분이고 돌고래 쇼와 수중 아크로바틱 공연이 펼쳐져요. 마치 동화 같은 극적인 스토리가 가미되어 볼 만합니다. 공연 후에 동선을 따라 내부를 관람했는데요, 아이가 가장 좋아했던 곳은 커다란 물범이 자유롭게 헤엄치는 수조였어요. 해저터널은 커다란 가오리를 비롯한 물고기 떼가 머리 위를 지나는 기분이 묘하더라고요. 상어가 헤엄치는 것도 가까이서 봤어요. 대형수조에서는 해녀 물질 공연도 볼 수 있고, 키즈플라넷에는 아이들이 좋아할 만한 체험 시설이 준비돼 있어요. 만들기 체험존에선 제주 상징물을 모티브로 한 방향제와 캔들 만들기 체험을 해봤답니다. 3D영상관에서 영화까지 챙겨보면 빠진 것 없는 알찬 관람이 될 거예요.

📍 제주도 서귀포시 성산읍 섭지코지로 95 [OPEN] 10:00~19:00 / 오션아레나 공연 11:10, 13:10, 15:10, 17:10 / 해녀물질 공연 10:40, 12:40, 14:10, 16:10(공연 시간은 달라질 수 있으므로 홈피 확인) ₩ 종합권 성인 4만900원, 어린이 3만7200원(36개월 미만 무료) ☎ 064-780-0900 🏠 www.aquaplanet.co.kr/jeju/index.jsp

😊 4~10세   278   실내·실외 🏠🌲

어린이 국제 면허증을 따는
세계자동차제주박물관

우리나라 최초의 자동차인 시발자동차를 비롯해 클래식카 90여 대를 전시하고 있어요. 클래식카 마니아에게 천국 같은 곳이지만 역시 아이들에겐 자동차 구경보다 체험이 우선이겠죠? 어린이교통체험관에 접수하면 '어린이 국제 면허증' 발급 과정을 체험할 수 있어요. 먼저 증명사진을 찍고 보호자가 동석한 가운데 전기차를 운전하며 실기시험 코스를 달려봐요. 신호등을 보고 횡단보도 앞에서 잠시 멈췄다가 출발하고, 커브 길에서 부드럽게 방향을 바꿔보는 등 실제 도로와 비슷한 상황을 해결하며 자연스럽게 교통 규칙을 익힐 수 있어요. 실기시험이 끝나면 간단히 필기시험을 보고, 이 모든 과정이 끝나면 어린이 국제 면허증이 발급돼요. 성취감을 맛본 아이가 "나도 이제 운전할 수 있는 거지?" 물으며 좋아하네요. 메인 전시관 오른쪽의 야외 전시관에서 사슴 먹이 주기 체험도 가능해요. 매점에서 가족당 한 봉지씩 사슴 먹이를 받을 수 있으니 체험해보세요.

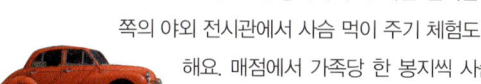

📍 제주도 서귀포시 안덕면 중산간서로 1610   OPEN 09:00~18:00   ₩ 성인 1만1000원, 어린이 1만 원   ☎ 064-792-3000   🏠 www.koreaautomuseum.com

① 1~10세　　　　　　　　　　279　　　　　　　　　　실내·실외

동물 체험도 하고, 카페 경치도 즐기는
목장카페 드르쿰다

온순한 동물 친구들을 만나는 목장이자 제주의 목가적 경치를 구경하는 카페이기도 해요. 입구를 지나 카페에 들어서면 통유리창 너머로 확 트인 목장 전경이 펼쳐져요. 카페가 건물 2층에 해당하는 터라 널따란 목장 울타리 안에서 자유롭게 뛰노는 산양과 토끼가 훤히 보인답니다. 경치를 즐기며 음료를 마시는 기분도 근사하지만, 언제나 뛰놀고 싶은 아이를 위해 당근 먹이를 사서 목장으로 나가봐야겠죠? 배고픈 초식동물들이 울타리 부근으로 달려들어 당근 먹이를 넙죽넙죽 잘 받아먹어요. 귀여운 강아지, 고양이들과 놀아주는 재미도 빼놓을 수 없답니다. 동물 체험뿐만 아니라 체험 승마와 카트, 아이가 직접 운전할 수 있는 전기자동차 등 다양한 즐길 거리가 있어요. 나만의 머그컵 만들기 같은 체험 프로그램도 운영하니 아이와 함께 참여해보세요.

📍 제주도 서귀포시 표선면 번영로 2454　OPEN 09:00~18:00　CLOSE 연중무휴　💰 음료 별도, 동물 먹이 2000원, 승마 1만 원~, 카트 2만5000원, 전기자동차 5000원　☎ 064-787-5220

👶 1~10세　　　　　　　　　280　　　　　　　실내·실외 🏠🌳

곳곳이 아이를 위한 배려
제주아올

4개의 독채로 이루어진 키즈펜션이에요. 우리 가족은 '제주아올2'에 묵었는데요, 산방산이 훤히 보이는 뷰가 압권이고 마당에 심어진 야자수 덕분에 이국적 분위기가 물씬 풍겼어요. 돌담으로 둘러싸인 아담한 잔디마당에 수영장이 있어서 여름에는 시원한 물놀이를 할 수 있어요. '아올'이라는 이름처럼 실내 곳곳이 부엉이 모티브의 장식품으로 아기자기하게 꾸며져 있어요. 또 인형의집, 주방놀이, 자동차 등 남아·여아 모두가 좋아할 만한 장난감이 골고루 세팅돼 있어요. 2층 침대에서 미끄럼틀 타고 말도 타면서 웃음이 끊이지 않았고, 창을 통해 잔디밭에서 아이가 노는 모습을 볼 수 있는 것도 만족스러워요. 주방에는 웬만한 소형 가전을 비롯해 세탁기가 있어서 아이 옷을 바로 빨 수 있는 것도 편했어요. 조식을 간편하게 해결할 수 있는 냉동 볶음밥이나 컵반도 준비되어 있어 바쁜 아침에 후다닥 먹기에 좋았답니다.

📍 제주도 서귀포시 안덕면 사계중앙로 13-15　OPEN 입실 15:30, 퇴실 11:00　₩ 제주아올2 20만 원(비수기 주중 기준)　☎ 010-7655-9513　🏠 jejuowl.co.kr

① 1~10세   281   실내·실외

아이가 놀기에 최적화된 펜션
채움 키즈풀빌라

깨끗한 화이트톤 건물과 아이가 놀기 좋은 수영장을 갖춘 풀빌라 펜션이에요. 채움키즈풀빌라는 각각 1·2·3호점이 이웃하고 있는데요, 객실이 공통적으로 4인 가족을 기준으로 하지만 1호점은 공간이 다소 넓어 10인까지, 2호점은 5인까지만 숙박할 수 있어요. 시설에도 약간 차이가 있어요. 잔디가 깔린 1호점 앞마당에는 아이들 탈것과 트램펄린이 놓여 있고, 놀이방에 미끄럼틀과 기차 테이블, 큼직한 동물 인형 등 놀 것이 가득해요. 침실은 공주가 잠들 것 같은 핑크색 캐노피와 화장대가 있는 방 그리고 퀸사이즈 침대 두 개가 붙어 있는 방이 따로 준비돼 있어요. 스파를 할 수 있는 넓은 욕조와 유아용 변기도 반가워요. 실내 바비큐 그릴은 비 올 때나 추운 날씨에도 이용할 수 있어요. 2·3호점에도 공주 드레스와 화장대, 주방놀이, 놀이집, 자동차 등 놀잇감이 풍성해요. 온수 수영장 덕분에 겨울에도 따뜻하게 수영할 수 있답니다. 1·2·3호점의 시설과 구비 품목이 다소 다르니 취향에 맞게 선택해보세요.

📍 제주도 서귀포시 대포중앙로 44 OPEN 입실 15:00, 퇴실 11:00 ₩ 1호점 35만 원~(비수기 주중 4인 기준), 2·3호점 28만 원~(비수기 주중 4인 기준) ☎ 010-9171-6210 🏠 cheumkids.modoo.at

1~10세 | 실외

282

제주다운 정원에서 동물 친구 만나는
휴애리

아이와 함께 가기 좋은 제주 여행지로 손꼽히는 곳이에요. KBS 〈슈퍼맨이 돌아왔다〉에서 가수 타블로와 딸 하루가 다녀간 곳으로도 유명한데요, 제주의 분위기를 한껏 뽐내는 소박하면서도 아기자기한 정원을 산책하다 보면 작은 폭포도 나오고 수국 올레길, 매화 올레길도 걸을 수 있어요. 하지만 역시 아이들이 좋아하는 건 동물 친구들과의 만남이에요. 토끼, 흑염소, 다람쥐, 산양, 강아지, 오리, 말, 타조 등이 모여 있는 동물농장에서 시간 가는 줄 모르고 놀았어요. 토끼 우리 속을 넘나들며 자유롭게 당근을 먹여주는 재미가 쏠쏠하고, 조랑말을 타보는 승마 체험도 즐거웠어요. '흑돼지야 놀자' 공연도 휴애리의 자랑입니다. 제주의 토종 아기 흑돼지가 등장해 정신없이 길을 달리다 미끄럼을 타고 쭉 내려오는 쇼가 온 가족의 웃음을 유발해요. '흑돼지야 놀자' 공연은 오전 10시부터 오후 5시 사이 매시 정각에 있고요, 계절에 따라 감귤 체험, 매화축제, 수국축제 등도 진행하니 참고하세요.

📍 제주도 서귀포시 남원읍 신례동로 256 OPEN 09:00~18:00(입장은 16:30까지) 입장료 성인 1만3000원, 어린이 1만 원 / 승마 체험 1만 원, 감귤 체험 5000원 ☎ 064-732-2114 www.hueree.com

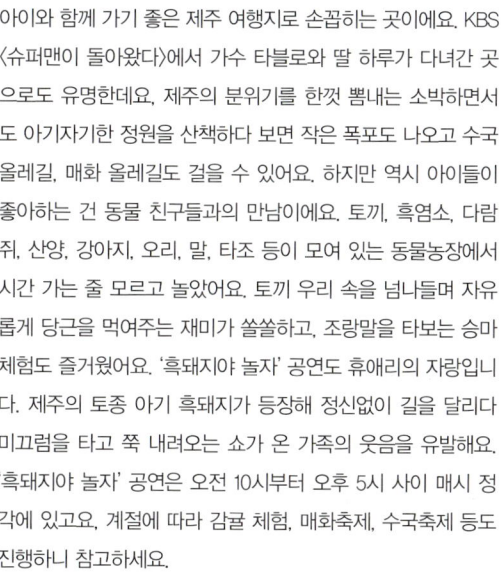

제주도

☺ 1~10세　　　283　　　실내·실외 🏠🌳

'귀요미' 곰 벽화가 그려진
제주곰하우스

'귀요미' 곰 벽화가 반갑게 아이를 맞이해주는 키즈펜션이에요. 66㎡의 독채 두 동이 붙어 있는 구조로 두 팀이 함께 사용하는 공동 놀이방이 있고, 객실에는 기차테이블, 인형의집, 주방놀이, 블록 등의 장난감이 놓여 있어요. 공동 놀이방에는 작은 트램펄린과 미끄럼틀, 볼풀장이 있어서 좀 더 액티브하게 놀 수 있어요. 침실에는 매트리스만 넓게 깔려 있어서 아이랑 편하게 잠들 수 있어요. 객실 뒤쪽으로 바비큐 시설과 물놀이 공간이 있어서 고기 구워 먹으며 아이가 물놀이하는 걸 볼 수 있어요. 신나게 놀고 나서 캐릭터 이불 덮고 곤히 잠든 아이 얼굴을 보니 '아, 이래서 키즈펜션 오는구나' 싶더군요. 세탁기, 전자레인지, 네스프레소 커피 머신을 비롯해 유아용 식탁의자·욕조·보디용품까지 준비돼 있어요. 커피 캡슐, 생수 한 통, 양념 등이 기본으로 제공되니 미리 챙겨가지 않아도 돼요. 세탁 세제도 있으니 필요할 때마다 빨래해서 말려 놓으면 편하답니다.

📍 제주도 제주시 애월읍 애월로19길 11　OPEN 입실 16:00, 퇴실 12:00　💰 18만 원~(비수기 주중 기준)　☎ 010-2376-9509　🏠 gomhouse.kr

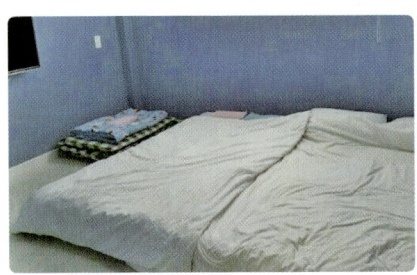

1~10세 | 284 | 실외

공룡은 기본! 즐길 게 너무 많은
제주공룡랜드

푸릇푸릇한 제주 자연 속에서 공룡 친구들을 만날 수 있어요. 실물 크기로 재현한 브라키오사우루스를 비롯해 티라노사우루스, 트리케라톱스 등 다양한 공룡 모형들이 곳곳에서 반겨줘요. 길 중간에 공룡 동굴도 만나고, 공룡과 어우러진 작은 폭포도 만날 수 있어요. 공룡 동굴 내부는 컴컴한 데다가 공룡 모형들도 있어서 둘째 아이는 무서워서 덜덜 떨었지만, 첫째 아이는 가뿐하게 통과! 제주공룡랜드의 즐거움은 공룡에만 있는 것이 아닙니다. 미니동물원에서 천 원짜리 동물 먹이를 사서 아기 사슴과 토끼에게 나눠주었어요. 자연사박물관에서는 갖가지 광물을 구경하고 3D 영화를 보았답니다. 이밖에 조랑말 체험, 에어바운스, 허브하우스, 대나무 미로공원, 도자기 체험 등 아이들과 즐길 거리가 무궁무진해요. 꽤 널찍한 규모라 유모차 대여 서비스를 이용해봐도 좋겠어요. 유모차 대여 시 위생시트를 장착해주고, 손잡이까지 소독해주어 안심이랍니다.

📍 제주도 제주시 애월읍 광령평화2길 1 OPEN 09:30~18:30 💰 대인 9000원, 소인 6000원 ☎ 064-746-3060 🏠 jdpark.kr

285

노루랑 조용히 놀 수 있는
노루생태관찰원

1~10세 / 실외

만 12세 이하 어린이 입장료가 무료인 데다가 노루 테마 공원은 흔치 않아서 만족스럽게 잘 놀았어요. 규모가 작은 편인데 오히려 북적이지 않아서 조용하고 아늑한 맛을 즐겼답니다. 울타리 안쪽의 초원에서 노루들이 자유롭게 노닐고 있는데요, 별도로 먹이를 구매해서 노루와 교감하며 먹이를 주며 놀았어요. 어린 노루들이 성큼 다가와서 신선한 나뭇잎을 받아먹으니 아이들이 신기해하더라고요. 전체 노루가 먹이를 먹는 오전 9시, 오후 3시 30분경에 방문하면 더 많은 노루를 볼 수 있지만, 먹이 주기 체험은 할 수 없으니 참고하세요. 노루 목각인형 만들기 체험도 할 수 있는데요, 아이가 주도적으로 만드는 게 아니라 나뭇가지를 고르면 선생님이 글루건으로 붙여주는 방식이라 조금 아쉬웠어요. 노루 먹이를 주고 나서 놀이터에서 꽤 오래 놀았답니다. 근처에 아이들과 가기 좋은 4·3평화공원, 절물자연휴양림 등과 함께 다녀오는 것도 좋아요.

📍 제주도 제주시 명림로 520 [OPEN]
3~10월 09:00~18:00, 11~2월 09:00~17:00 💰 성인 1000원, 만 12세 이하 무료 / 노루 먹이 1000원, 노루 목각인형 만들기 3000원 ☎ 064-728-3611
🏠 roedeer.jejusi.go.kr

👶 1~10세 　　　　286　　　　실외 🌲

삼림욕 즐기는 '강추' 산책로
절물자연휴양림

제주에서 삼림욕을 제대로 즐길 수 있는 곳으로 '강추'해요. 완만한 경사에 넓은 데크 산책로가 조성돼 있어 유모차를 끌고 다니기에도 편했어요. 아이뿐만 아니라 어르신도 걷기에 워낙 편한 길이라 3대가 함께 방문해도 좋아요. 울창한 삼나무에서 상쾌한 피톤치드가 뿜어져 나오는데요, 숨을 깊이 들이쉴수록 몸 속이 깨끗하게 정화되는 느낌이에요. 빽빽한 나무가 그늘을 드리우고, 시원한 숲 바람도 불어와서 한여름에도 한기를 느낄 정도예요. 숲 구석구석에 아기자기한 놀이터가 조성돼 있어서 아이와 함께 하는 산책 길이 지루하지 않았어요. 목공예 체험장에서는 저렴한 가격에 목공예 작품을 만들어볼 수 있답니다. 사방이 온통 푸르른 휴양림에서 아이와 어른 모두 힐링하세요.

📍 제주도 제주시 명림로 584　[OPEN] 09:00~18:00　💴 어른 1000원, 청소년 600원, 어린이 300원(만 6세 이하 무료)　☎ 064-728-1510　🌐 jeolmul.jejusi.go.kr

1~10세 · 287 · 실내·실외

사계절 온수 수영장에서 노는
풀스토리풀빌라

월정리 바닷가에서 도보 5분 거리에 위치한 복층 구조의 풀빌라 키즈펜션이에요. 사계절 온수 물놀이를 즐길 수 있는 수영장은 주방과 통유리를 사이에 두고 마주하고 있어서 식사하면서 아이가 수영하는 모습을 볼 수 있어요. 아이가 좋아할 만한 계단 아래 나지막한 공간에는 주방놀이, 인형의집, 미끄럼틀, 암벽등반 등 놀 거리가 가득해요. 침실에는 저상형 패밀리 침대가 놓여 있어 아이들이 자다가 떨어질까 염려하지 않아도 돼요. 거실에서 연결된 야외 테라스에는 바비큐 시설이 마련돼 있고, 바로 옆으로 대형 트램펄린이 설치돼 있어요. 바비큐를 즐기는 동안에도 아이들은 쉼 없이 뛰놀 수 있겠죠? 야외 잔디밭에는 탈것들이 가득하고, 놀이집도 있어서 날씨 좋을 땐 바깥놀이를 즐겨도 좋겠어요. 간단하게 토스트와 딸기잼 등으로 조식을 제공하니 편하게 이용해보세요.

📍 제주도 제주시 구좌읍 월정중길 12　OPEN 입실 15:00, 퇴실 11:00　🏠 키즈풀빌라 A01호
주중 30만 원~(비수기 주중 4인 기준)　📞 064-702-0123　🔗 poolstory.co.kr

1~10세 　　　288　　　실내·실외

카트 타고 녹차밭 누비는
동굴의다원 다희연

광활한 초록 녹차밭을 카트 타고 구석구석 누비고, 동굴카페에서 맛있는 녹차아이스크림을 맛볼 수 있어요. 동굴의다원 다희연은 20만㎡의 녹차밭과 동굴카페, 레스토랑, 짚라인까지 즐길 수 있는 복합테마공간이에요. 온 가족이 함께 시원한 제주 바람을 맞으며 카트 타고 녹차밭을 구경하는 기분이 근사했어요. 한여름에도 서늘한 동굴카페에서는 녹차아이스크림, 녹차팥빙수, 녹차라테 등 다희연에서 생산한 녹차를 활용한 메뉴를 맛볼 수 있어요. 배가 출출하다면 레스토랑에서 녹차비빔밥이나 녹차돈가스로 요기해도 좋겠네요. 녹차밭을 발아래로 두고 네 가지 코스를 즐기는 짚라인은 신장 130cm가 넘어야 체험할 수 있고, 사전 예약도 필수랍니다. 야간에는 라이트아트페스타를 진행해 녹차밭이 빛의 축제장으로 변신한답니다. 녹차를 테마로 온 가족이 즐길 게 많은 곳이에요.

📍 제주도 제주시 조천읍 선교로 117　OPEN 09:00~23:00(시즌별로 다름)
💰 입장권 대인 주간 5000원, 야간 1만2000원, 어린이 주간 2000원, 야간 5500원 / 짚라인 3만 원 / 족욕 체험 1만2000원　☎ 064-782-0005
🌐 www.daheeyeon.com

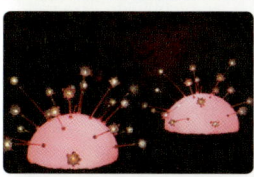

😊 1~10세　　　289　　　실내 🏠

고즈넉한 마을의 아담한 펜션
데이앤

조용한 시골 마을에 자리한 독채 펜션이에요. 워낙 고즈넉한 풍경에 둘러싸여 있어 휴식다운 휴식을 취할 수 있어요. 펜션 1층에는 침실 2개와 파우더룸, 화장실, 샤워실이 있고, 2층에는 주방과 놀이방이 있는데요. 침실은 매트리스만 놓여 있어 높은 침대보다 아이에게 안전해요. 2층 주방에는 식사하기 편한 널찍한 테이블과 놀이방이 가까이 있어서 엄마·아빠가 식사하면서 아이들이 노는 걸 지켜볼 수 있답니다. 전자레인지, 세탁기, 자이글까지 준비돼 있어서 편하게 이용할 수 있고, 유아용 보디용품도 잘 갖춰져 있어요. 2층으로 오르는 계단은 위험하지 않게 난간이 잘 되어 있고, 1층 내려가는 계단에도 아이가 혼자 가지 못하게 덧문이 있어요. 곳곳에서 아이를 위한 세심한 배려가 느껴져요. 그리고 데이앤에 온다면 꼭 2층 발코니에 서서 풍경을 감상해보세요. 고즈넉한 제주의 시골 풍경에 절로 힐링이 된답니다.

📍 제주도 제주시 구좌읍 하도7길 54　OPEN 입실 16:00, 퇴실 11:00　₩ 21만 원~(비수기 주중 기준, 성인 4명·미취학 2명 이용 가능)　☎ 010-9068-7868　🏠 jejudayn.blog.me

😊 1~10세

290

실내·실외 🏠🌳

비 와도 놀기 좋은 유아풀장
두린아이 키즈펜션

아이가 좋아하는 아이템이 그득그득한 키즈펜션이에요. 잔디가 깔린 마당엔 트램펄린, 미끄럼틀 등의 놀이시설이 있고, 아늑한 실내 공간에 수심이 낮은 유아풀장이 있어서 비 오는 날에도 신나게 물놀이할 수 있어요. 키즈룸에는 아이라면 100% 반할 나무집 놀이터가 있는데요. 미끄럼틀이 꽤 길고, 나무집 아래 아늑한 공간에 그네, 트램펄린, 볼풀까지 마련돼 있어서 아이가 정말 좋아했어요. 복층 객실은 4인 가족이 머물기 좋은 크기로 딱 두 동만 있어서 조용하고 편안했어요. 인테리어도 깔끔하지만 무엇보다 유아용품과 장난감이 세심하게 잘 갖춰진 게 맘에 들었어요. 젖병 세정제·세척솔, 유아용 보디용품, 상비약까지 빠짐없이 준비돼 있어요. 아이가 어리다면 아기체육관, 쏘서, 젖병소독기, 범보의자, 유아 욕조, 타이니러브 모빌 등도 대여할 수 있으니 문의해보세요.

📍 제주도 제주시 애월읍 신엄안1길 13　OPEN 입실 15:00, 퇴실 11:00　💰 24만 원~(비수기 주중 기준)　📞 010-5167-8454　🏠 blog.naver.com/jejusien

😊 1~10세　　　　　　　　　291　　　　　　　　　실외 🌲

놀 거리 무궁무진한 대형 공원
렛츠런파크 제주

아이들이 좋아하는 놀 거리가 무궁무진한 대형 공원이에요. 입구에 들어서면 꽃마차와 마주하게 되는데요, 1인당 1000원이면 꽃마차를 타고 공원을 한 바퀴 돌아볼 수 있어요. 주말에는 아이에 한해서 무료 승마 체험을 해볼 수 있어요. 줄 서서 기다렸다가 안전요원과 함께 한 바퀴 도는 코스라 가볍게 체험하기 좋습니다. 승마체험장 바로 옆에서 말에게 먹이를 줄 수도 있는데요, 식성 좋은 말이 1000원짜리 당근 먹이를 순식간에 먹어 치워서 그야말로 '깜놀'했어요. 덕분에 아이들이 끝도 없이 먹이를 사달라고 졸랐답니다. 놀이터에는 다양한 액티비티가 가능한 대형 미끄럼틀을 비롯해 짚라인처럼 내려가는 기마줄 타기도 있어서 활동적인 아이가 좋아했어요. 경주마를 타는 듯한 레이스호스도 무료라서 줄 서서 태워줬습니다. 특히 매직포니라는 널찍한 트램펄린이 명물인데요, 방방과 미끄럼틀을 합친 개념이라 아이가 마구 굴러다니며 잘 놀았어요. 여름엔 수영장을 운영하는데 아이들이 놀기 딱 좋은 수심에 슬라이드까지 있어서 인기 만점이랍니다.

📍 제주도 제주시 애월읍 평화로 2144　OPEN 09:00~18:00(놀이터는 11:00~)　CLOSE 월·화요일　₩ 경마일 2000원, 비경마일 무료 / 동물 먹이 주기 1000원　☎ 1566-3333　🏠 race.kra.co.kr/jeju_main.do

① 1~10세   292   실내·실외

동물농장이 있는 펜션
로그밸리펜션

펜션 앞마당에 미끈한 말이 풀을 뜯고 있는 생경한 풍경, 바로 로그밸리펜션이 주인공입니다. 동물을 좋아하는 아이라면 단연 이곳을 좋아할 거예요. 귀여운 강아지가 손님을 반기고 오리, 토끼, 닭, 염소 등에게 풀 뜯어서 무제한 먹이 주기 체험도 할 수 있어요. 매일 아침 9시 30분에 미니 말과 당나귀를 타보는 무료 승마 체험도 할 수 있어요. 말을 타고 펜션 앞마당을 누벼볼 수 있답니다. 펜션에 묵으며 동물 체험까지 겸할 수 있다니 꽤나 만족스러워요. 온통 통나무로 만든 내추럴한 객실도 자랑이에요. 들어가는 순간 나무 향이 훅 끼쳐와 기분이 좋아진답니다. 2층 다락방에는 매트리스만 놓여 있어 높은 침대보다 안심되고, 아늑한 분위기라 아이들도 좋아했어요. 숙소는 독채 동으로 개별로 분리되고, 각 객실 앞 데크에서 바비큐해 먹을 수도 있답니다. 1000원만 내면 숙소 앞 텃밭에서 신선한 쌈 채소를 수확할 수 있으니 이용해보세요.

📍 제주도 제주시 애월읍 소길남길 190-19 OPEN 입실 15:00, 퇴실 11:00 💰 13만 원~(비수기 주중 4인 기준) ☎ 010-4691-1338
www.logjeju.com

1~10세 · 실내

293

바다가 보이는 로봇체험관
로봇스퀘어

해안도로에 인접해 있어 바다가 보이는 로봇체험관이에요. 규모가 크진 않지만, 내실 있는 콘텐츠로 승부하고 있어요. 1~3 전시관까지 순서대로 체험할 수 있는데요. 먼저 1전시관에서 낚시 게임으로 손맛을 느껴봤어요. 아이가 색칠한 동물을 터치 스크린을 통해 띄워 보기도 했어요. 2전시관에는 로봇 조립, 코딩 체험관이 기다리고 있어요. 3D 프린터로 목걸이를 만들어보고, 추억의 오락기가 있어 어른도 즐겨보았답니다. 로봇을 조종해보고, 농구 게임도 하고 나니 훌쩍 시간이 지나 있네요. 3전시관인 로봇체험관에서는 다양한 로봇을 움직여보고 자동차 레이스도 즐겨봤어요. 매 시간마다 로봇 공연이 펼쳐지는데, 화려한 조명과 신나는 음악에 맞춰 '칼군무'를 선보이는 로봇에게 푹 빠지고 말았네요. 2층에 있는 로봇카페에서는 바다를 바라보며 음료를 마실 수 있으니 꼭 들러보세요.

📍 제주도 제주시 구좌읍 해맞이해안로 1032 OPEN 10:00~18:30 ₩ 8000원 ☎ 064-783-0789 🏠 www.robotsquare.co.kr

1~10세

294

조용한 바닷마을 독채 풀빌라
아이랑

고내포구 부근의 작고 조용한 마을에 위치한 키즈펜션이에요. 집 하나를 통째로 빌려주는 독채 렌털 하우스라서 편안하게 쉬고, 프라이빗하게 즐길 수 있답니다. 가장 반가운 것은 우리 가족만을 위한 수영장이에요. 북적이는 제주도 해수욕장을 피해 실컷 물놀이하며 놀 수 있어요. 아담한 잔디 정원에는 모래놀이터와 미끄럼틀, 트램펄린이 있어서 아이들이 맘껏 뛰놀 수 있어요. 실내 인테리어는 원목을 기본으로 따뜻하고 내추럴한 감성을 잘 살렸어요. 아이 몸에 꼭 맞는 테이블과 의자, 책꽂이 겸 벤치 등이 놓여 있고, 아늑한 침실과 2층 놀이공간까지 곳곳에 아이를 위한 배려가 묻어나요. 아이가 노는 모습을 거실 유리창을 통해 볼 수 있는 것도 편하답니다. 객실에 주방놀이와 화장대, 탈 것 등 아이가 좋아할 장난감이 준비돼 있고, 네스프레소 캡슐 머신, 토스터기, 커피포트 등 소형 가전들도 빠짐없이 있어서 아메리칸 조식을 차려 먹기에 불편함이 없답니다.

📍 제주도 제주시 애월읍 고내로7길 34 OPEN 입실 16:00, 퇴실 11:00 ₩ 22만 원~(비수기 주중 기준) ☎ 010-8757-4376 🏠 www.아이랑.com

1~10세 | 295 | 실외

목가적 풍경의 인생샷 목장
아침미소목장

광활한 초지에 젖소가 노니는 목가적인 풍경이 인상적인 목장이에요. 요즘 '인생샷 목장'으로 뜨고 있는 만큼 아이 사진 찍어주기에도 좋답니다. 스냅 촬영하기 좋은 소품이 곳곳에 놓여 있고, 80여 마리의 젖소들이 멋진 배경이 되어줘요. 송아지 우유 주기, 젖소 여물 주기 체험은 비교적 저렴한 가격에 예약 없이 참여할 수 있으니 가벼운 마음으로 즐겨보세요. 아이스크림·치즈 만들기 체험은 하루에 두 번 예약제로 운영돼요. 목장에서 직접 만든 요구르트, 신선치즈, 숙성치즈, 아이스크림도 판매하고 있답니다. 체험은 유료이지만, 목장 구경만 한다면 무료로 입장할 수 있는 것도 장점이에요. 제주 여행할 때 들르면 후회하지 않을 풍경과 알찬 체험이 기다리고 있답니다.

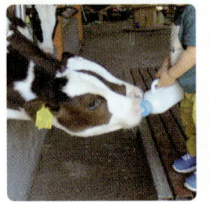

📍 제주도 제주시 첨단동길 160-20 OPEN 10:00~17:00 / 아이스크림 만들기 10:00, 14:00(1일 2회) / 치즈 만들기 10:30, 14:30(1일 2회) CLOSE 화요일 입장료 무료 / 송아지 우유 주기 1병 3000원, 동물 채소 주기 1컵 2000원, 아이스크림 만들기(2인) 1만2000원 ☎ 064-727-2545 🏠 morningsmile.modoo.at

1~10세 · 296 · 실외

기차 타고 여행하는 제주의 속살
에코랜드 테마파크

이국적이고도 아름다운 제주의 속살을 만나는 기차 여행, 바로 에코랜드 테마파크입니다. 고풍스러운 증기기관차를 타고 '제주의 허파'라 불리는 곶자왈 원시림 곳곳을 여행할 수 있어요. 곶자왈에 서식하는 다채로운 식물과 곤충, 동물을 가까이서 볼 수 있다는 게 만족스러워요. 각 역마다 각기 다른 테마를 가지고 있어서 구석구석 아이와 함께 구경하는 재미도 쏠쏠하답니다. 수상 데크 위를 거닐며 호수 풍취를 즐기는 에코브리지역도 좋고, 풍차 풍경이 이국적인 레이크사이드역도 예뻤어요. 피크닉가든역에서는 카페에 들어가 차를 마시고 화산송이 길을 맨발로 걸어보기도 했어요. 라벤더, 그린티 & 로즈가든역은 드넓은 유럽식 정원과 넓은 초원이 아름다워서 사진 찍으면 정말 예쁘게 나와요. 2019년 완공을 목표로 에코랜드호텔이 한창 공사 중이니 아름다운 호숫가를 바로 앞에 두고 낭만적인 하룻밤을 기대해도 좋겠어요.

📍 제주도 제주시 조천읍 번영로 1278-169 OPEN 08:30~18:00 💰 성인 1만4000원, 어린이 1만 원 ☎ 064-802-8020 🏠 theme.ecolandjeju.co.kr

> 1~10세

297

실내

제주 여행의 마지막 코스는 이곳!

엘리펀시아

제주 여행의 마지막 코스로 추천하는 곳이에요. 제주국제공항과 불과 6km 남짓 떨어진 매우 가까운 거리거든요. 엘리펀시아는 1, 2, 3층을 각기 다른 테마로 꾸민 키즈 놀이터예요. 1층은 정글 콘셉트로 25종의 무브먼트 동물들이 자리하고 있어요. 실물 크기로 재현된 동물 모형들이 움직이기 때문에 처음에는 아이들이 깜짝 놀라요. 하지만 요리조리 살펴본 후에 "에이~ 가짜잖아"하고 안심하더라고요. 2층은 사막을 콘셉트로 한 친환경 모래놀이와 신비의 거울 미로를 체험할 수 있어요. 아이들이 모래놀이를 맘껏 할 수 있도록 전용 옷이 준비돼 있고, 다 놀고 나서 에어 콤프레셔로 몸에 묻은 모래를 다 털어낼 수 있어서 더없이 편했답니다. 3층의 야외 옥상은 금호타이어와 콜라보레이션으로 운영하는 자동차 테마 공간이에요. 금호자동차와 관련된 전시 공간이 마련돼 있고, 카트와 자전거를 타볼 수 있어요. 지하에도 그물 놀이터가 있어 잠깐 놀기에 괜찮답니다.

📍 제주도 제주시 1100로 3124 OPEN 평일 11:00~18:00, 주말·공휴일 11:00~19:00 CLOSE 월·화요일 💰 성인 7000원, 소인 1만 원
☎ 064-745-0082 🏠 elefunsia.fortour.kr

😊 1~10세 　　　　　　298　　　　　　실내·실외 🏠🌲

여유롭고 고급스러운 독채 키즈펜션
자넷앤캐시

세화해변 근처에 위치한 자넷앤캐시는 고급스럽고 감각적인 독채 키즈펜션이에요. 총면적 660㎡의 2층 독채를 온전히 사용할 수 있어서 여유로운 휴식을 원하는 가족에게 딱 좋아요. 거실, 주방, 침실의 인테리어와 소품 하나하나에 예사롭지 않은 감각이 느껴져요. 객실과는 별도로 마련된 어린이 놀이공간은 안전한 쿠션으로 처리돼 있고, 다른 한쪽은 럭셔리한 탈것들이 놓여 있어요. 유리창 가득 쏟아지는 햇살을 활용해 아이들이 노는 모습을 예쁘게 사진에 담아보는 것도 좋겠어요. 사진작가가 운영하는 펜션이라 사진 촬영을 의뢰할 수도 있으니 참고하세요. 너른 잔디밭에선 아이들이 뛰놀기 좋고, 야외 데크에서는 바비큐를 즐길 수 있어요. 숙박 요금이 다소 부담스러울 수 있지만, 침실이 4개나 되니 여러 가족이 팀을 이뤄 묵는 것도 좋겠어요. 이렇게 즐길 거리가 많은 숙소에서는 아무 데도 가지 않고 오롯이 시설을 즐겨보는 것도 참 좋답니다.

📍 제주도 제주시 구좌읍 평대9길 20-1
OPEN 입실 16:00, 퇴실 11:00　₩ 50만 원~(비수기 주중 12인 기준)　☎ 010-5325-8297　🏠 www.janetcathy.co.kr

👶 1~10세   299   실내·실외 🏠🌲

감귤 체험 가능한 아늑한 키즈펜션
조밤나무집

'제주에 산다면 아이랑 이런 집에서 살고 싶다'는 생각을 하게 만든 아늑한 키즈펜션이에요. 이 집의 마스코트인 커다란 조밤나무를 비롯해 트램펄린, 수영장, 각종 탈것들이 너른 잔디밭에 마련돼 있어요. 내부에는 큼지막한 방 하나가 키즈 놀이터로 꾸며져 있어요. 미끄럼틀이 연결된 2층 침대 아래 아늑한 공간에는 주방놀이, 인형의집, 바운서 등이 있어요. 침실에는 퀸사이즈 매트리스 두 개를 붙여놓아 아이가 마구 굴러다니면서 자도 안심이에요. 주방에는 간단한 양념류와 젖병세척제, 세척솔, 소독기, 정수기 등이 있고, 아이 옷을 빨 수 있는 세탁기와 세제도 준비돼 있어요. 무엇보다 펜션 주변이 온통 감귤나무로 둘러싸여 있어 수확기에 직접 감귤 수확 체험을 해볼 수 있답니다. 아이와 함께 탐스럽게 맺힌 감귤을 똑똑 따서 한 바구니 가득 수확해봤어요. 아이도 너무 좋아했고, 어른에게도 즐거운 추억이 되었답니다.

📍 제주도 제주시 월산남길 60-8 OPEN 입실 15:00, 퇴실 11:00 🏠 1호점(25평) 17만 원~, 2호점(16평 복층) 15만 원~(비수기 주중 기준) ☎ 010-6836-4784 🏠 blog.naver.com/jobamtree

👶 1~10세　　　300　　　실외 🌳

날씨 상관 없이 즐기는
제주레일바이크

아이들과 오래 걷는 건 부담스럽지만 제주의 압도적인 풍광을 즐기고 싶다면 제주레일바이크가 정답이죠. 특히 변화무쌍한 제주 날씨에 상관 없도록 비닐 커버가 씌워져 있어 아이랑 편하게 코스를 즐겨볼 수 있어요. 상도리공동목장에서 출발하는 레일바이크는 우도, 성산일출봉, 수산풍력단지, 용눈이오름을 바라보며 구좌읍을 작게 한 바퀴 돌아오는 코스예요. 목장에 방목된 100여 마리의 소와 자생 꽃이 만들어낸 제주 풍광에 감탄사가 절로 나와요. 처음 몇 미터만 페달을 밟아주면 그 후로는 자동으로 이동하는데요, 브레이크를 밟으면 멈추기 때문에 돌발 상황에 대처할 수 있어요. 재미를 더하기 위해 두 군데 정도에 내리막길이 있어요. 이 구간에선 속도가 붙어서 아이들이 비명을 지르며 좋아했답니다. 약 40분 간의 코스를 마치고 작은 동물 체험장에서 먹이 주기 체험까지 알차게 즐겨보았네요. 회차별로 이용권을 끊어야 하니 홈페이지에서 예약하고 가는 게 안전할 거예요.

📍 제주도 제주시 구좌읍 용눈이오름로 641　OPEN 09:00~17:30　💰 3인승 4만 원, 4인승 4만8000원　📞 064-783-0033　🏠 www.jejurailpark.com

INDEX

ㄱ

가은아자개장터 · 284
가을노을펜션 · 133
강씨봉자연휴양림 · 100
강화역사박물관 · 161
강화자연사박물관 · 160
개화예술공원 · 268
거제조선해양문화관 · 333
경기도어린이박물관 · 189
경기북부어린이박물관 · 146
경주동궁원 버드파크 · 317
경주세계자동차박물관 · 315
고마워토토 · 93
고양낙농치즈테마체험장 · 125
고양어린이박물관 · 124
곰펜션 · 226
과자박물관 스위트팩토리 · 84
광명스피돔 · 178
괴산군소금랜드 · 287
괴산농업역사박물관 · 286
구리타워 · 곤충생태관 · 신재생에너지홍보관 · 114
구포국수체험관 · 322
국립경주박물관 어린이박물관 · 316
국립대구과학관 · 303
국립부산과학관 새싹누리관 · 323
국립생물자원관 · 168
국립생태원 · 272
국립수산과학원 수산과학관 · 327
국립아시아문화전당 어린이체험관 · 373
국립중앙과학관 · 256
국립중앙박물관 어린이박물관 · 89
국립해양박물관 · 332
국립횡성숲체원 · 223
금산지구별그림책마을 · 261
금수강산(수영장식당) · 179
기후변화홍보관 · 220
김포아트빌리지 · 152
김포에코센터 · 153
꿈의동산놀이공원 · 106

ㄴ

나폴리농원 · 334
남사예담촌 · 346
남양주어린이비전센터 · 라바파크 · 109
남양주임실치즈체험장 · 112
남일대해수욕장 에코라인 · 344
남취당의 한옥이야기 · 159
네이처파크 · 298
노루생태관찰원 · 400
노을자리펜션 · 162
농촌진흥청 농업과학관 · 356
늘솔길공원 · 169

ㄷ

다이노스타 · 190
단양다누리아쿠아리움 · 278
단촌서원고택 · 279
담양관방제림 · 369
당진전력문화홍보관 · 267
대관령아기동물농장 · 236
대구어린이교통랜드 · 306
대구어린이회관 · 307
대명리조트 천안 오션파크 · 248
대부도 365 캠핑시티 · 205
대숲사이펜션 · 372
대전솔로몬로파크 · 257
대전어린이회관 · 258
더스타펜션 · 310
덕평공룡수목원 · 210
데이앤 · 404
델피노골프&리조트 키즈파크 · 243
독립기념관 · 246
동굴의다원 다희연 · 403
동의보감촌 · 347
동제미술관 · 301
동키동산 · 209
돼지문화원 · 222
두린아이 키즈펜션 · 405
둘리뮤지엄 · 78
디데이하우스 · 131
뚜비아트아띠 · 134

ㄹ

라온아토 · 302
랑랑랑 · 358
렛츠런파크 부산경남 · 326
렛츠런파크 제주 · 406
로그밸리펜션 · 407
로보카폴리 안전체험공원(공주시 안전체험공원) · 259
로봇스퀘어 · 408
롤링힐스호텔 · 203

ㅁ

마리나힐링펜션 · 345
만천하스카이워크 · 280
메타프로방스 · 367
모산목장 · 135
목장카페 드르쿰다 · 394
목포어린이바다과학관 · 374
목화당 · 295
무주산책펜션 · 363
무화과족욕체험장 도담 · 163
문경에코랄라 · 285
뮤지엄 산 · 218
뮤지엄김치간 · 97
미호박물관 · 110

ㅂ

- 바다열차 · 238
- 바람아래펜션 · 264
- 배다골테마파크 · 122
- 범브로하우스 · 237
- 벗이미술관 · 191
- 베어트리파크 · 254
- 별궁 · 265
- 별내블루베리농장 · 111
- 별농장 · 200
- 별아래 캠핑장 · 192
- 별앤별펜션 · 308
- 부산솔로몬로파크 · 328
- 부천자연생태공원 · 176
- 북서울꿈의숲 · 80
- 브이센터 · 94
- 비발디파크 더파크호텔 · 227
- 쁘띠프랑스 · 101

ㅅ

- 사과깡패 · 115
- 사천첨단항공우주과학관 · 342
- 삼척해양레일바이크 · 239
- 삽교호놀이동산 · 269
- 상상양떼목장 편백숲 · 338
- 서산버드랜드 · 270
- 서울상상나라 · 81
- 서울시립과학관 · 83
- 서울하수도과학관 · 82
- 석장리박물관 · 260
- 성연딸기체험농장 · 123
- 세계자동차제주박물관 · 393
- 소래습지생태공원 · 170
- 소소가 · 311
- 소풍정원 편백체험장 · 201
- 송도해상케이블카 · 329
- 송파파크하비오 워터킹덤 · 96
- 수양개 빛터널 · 281
- 수우원농장 · 136
- 순천만국가정원 · 381
- 순천만습지 · 382
- 순천시립그림책도서관 · 380
- 스카이라인루지 통영 · 335
- 스파밸리 · 299
- 시리미자연놀이체험장 · 164
- 신라부티크호텔 · 312
- 신북리조트 스프링폴 · 116
- 썬밸리호텔 워터파크 · 214
- 쏠비치호텔&리조트 삼척 · 240
- 쏠비치호텔&리조트 양양 · 241
- 씨라이프 부산아쿠아리움 · 331
- 씨랄라 워터파크 · 85
- 씨스타펜션 · 309
- 씨엘펜션 · 368

ㅇ

아띠딸기농장 · 108
아라마루 전망대 · 171
아르떼수성랜드패딩주 · 305
아산스파비스 · 253
아산환경과학공원 생태곤충원 · 252
아셀펜션 · 157
아이놀자 풀빌라 · 319
아이랑 · 409
아이키친(판교점) · 187
아인스월드 · 177
아침고요수목원 · 102
아침미소목장 · 410
아쿠아플라넷 여수 · 386
아쿠아플라넷 일산 · 126
아쿠아플라넷 제주 · 392
안동문화관광단지 유교랜드 · 290
안동병산서원 · 293
안동전통문화콘텐츠박물관 · 292
안동하회마을 · 294
안면도쥬라기박물관 · 266
안양예술공원 안양박물관 · 180
앵강다숲마을 · 341
양평오토캠핑장 · 107
어린왕자의나무별펜션 · 103
어메이징파크 · 117
에브라임캠핑장 · 143
에이치에비뉴호텔 광안리점 · 325

에코랜드 테마파크 · 411
에코유캠핑장 · 147
에코테마파크 대구숲 · 304
엘도라도리조트 · 375
엘리펀시아 · 412
여수해양레일바이크 · 해상케이블카 · 383
여주곤충박물관 · 215
예크생물원 · 212
오감로니 · 359
오동도 · 384
오떼떼키즈풀빌라펜션 · 371
오크밸리 두다다쿵룸 · 219
옥토끼우주센터 · 165
완판본문화관 · 353
용인농촌테마파크 · 194
웃다리문화촌 · 202
원주곤충마을 · 221
월미테마파크 · 172
의림지파크랜드 · 277
의야지바람마을 · 232
의왕레일파크 · 182
익산보석박물관 · 352
인천대공원 목재문화체험장 · 175
인천어린이과학관 · 173
인터렉티브아트뮤지엄 · 104
임실치즈테마파크 · 362

ㅈ

자넷앤캐시 · 413
장항스카이워크 · 273
장흥아트파크 · 148
잭슨나인스 · 129
잼잼키즈펜션 · 318
전곡선사박물관 · 144
전라남도해양수산과학관 · 387
전쟁기념관 어린이박물관 · 90
전주동물원 드림랜드 · 357
전주자연생태박물관 · 355
전주초코파이체험장 · 354
전주한지박물관 · 360
전통리조트 구름에 · 291
절물자연휴양림 · 401
제주곰하우스 · 398
제주공룡랜드 · 399
제주레일바이크 · 415
제주마린파크 · 391
제주아올 · 395
조명박물관 · 149
조밤나무집 · 414
주주팜 · 213
죽녹원 한옥숙박 · 370
중원대학교박물관 · 288
지리산 수선사 · 349
지리산애펜션 · 348
지스타더놀자 · 330

ㅊ

채움키즈풀빌라 · 396
챔피언1250 · 130
천안상록리조트 · 249
천안홍대용과학관 · 250
청계목장 · 193
청정원 요리공방 · 88
청태산자연휴양림 · 224
초막골생태공원 · 181
충청남도안전체험관 · 247
칠보물테마유원지 · 361

ㅋ

카라반베이 · 196
카페도자기마을 · 113
캐리비안캠프 · 195
캐리키즈카페(여의도IFC몰점) · 79
켄싱턴리조트 청평 · 105
코나하우스 · 340
코엑스아쿠아리움 · 92
콩순이키즈카페(일산장항점) · 132
크라운해태 키즈뮤지엄 · 91
클래식티피글램핑 · 271
키자니아 서울 · 95
키즈앤키즈 · 86
키즈캐빈 · 233

ㅌ

태산패밀리파크 · 154
터틀랜드 · 229
테라크랩팜 · 242
토이킹덤플레이 · 128
토탈쌤체험박물관 · 225
티놀자애니멀파크 · 255

ㅍ

파라다이스스파 도고 · 251
파라다이스시티호텔 · 174
판다스토리 · 366
팡팡크루즈 · 87
퍼스트가든 · 137
평창무이예술관 · 230
평화랜드 · 평화누리공원 · 138
풀스토리풀빌라 · 402
프린세스 키즈펜션 · 228
플레이즈파크 · 208
피그말리온펜션 · 339
피노지움 · 139
피싱파크 진산각 · 155

ㅎ

하내테마파크 · 204
하니랜드 · 140
한국근현대사박물관 · 141
한국민속촌 · 197
한국잡월드 · 186
한립토이뮤지엄 · 142
한방생명과학관 · 276
한울공원 해수체험장 · 183
한지체험박물관 · 289
한터조랑말농장 · 198
한화리조트 경주 뽀로로아쿠아빌리지 · 314
한화리조트 용인베잔송 뽀로로룸 · 199
함평엑스포공원 · 376
함평자연생태공원 · 377
함허동천웰빙펜션 · 158
항공우주박물관 · 343
허브나라농원 · 231
허브빌리지 · 145
허브아일랜드 · 118
헬로키티아일랜드 · 390
현대모터스튜디오 고양 · 127
현대어린이책미술관 · 188
호수창이예쁜가펜션 · 119
호텔더마크 해운대 · 324
호텔드포레 · 300
호텔마리나베이서울 · 156
호텔미란다이천 스파플러스 · 211
휴애리 · 397
히든베이호텔 · 385
히어로플레이파크 · 313

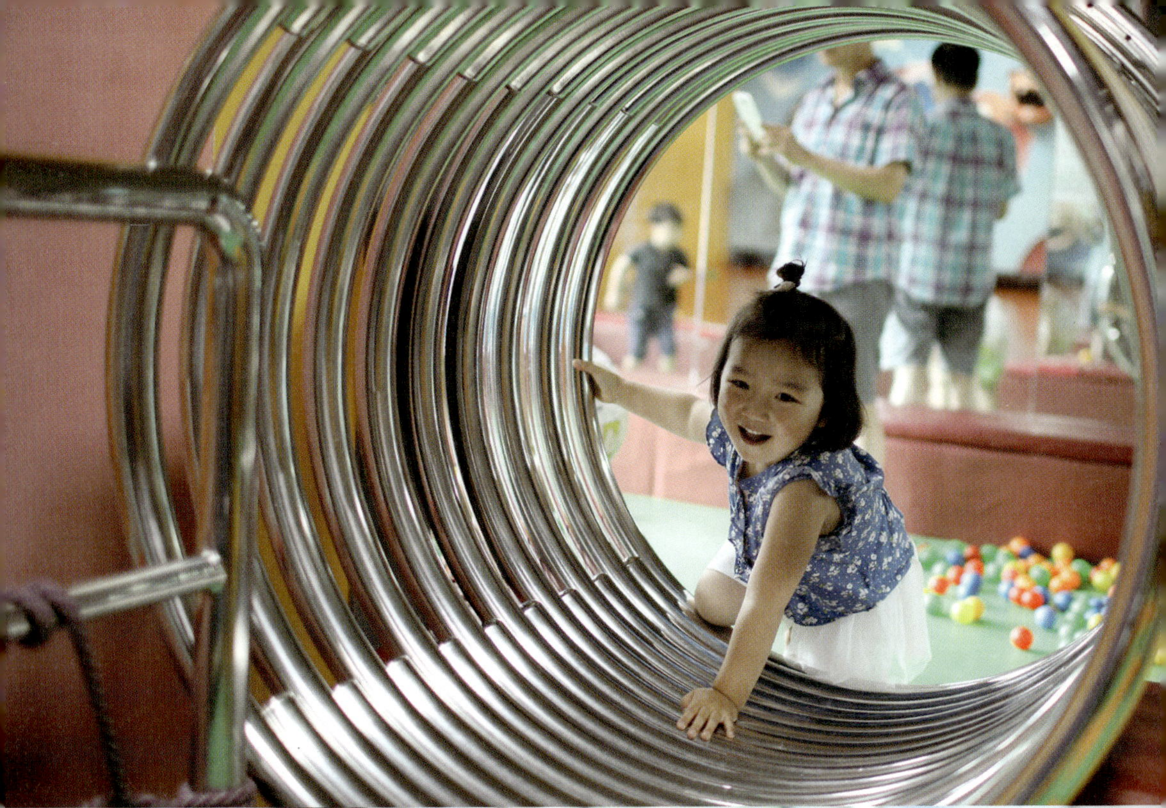

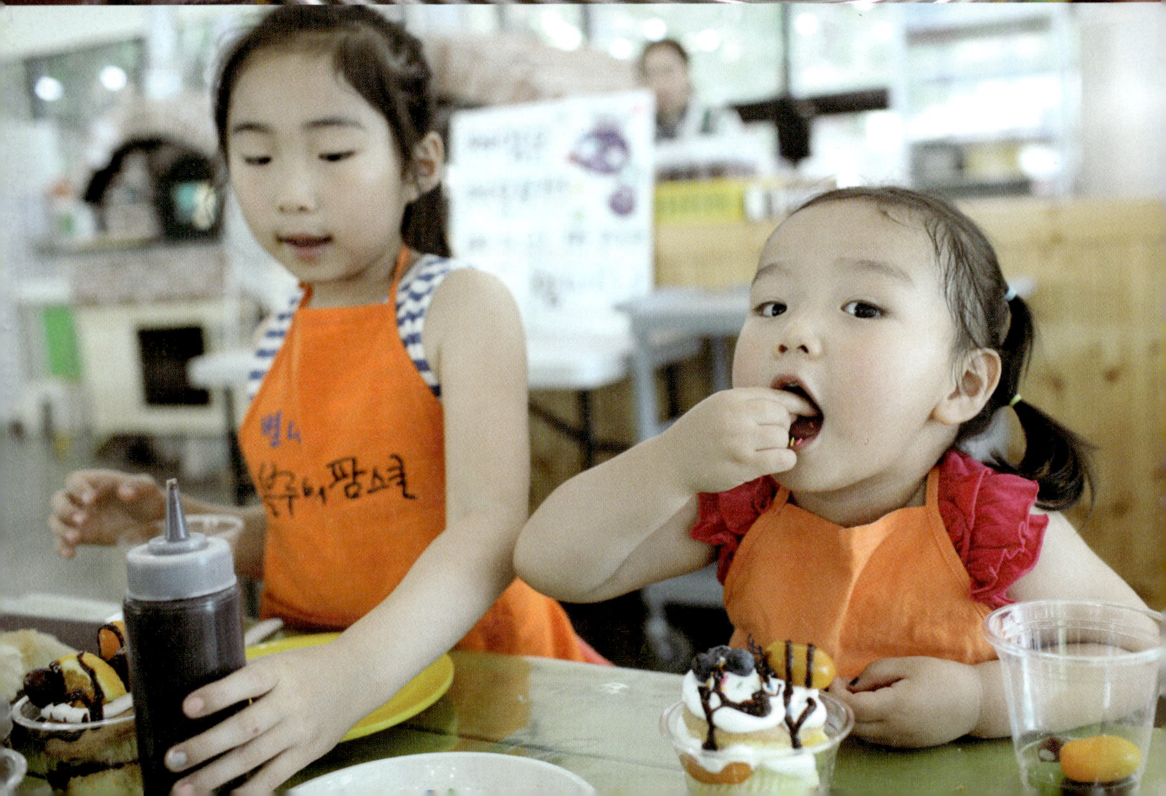

노키즈존 걱정 없는
**예스 키즈존
전국 여행지
300**

초판 1쇄 2019년 5월 1일
초판 4쇄 2019년 6월 28일

지은이 이진희

발행인 양원석
본부장 김순미
편집장 최혜진
디자인 RHK 디자인팀 이재원
일러스트 지도 이희숙
제작 문태일, 안성현
영업마케팅 최창규, 김용환, 윤우성, 양정길, 이은혜, 신우섭,
김유정, 조아라, 유가형, 임도진, 정문희, 신예은

펴낸 곳 (주)알에이치코리아
주소 서울시 금천구 가산디지털2로 53 한라시그마밸리 20층
편집 문의 02-6443-8892 **구입 문의** 02-6443-8838
홈페이지 http://rhk.co.kr
등록 2004년 1월 15일 제 2-3726호

ⓒ 이진희 2019

ISBN 978-89-255-6646-7(13980)

※ 이 책은 (주)알에이치코리아가 저작권자와의 계약에 따라 발행한 것이므로
 본사의 서면 동의 없이는 어떠한 형태나 수단으로도 이 책의 내용을 이용하지 못합니다.
※ 잘못된 책은 구입하신 서점에서 바꾸어 드립니다.
※ 책값은 뒤표지에 있습니다.